働き、戦うリーダーのために

心に響け剣の声

はじめに

剣道をご存じですか?

学生時代に授業で体験されたり、何かの機会に見たという人も多いかと思います。実際に経験、継続されている人は日本国内で一七〇万人で世界では二五〇万人いると言われます(スポスル・スポーツ辞典より)。その剣道について次のような記事があります。

「剣道は不思議なスポーツだ。一度稽古すると、家族のような関係になってしまう」。

これは、東京芸術大学のコスタリカからの留学生が剣道の印象を雑誌に寄稿した文です。私も同じような感覚を持っている一人です。多様化が進み人間関係がより複雑になりました。また世界のどこかで戦争が続いています。泣き叫ぶ表情が毎日ニュースに流れます。ですから、この不思議なスポーツの力を借りて、皆が兄弟のように幸せにならないかと思っていました。

そんな時、「組織で働くことについて」、成功された企業経験者の貴重な話を聞く機会に恵まれました。私が学んできた「剣道の在り方」と、その「働く組織が求めているもの」には、共通するところが多いと感じたのです。

剣道は竹刀を使って相手を打ってよい場所が面・小手・胴・突きと決まっています。一対一の対人で対峙し、相手が心から「参った」と思うような理にかなった良い打突を求めて戦います。良い打突というのは、互いの攻防の中で、絶好の機会に、ある決まった筋道を通り抜け、技が放たれ、部位(打っていい決められた場所)を捉えたものです。その打突に、なんと打たれた側が感動し喜びを感じたりもするのです。

しかし、逆に、ずるいと感じたり、怒りを感じたりすることもあります。よい打突ではなかったのです。

では、組織（企業・会社）で働く方はどうでしょう。利益をめざすことが大前提ですが、一つ一つの仕事は、顧客という相手に、戦略・戦術に従って、攻めて引き出して、機を見て、勇気をもって、打ち込みます。そして、打ち終わった後は油断のない心と体勢を維持します。そして、勝ちと負けの決着に止まらず、それを超えたwin - winの勝ち方で、正々堂々とした道の中で利益を出すことを理想としています。

ここまで、聞いていただければお分かりでしょう。剣道の本当の修練の姿は、正にビジネスにおけるマーケティングの理想と同じなのです。

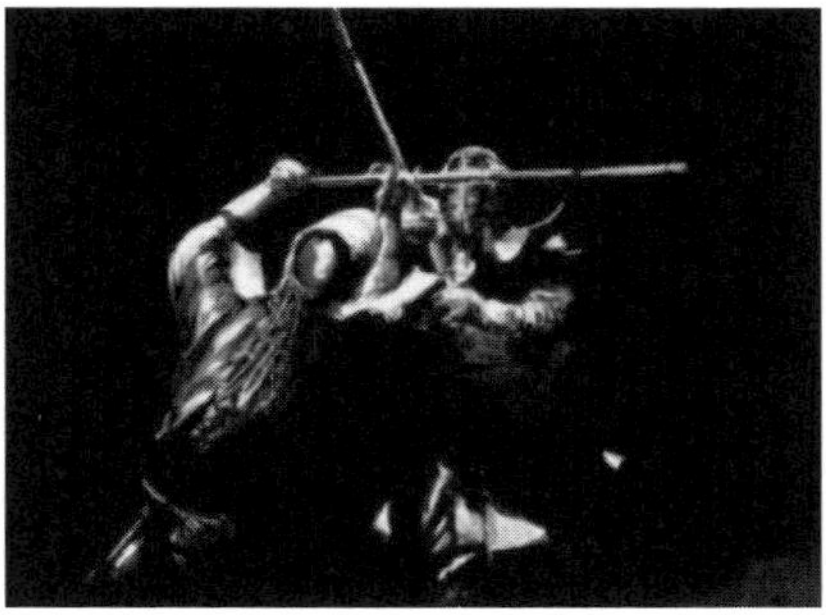

つまり、競技の世界を超えて、日本文化として、また、芸術としても位置づくこの剣道の考え方を、今の社会の中心を支えて働いている人達に共鳴していただければ、更に安心な未来が作り出せると考えたのです。
さて、働く場には、もう一つ大きな責任のある使命があります。若き人たちを牽引していけるよう、人としての在り方や生きる哲学を身につけさせる組織であらねばなりません。そのような意識のある会社で働くこと、そのことが次世代に繋がる社会貢献でもあると考えています。
働くリーダーの皆様が、私の考える『こころに響け剣の声』から、共通のものを発見し次の世代のために活かしていただければ幸いです。

目次

Ⅰ

幸せは伝染する

私の好きな言葉の一つに、Happiness is contagious（幸せは伝染する）があります。ビジネスでは、顧客が喜んだうえで、利益や誇りを持てる成果を最終目的としています。そのために、懸命の努力と工夫によって、「喜び」が生み出されていることに異論のある人はいないでしょう。結論から言いますと、働きながら喜びを作り出し拡散している自覚をもてるから懸命になれるものです。また、自分の仕事で周りを幸せにしている自信があるから誇りを持てるのです。その思いの積み重ねと工夫の継続によって、付随して絞り出されるのが、利益であり成果だと考えています。

だからこそ、大事な人を幸せにするために、「礼の心」をもって他を生かしながら働くのです。その結果として、組織の中で自己が錬られ、高められ人を導くことができる人に成長するものだと思っています。これが、私の「働く」ということの基本的な考えです。仕事がつらいなあとか、面白くないなあと感じたときは、きっと幸せの神様があなたを試しているのだと思います。

この本『心に響け剣の声』の考えは、相手を生かして勝つことです。生かすとは、「活かす」「支える」ことでもあり、また、「認める」であったり、「育てる」であったりします。

◆みんなを幸せにするために働く

人は食べるために、そして生きるために働きます。もちろん子供を育てるためにも働いています。更には自分自身を確立するために、機能的な空間を得るために、安心と癒しの時間を得るために、ある時はステータスを得るために働くのかもしれません。

全てに共通して言えることは、幸せになるために働いているということなのです。

具体的な仕事の場面を考えても、もし顧客を幸せにできたら、もちろん携わった本人も幸せになります。つまり、私たちが、今懸命に働いているのは、仕事を通して、周り全てを『幸せにする』ということになるのです。

では、幸せとは何でしょう。こんな話を紹介します。中国の地獄と極楽の話です。

あるところに世の中のためになる立派な仕事をして、人々から神様のように思われた人がいましたが、その人はとうとう亡くなってしまいました。人々はその死を悲しみ冥福を祈りました。やがて天上界から天使が舞い降りてきて、その人を天上界、極楽の地に案内することになりました。その時、迎えに来た天使に頼みました。「聞くところによると、地獄というところがあるということです。後学のため、その地獄というところに案内してください」と言いました。天使は、その願いを聞き入れて、地獄にその人を案内しました。

かねがね聞いたところによれば、地獄には、例えば針の山とか血の池とか、とても考えられないような恐ろしいところがあるということでしたが、その人は道々あたりの様子を観察したのですが、案に相違してそのような恐ろしいことは一つもありませんでした。花が咲き鳥が歌い、すばらしい景色ばかりなのです。その時、ふと向こうを見ると何やら人だかりがしていて、互いに喧嘩をしているように見えます。近づいてみるとテーブルの上にたくさんの食べ物が盛られており、人々は我先になって、それを何とか自分の口に入れようと焦りもがいているのでした。よくよく見ると、それが決まりだそうですが、長さ一メートルほどのフォークをもって食事をしようとしているのです。そのフォークで自分の口に食べ物を入れようとしているのですから、口に入ろうはずもありません。人々が踏んだり蹴ったりしながら争っているさまを見て、その人は悲しくなり早々にその場を立ち去りました。やがて極楽にやってきました。

極楽というところには、さぞかしすばらしい景色があるだろう。その人は期待して極楽に足を踏み入れましたが、何ということはありませんでした。鳥が歌い花が咲きこぼれている様は全く地獄と同じなのです。ところが食事をしている様子は全く地獄とは違うのです。極楽の決まりも、やはり長さ一メートルほどのフォークを使うことになっていましたが、地獄とは違って人々は談笑しながら、フォークを使い、いかにも美味しそうに食事をしているのでした。どのようなフォークの使い方をしていたかは、賢明な皆さんにはすでにお分かりと思います。そうです。自分のフォークを使って、相手が食べたいと思っているものを、互いの口に入れてやっているのです。極楽と地獄の違いはそこにあったのです（長谷川節三著『学園の春秋』より）。

つまり、地獄と極楽の差は、「人と人が支えあっているか否か」の違いなのです。笑顔で、相手を思いやり、ちょっと工夫して助け合っているだけだったのです。

人と言う字は二人の人が支え合って倒れないようにしているように見えませんか？

最終目標の幸せ感を得ることには、この話のように「支えあい」がキーワードになるのです。この「みんなで幸せになる」という大目標をもって仕事をし、生きぬかなければなりません。

顧客だけでなく、一緒に仕事する仲間もが幸せを感じることができれば、それはどんどん広がっていきます。皆が幸せに到達した結果が利益となるのです。幸せは必ず伝染し拡散していくものです。

人生という畑に
剣道という種をまき
練習という水をやり
努力という肥料をあたえ
仲間という太陽の光をあびて
夢の舞台で大きな花が咲く

◆仕事の成功は種を花に育てること

上の絵の中の言葉は、中学生の関東剣道大会で審判長が述べた歓迎の言葉です。大きな舞台に立った選手に自分一人でここまで来られたのではないことを確認させる言葉でした。

この言葉は私たちの仕事の仕方にも当てはまると思うのです。

先ず、「育つ畑」が必要です。畑は理念を持った土台のことです。幸せを目指してどのように行動していくかの基本的な価値観、精神、信念、あるいは行動基準です。企業であれば企業理念そのものです。

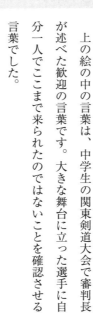

これは、どう仕事をしていくか具体的に示した約束事です。そして、このように働けば、結果的に必ず、「種」が「花」（実）になり、皆が幸せになりますと言い切ったものです。

だから、もし、花や実にならなかった種の育て方には、何かが欠けていたのです。つまり、仕事とは言えないのです。水をやること、肥料をやること、光を浴びせることを手分けしたものですが、これを連結して「花」にするのです。私は、この分業を全部合わせて仕事と思いたいのです。どこが欠けても実を結ばないのです。さらに、どの部分でも愛情を注げば花はもっと美しく色鮮やかになります。その花は、利益を超えた感動と幸せです。

具体的に、ビギナーという「種」が、一流のプレイヤーになるためには、どんな水を与え、どんな肥料を与え、仲間の存在はどうあるべきかを、この本では述べようとしています。

一流プレイヤーは、体力、スピードがあります。パワーがあります。読みと感を持っています。瞬発力があります。技の終わりが次の技の始まりのように終えています。古きにとらわれていません。チームをまとめることができ信頼があります。倒れても、すぐに立ち上がります。なんでも受け入れます。捨てる度胸があります。自信をもっています。努力し続けます。先ず、このようなプレイヤーが育つ畑を作らねばなりません。

■ 育つ畑、努力という水、稽古という肥料

一流プレイヤーになろうと努力する選手、監督の緻密な戦略、逆噴射しない仲間、これらが揃って、はじめて働く場の土台が築かれます。しかし、土台は何かの拍子ですぐに地崩れします。原因は、人と人の関係によるものが大半です。また、監督やリーダーの勉強不足によっても悪化します。育つ土壌は、同志の結束と目標への日々前進と教えの共通理解があることがすべてです。

「種」が芽を出すためには、その土壌に植えた種に水を与えねばなりません。ここでいう水は、「努力」という水です。それは、「○○のようになりたい」と思い続けることで湧き出てきます。

もっと目標に近づきたいと強く願うことが「芽」になります。種が他から援助を受けずに自然に芽を出すこと

はないのです。ですから、育てる側の指導者やリーダーは、種が〇〇したいと思わせ、努力という水が湧き出るようにしなければなりません。そう思わせることができないのは、魅力のないリーダーの単なる囁きでしかありません。

肥しは、師匠やリーダーの「ワザ」であり、後に述べる「型」に他なりません。厳しい稽古で会得するしかありません。

情報化の時代です。師匠のワザに似たものを真似ることはできるかもしれません。それが、もし芽になったとしてもその後、その土壌に合った太い茎となるかは定かではありません。また、夢の舞台に間に合わないかもしれません。絶対に美しい花になるとは言い切れません。しかし、確実に、師匠の技は先を見通しています。その技を会得することが、それ以上の可能性を含んでいるのです。肥しは、花への道を確実にするのです。

その芽は、友という太陽の光を浴びて、茎となり幹となり大きな木に成長します。仲間や友は迷いという無駄道を遠ざけてくれます。太陽の光は、密集の中では、陰に隠れた木には届きません。その木を育てようと思えばリーダーは光が届くように全体に気を配り、光を遮る無駄な枝を切り環境を整える管理が必要です。

雨続きで光が無かったり、強風で幹が折れかかったり、害虫が発見されたりするかもしれません。それが畑です。それを乗り越えた時、花はさらに美しくなるのです。だからこそ、水をやる人、肥料をやる人、光を与える人が連携して花を咲かせるのが仕事です。誰かが手を抜けば大きな美しい花は咲かないのです。

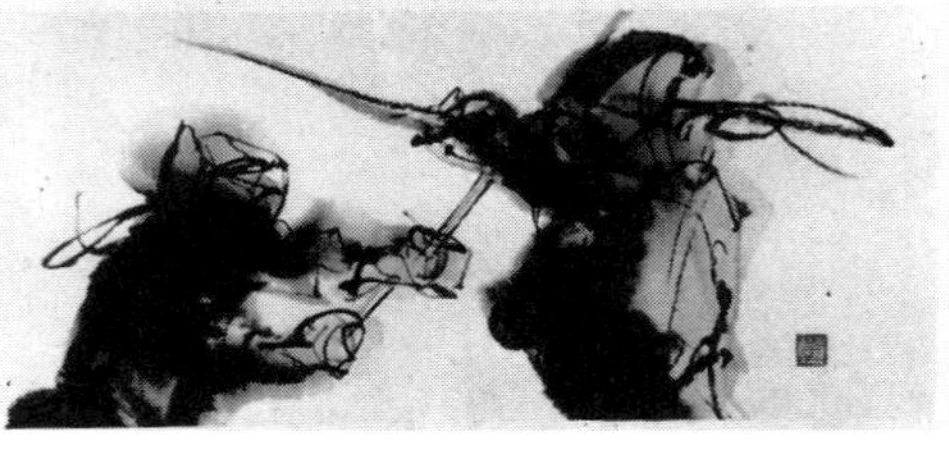

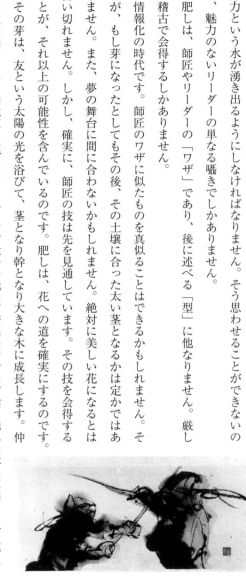

◆仕事の仕方と人格の結合

運動文化は全て、身体的活動を通じての精神的、人格的な向上をめざすものです。剣道の場合、その技がただ成功して勝ったかどうかを問題にするのではなく、その技に込められた気合、精神などの質的な要素を問題にし、勝敗のほかにその人格的表現としての技を問題にします。剣道における有効打突（ポイントとなる技・打突）の基準にしても、その部位、強度のほかに気合、態度、姿勢など、演技者の表現した技を総合して判定します。バスケットボールの得点のようにゴールにボールが入ればどんな入り方でも得点になるのとは異なるのです。フェンシングで一定の強度で接触すれば、ランプがつくのとは異なります。剣道の場合は、表現される技一つ一つに人格性を含み、その技は勝敗を超えた価値をもっています。

剣道を実践する者の経験からしても、試合や稽古を終えた場合における優劣に対する感覚や満足感は、決して勝敗を通しての競技性の尺度ではなく、人格的な納得、快感と言ったものです。まぐれで、たまたまでは満足しないのです。気持ちよく打つことができたと言うように、勝ちと負け、成功と失敗の価値体系と別の価値体系があるのです。

このことは、心とその表現としての技の結合度の強さを示すもので、心身一致の技を発揮した喜びは、自己表現としての勝敗を超えたものをもっていると言えます。また、芸術家や職人の自分の表現や作品に対する満足は、人がこれを認めるか否かを超えているように、こういう点で剣道は、芸道的な性格を持っていると言えます。

強い会社には、独自の強い得意技が必要です。こうした意味で、製品を顧客に届けるまでの洗練されたプロセスは、剣道の技と同様の会社の技とも言えます。誇り高き製品そのものも自信のある技に他なりません。
利益にこだわりつつも、目的思考に立った仕事の組み立ての上で、自分側だけの基準ではなく相手側からの尺度の価値レベルを超えて仕事を貫こうとする経営理念は、自己満足で終わらない、それに携わる人たちの人格主義の追求と深く関わらなければ成り立たないのです。

◆自己実現のための仕事

現代人が疎外感を持たないために、最も望んでいることは、自己実現であると言われます。その自己実現とは何か、それを簡単に言うと、内なるものを発見し、発揮し、より幅のある、より自分らしい自分になっていくことです。何かに自己を投げ入れ、そこで生き甲斐、存在感、解放感を実現させ、生き生きとした世界観を持つということです。

心理学者A・マズローは一九五四年に欲求五段階説を発表しました。人間には下位から順に生理的欲求、安全への欲求、社会的欲求、自尊欲求、自己実現欲求があり、下位の欲求が充足されると、より上位の欲求が人間の行動動機となるとしています。

自己実現欲求は、人間の物質的欲求が充足されたあとに発現する欲求です。したがって豊かな社会においては、この自己実現欲求が人間の最終的な重要な行動動機であると考えられています。

自己実現とは、欲望のままに行動することではありません。人間の生き方として様々な制約を受けながら、

（若い頃はこんなものは嫌だとやらなかったことでも）それに真剣に取り組み、それを乗り越えて、そこから新たな自己を発見することを自己実現と言っています。

ユングは、この自己実現が可能になるには、人生の前半（四十〜四五歳前）に自我が確立されていることが大事と述べています。

自我とは、欲望を追求しようとする心の中の衝動と、規範に従う厳格さとの間でバランスをとるものとされています。

人は、思い通りにならないと相手をコントロールしようとします。耐性のある人は、人間関係の場合、一生懸命対話して関係を修復したり、商品のトラブルでも、手順よく対応して交換してもらったり、トラブルを回避します。しかし、耐性のない人は、怒りの感情や攻撃の感情で電話したりするのです。例えば、学校での例として、記念写真を取り直せとか、担任を変えろ等のクレームをつける人です。この耐性のない人たちは、自我が強化されていない人たちです。

自我の形成にあっては、心の感情の容器を作る作業と言う人もいます。容器が小さすぎたり、感情の量が多すぎてあふれ出ることがあります。子供の時は自我が弱いので、よくケンカをしますが、その結果、イタイ思いをしながら自我は強化されていきます。我慢する、受け止めるなどの力が指標となります。

その心の感情容器から、持ちこたえられなくなって外に漏れた場合をアクティングアウトと言います。心を守る行為なので悪いことではありませんが、度を過ぎるとよくありません。例えば、イライラして相手を非難する、物に当たる、無視する行為がそれにあたります。過食、アルコール依存、ギャンブル依存、あおり運転、自傷行為などもアクティングアウトです。仕事を振り返りアクティングアウトだったかなと思える節があるならば、耐性をもっと上げる努力が必要です。

自己実現のためには、現在の自分の「存在」(being)を愛をもって受け入れなければなりません。この自己受容があって他者を受け入れることができていくのです。今の状態、感情をそのまま自分として受け入れることです。反して、「今の自分は本来の自分ではない。きっと将来本当の出番がやってくる。今はその過程にすぎない」と考える自分がいますが、今の自分の「存在」(being)方をしっかり受け入れることが大事です、これが本来のことです。極端になると、その自分は、ほれぼれする自分、かっこいい自分でなければならないと思う人がいます。自己愛が「行為」(doing)に向いているのです。ナルシスト、自己陶酔の人、利己的な人に近づいていくのです。当然のこと、他者や現実を受け入れがたくなっていくのです。今の自分をしっかり受け止め、幅を広げていくのです。

剣道では「而今」(じこん)と言います。苦しい仕事をやり遂げてこそのびのびとした自分を実現できるのです。自己を受け入れ器を大きくすることが、結果として幸せになるとことではないでしょうか。

今、うまくいかなかった自分をそのまま受け入れ、明日はうまくいくように頑張ろうねと前向きにコツコツ進んでいくことで、未来に自己実現の扉が開くのです。

◆同時の判断と行動

剣道は対人的競り合いの中では、自分が死ぬか、生きるか、プラスでなければマイナスしかないぎりぎりの危機感を持って戦っています。この危機的で不安定な場面で、自分の技を発揮するには、考えて打っても遅いし、やみくもに刀を振り回しても勝てません。それがなぜできるかというと、身体的技術と精神的技術が一致しているからです。つまり、判断と行動が分離していないのです。心が身体であり、判断が即行為なのです。

仕事も顧客の動きや要求という変化の中で対応しなければならないという技術を要しています。だから、相手の変化に瞬時に対応しなければなりません。相手の変化は、そのまま自己のそれに対する対応を決定的に要求します。言うまでもなく相手の変化に応じないことも自己の対応です。このような無限の変化の中に理念と恒常を求めていかなければ、自己を失い進むべき方向も見失うことになります。思うようになるべき自分の身体でありながら、思うようにならない身体とあらためて対決しなければならないのです。人間の内的な理解とその表現される外的な形態のずれに自己の姿を発見し、それを克服していくところに自己との戦いがあるのです。自己を鍛えていけば、顧客の動きに対して、マニュアルを見て、考えて、判断して反応するのではなく、判断の行為が同時に反応できるようになるのです。

◆準備が八割

仕事は、準備が八割、本番が二割と言う人がいます。私もそう感じる時がありました。ある時、会議の資料を作るのに五時間かかりました。その資料をもとに話し合った会議は、なんと二十分で終わりました。すこし、物足りなさを感じたものです。その時の上司は資料が良かったから早く済んだねと言ってくれました。

教師の授業準備では教材研究に多くの時間がかかります。私の場合、十分間で話す内容を一時間の予習や研究が必要になります。そうしておけば、横道にそれても、ハプニングがおきても安心して対応できる懐の深さができるのです。

剣道の言葉で「細心而剛胆」というのがあります。「細心にして」とは、準備をしっかりして、という意味で、剛胆とは本番は王者のように振舞えという意味で使われています。しっかり準備をしておけば、オドオドすることなく思いっきりパフォーマンスを発揮できるものです。「人事を尽くして天命を待つ」という言葉もしっかりやるべきことを抜け目なくやっておくことを強く言った言葉です。剛胆とは無謀ではなく、度胸がすわることです。

つまり隅々に心配りをして努力をしておけば、肝もすわるということです。剛胆さがあって、迫力だけでなく、自信に満ちた行動ができるのです。

こんなことがありました。ある中学生の剣道の選手が試合当日、寝坊してしまいました。慌てて親の車に飛び乗り、会場に向かいました。その途中、昨日手入れした試合用の竹刀を部屋に忘れてきたことに気づきました。受付の時間を考え、とりあえず会場まで行き、親が家に竹刀を取りに戻り、会場に届けました。その時ひどく親に叱られました。このことでひどく落ち込み普段の自分でなくなりました。その選手は、地区の個人チャンピオンで、全国大会の予選で、期待されていたのですが一回戦で負けてしまいました。心の整えも含めて、準備が八割という良い例です。

別の話です。現在、予備自衛官制度というものがあるそうです。仕事を持ちながら、週末に自衛官の訓練をしていきます。志願者の理由はまちまちです。もし地震がきたときに何か役に立ちたいという人、自分を見なおそうと思った人、就職口の一つとして考えた人などそれぞれです。

その、訓練は段階別です。入門者のコースでは三キロの銃をもって三時間の徒歩訓練でした。その出発前の様子が放送されました（Nキャスター特集二〇二二・一一・一二）。

上官が荷物チェックをして水筒の中を確認して言いました。「もっと水が入るじゃないか。その一口分の水が命を守るんだよ。」と叱っていました。やはり準備が大事なのです。

◆チーム武蔵は時間厳守

私は、墨絵を描くのが趣味です。大体三枚の絵を同時に描いていきます。［A、B、C］の絵を描くとします。［A］をある程度描き、乾かないと次に進めない時がやってきますが、その時［B］を書き始めます。同様に［B］にも同じ時が来ます。その時［C］がスタートします。［C］にも同じ時が来るとき、［A］はちょうど次に進める時間帯になっています。結局［C］が出来上がるときは［A、B、C］の三つが完成するのです。

この三点を仕上げる方法は、昔のことを思い出しヒントを得てチャレンジした方法です。

学生時代、毎日通った定食屋さん「みちる」のおやじ（店主）さんの料理の出し方にヒントを得ました。三人の友人と食事に行き、違ったメニューを注文しました。カツを揚げながら、野菜炒めを作り、カツをひっくり返して、別のレンジで目玉焼きを作ります。野菜炒めを皿にもって、カツをいったん挙げて、目玉焼きを皿に盛ります。奥さんがその間にご飯や汁物とキャベツなど切ったものを用意して、あっという間に三つの定食がカウンターに並びました。安くて速い定食屋さんでした。一つのものが仕上がっていくとき、「出来上がりを待つ」時間が生じます。その時間を別物の取り組みに時間を当てているわけです。その時間が何時やってくるのかを経験によって知り、組み合わせて二つ以上の作成マニュアルを身体で覚えるのです。

現代の仕事は、ビジネスパーソンと連携で行っている仕事が多くあり、自分の仕事が滞ってしまうと全体が前進しない仕事の中にいます。

会社に早出したり、あるいは残業したりした時もあるかもしれませんが、朝の打ち合わせや他の人の仕事の見える化によって、おおよそ退社時間までに今日の仕事の優先順位と仕上げに要する時間を組み立ててから働いていると思います。

チームで仕事している以上、時間との組み合わせを考えることは大事です。その為に自分の速度を知っていることは重要な要素です。だからこそ、時間厳守の精神は、努力目標の一つです。ですから、一人の遅刻は一人の問題でなく全体の効率を下げるのです。

数十年前の働き方の時代のことですが、「宴会の翌日など、皆が遅刻しても許されそうな理由をもっているときほど、むしろ、時間を厳守していることが信頼を得るのだ。職場に一番先に出勤することは、前向きな気持ちを表現することになるのだ」と、先輩から助言を受けた若い時代の話です。現代では化石のような話です。現代は時間に縛られず心の余裕を優先させて仕事が進められています。しかし、皆一緒に働いている以上、時間に遅れることは、信頼をなくす一番の要素です。ひいては会社全体の損失につながりかねません。

もちろん、現在リモートやテレビ電話で処理できる時代ですが、少なくとも決められた時間に遅刻することは現在もよくはありません。遅刻は言い訳無用、スポーツの試合だったら、許されないことです。

もし、巌流島の決戦で、大人数の武蔵チームと小次郎チームで戦っていたら、いかに作戦とはいえ、武蔵の遅刻によって武蔵チームは、不安で混乱していたかもしれません。武蔵個人の遅刻だから許されたのです。（小次郎には失礼ですが）大切な時間を、大切に使いましょう。

◆笑顔も伝染する

「眉を上げる」「目尻を下げる」「口角が外側に広がり上がる」このように顔のパーツが動くことで、人は相手の表情の変化を「笑顔」として認識することができると言われています。更に、相手を思いやる気持ちを加えれば完璧な笑顔です。

相手の気持ちを和ませたいというあなたの気持ちが、素敵な笑顔を作る上では一番大切なポイントになるのです。

一般的にアクビやクシャミは人から人へ伝染する効果があると言われていますが、この笑顔も周囲へ伝染するという報告があります。

スポーツチームの中に、ムードメーカーと呼ばれる人がいます。その人がいるだけで場が明るくなります。ではムードメーカーと呼ばれる人はなぜそう呼ばれるのかというと、笑いや温かいパフォーマンスで周りの笑顔を引き出し、幸せの雰囲気（ムード）を作り出すからです。そのおおもとはその人の笑顔が魅力的だからです。そして笑顔というのは不思議と周囲に伝染するものなのです。一人笑顔が魅力的な人がいると、その笑顔はたちまち周囲に広がっていきます。そして、大きな笑顔の輪となり、周囲全体を明るくするのです。

また、笑顔には人間の心身に良い効果があるとして、様々な分野から注目されています。免疫力を上昇させる効果や心臓病、糖尿病、リウマチなどの病気を軽減する効果などの健康効果がもたらされるとの報告もあります。その他には、認知症を改善する効果、脳内ホルモンの分泌を促進する効果、女性ホルモンが整えられる効果、ホルモンの分泌向上による美容効果、笑顔の伝染（つられ笑顔）により集団のストレスも軽減、良好なコミュニケーションを引き寄せる効果もあるのです。

仕事でもプライベートでも、誰も苦虫を噛み潰したような人の近くにいたいとは思いません。なぜなら、人には無意識に困難を避けようとする本能が備わっているからです。

笑顔で過ごせる人の周りには人が集まってきます。笑顔がもたらす明るい雰囲気は困難があっても解決できるという希望のオーラを感じさせ、自然に理解者や協力者に恵まれるようになるのです。ちょっと沈んだときでも、あなたの笑顔がコミュニケーションを円滑にし、新しいパワーを生み出すのです。

幸せを伝染させる働き方の最強の武器は「笑顔」なのです

II 目の前の敵は上達の協力者

「心ここにあらざれば、見れども見れず、聞けども聞こえず、喰らえど味が分からず」。

これは孔子の言葉です。真剣に考え、逃げずにしっかり向かい合えば、今まで見えなかったものが見えてくるはずです。

相撲の元横綱・日馬富士さんが引退して後、モンゴルで学校の校長先生になりました。そのインタビューの中で、「相撲は相手がいて成り立ちます。相手がいるから自分は強くなれたし、いろいろなことを勉強させてもらいました。だから敵であっても、自分の技術向上の協力者です。だから、感謝し、礼の心を示すのです」と語り、その学校に相撲の授業を導入して、モンゴルの生徒たちにその心を教えているそうです。勝ち負けを超えて、相撲に取り組まれたからこそ言える言葉です。まさに、組織で働く企業人リーダーに、これから述べようとする景色のことです。

◆活かして生きる活人剣

剣道は発生時から「人を生かして、自分も生きる」という精神でした。

『日本武芸譚』（高野弘正著）によれば、古事記と同様に日本書紀にも、国譲りの交渉の場面で、十握剣（とつかのつるぎ）を後方に突き刺したまま、剣による雌雄を決せずに、力の格闘と談判によって行われたことが、日本剣法の神髄と考えられると述べています。

日本剣法は、刀を抜かずして勝つことを骨子とし究極の目的として発達してきたものです。「人を生かして、自分も生きる」ことが唯一の理想でした。人を殺して勝つのを「殺人剣」と言い、共に生きる真の勝ちを「活人剣」と称します。事実、日本剣法が、無刀活人の剣を理想としていたことは、「無刀取」や「一刀流」から発展した「無刀」からも明らかです。現代風に言うと、古代からwin - winの勝ちを目指していたのです。

つまり、強い立場と弱い立場をはっきりさせるのが戦いですが、その立場の違いは、死をもってはっきりさせるものではないのです。それ以前に互いの中で決着はつくのです。それを切り捨て消してしまうのが殺人剣ですし、活かして自分の力の一部にするのが活人剣なのです。同じ剣でも、使う人によって殺人剣になったり、活人剣になったりするのです。殺さず、活かせば次は自分の味方となり自分の力は二倍となります。しかし、殺してしまえば、次の敵がまた生まれ永遠に殺し合いは続くのです。そこに原点はあるのです。

欧米のフェンシングは、右手を前に出しわが身を守りながら敵を倒すことを心掛けた剣法です。それに反し、日本剣法は、両手で太刀を握りしめ、俺の体はくれてやるが、その代わりお前の命をもらう、「オール・オア・ナッシング」で正々堂々と敵に身をさらし、一刀両断の勝ちを制するのがその特色です。

最初から切り捨てようではなく生かす、それでも来るなら死をもってやむなしという精神なのです。

さて、「生かす」「活かす」とはどういうことなのでしょうか。例えば、自分の作った刀で試し切りをしようと武蔵に切りかかってきた河内守源永国を、武蔵は逆に細川藩に推挙した話が有名です。現代の働き方や生き方の中では考えにくい話です。ライバルをあるいはパートナーを誹謗中傷したりして、蹴落とすようなことで、自分だけが生き残ろうとするのではなく、活かし方を学ぶべきだと考えるのです。

もう半世紀前の話ですが、子供の頃の熊本の町で、「元祖○○屋」「本家□□屋」と軒を並べて同じ名産の食べ物を売っている店がありました。不思議に思っていました。これこそ「活かして自分も生きる」仕事のような感じがします。

現代剣道は、刀を竹刀に代えて行っているので、一回の勝負で死に至ったり、不具になったりすることはありませんが、剣士は受け継がれてきた日本剣法の精神性を求めて鍛錬しています。また、剣の技を発する機会を求め続けています。その結果として、「先に切りかかる」という「欲」を我慢する心が洗練され、我慢する「怖さ」に打ち勝つ心と技を捨てきる潔い心が練られるのです。

剣の心をもって働くことや剣の心をもって生き抜くことは、ひいては自分を取り囲む人たちを「活かす」ことだと思います。ですから、「自分が損しなければ、他はどうなっても仕方ない」という考え方は、対人としての機会を無視した「殺人剣」と言わざるを得ません。

◆心から感謝していますと思えば礼になる

礼の心は、対人の中では大切なルーティーンです。剣道も仕事も人と人が対峙して事を成します。無限の動きの中の一つを体験し、勉強させていただくのです。この体験を積み重ねて、自己が向上していくのです。だからこそ、敵であっても「あなたのおかげで強くなりました。ありがとう。」と思って感謝して礼をするのです。仕事の中で自社の製品や考えを採用してもらったとき「お客様のお陰で弊社は幸せです。」とお礼の言葉がすぐに出ます。ところが、もしライバル会社に利益を持っていかれたとき、そんな方法がありましたか、勉強になりましたと本当に思えたら、先々、本当に真の強い会社になると思います。なかなか難しいことですが、そう思えることが、視野の広さ、懐の深さ、人としての誇りの高さなのです。とにかく、対人競技においては、相手がいて競技が成立するのは事実です。そして、強い相手から何回も無限の体験（勝負・稽古）をさせて貰い自分も強くなれるのです。だから、そのことに感謝するのです。

その礼の心を形にしたものがお辞儀です。お辞儀は腰の折れ曲がる角度で尊敬の度合いを表します。礼の角度は九十度、三十度、十五度と対する人と場面によって違ってきます。九十度は極めて恩恵の念を示す時に見られます。宮中で天皇陛下からお言葉をいただく時にテレビで拝見します。葬儀の施主の謝辞の場面や演劇のエンディング・カーテンコールで見受けます。普段の生活では、三十度は上司や他社を訪問した時と思ってください。十五度は仲間内の挨拶時と思ってください。

座礼は、仕事の場面では少ないのですが、指先を閉じてハの字で手をつき、ハの字の間に鼻を押し込むまで腰を折り曲げて行います。心があるからきちんとしたお辞儀もできるものです。相手は、その心を見て幸せに感じ信頼感を持つのです。

その手を相手の前に出せば、必ず握り返してくれます。しっかり強く握ったり、両手で握ったり、思いの強さを、喜びの大きさを伝えることができます。それに加え、礼の心、感謝の思いは目でも十分伝わります。

大事なことは、心の中で「ほんとうにありがとう」と思うことです。それが伝わるのです。

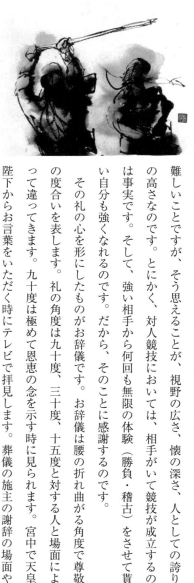

◆良心との誓いの礼

土浦にある専門学校では、登校して授業開始の前に全校生徒が一五分間、竹刀をもって素振りをする取り組みを行いました。「竹刀振り」として開校以来八年間続きました。これは理事長先生が提案して始められたものです。その目的は、朝のうちに肩甲骨を大きく動かし、身体を早く活性化に導こうとしたものです。大きな駐車場で朝の太陽を浴びながら剣道の竹刀の素振りをするのです。姿勢をまっすぐにして腹式呼吸を意識して竹刀を振れば、座禅と同じ効果があり、セロトニンの分泌などセルフコントロールに大きな効果があると考えられます。

私はその竹刀振りの取り組みをお手伝いすることになりました。

二〇二四年からは「徳育」という授業講坐の中にとり入れられ武道場で行なわれています。さて、当初屋外で行なわれていた時の話です。神棚があるわけではありません。私の疑問は、どこに向かって、誰に「礼」をするのかということでした。そこで、思い出したのが、『学び練り伝える活人剣』で紹介した「もうひとりの自分・良心への礼」でした。

井上義彦範士の海外での礼の指導の事です。オーストラリアの在郷軍人の父に、若い剣士が「異教徒の神を敬って剣道するのはけしからん」と叱られたことで、井上範士は、「神に礼をするのではなく、これからやろうとする自分の良心にウソをつくことがなく真剣にやる誓いの礼であり、また、それをやり遂げたもう一人の自分の清い心に感謝と称賛の為に礼をするのだ」と話しました。それを聞いた在郷軍人の親は、剣道をすることを許可した話です。

私自身、現代剣道の礼の意味として一番納得がいったことでした。こうして礼に始まって礼に終わるという竹刀振りが、実現した次第です。では今、話した「もう一人の自分・良心」とはどう考えたらいいのでしょう。その考え方の参考例として、『月と六ペンス』（サマセット・モーム著、行方昭夫訳、岩波文庫）の中に、良心について述べています。

「およそ良心というものは、社会が自らを維持する目的でつくった規則が守られているかどうかを監視するために、個人の内部においている番人である。個人が法律を破らぬよう監視するために、個人の心の中に配置された警官だとも言えよう」と。このように、良心とは形はないのですが、声を発します。その良心の声とは、心の奥底で道徳的な義務「〜すべきである」という命令に従うように求める声です。善悪を判断する声です。

◆手のひらを返す

相撲で懸賞金を受け取る時、手刀を切りますが、三方（左中右）の神様に感謝を表すと言います。「心」と言う字を書く力士もいるようです。また、人前を横切る時、または雑踏に分け入っていく際、縦にした片手を身体からやや離した位置で数回上下することがあります。これを「手刀を切る」と言います。手刀は元々、相手に掌を開いて見せることで、武器を持っていないことを表しつつ、自分がこれから通ろうとする道筋を示すと言う意味を持ったとされます。手のひら一つで心を表す「日本の美の文化」はすごいものです。

さて、手のひらを使った言葉に、「手のひらを返す」があります。今まで高く評価していたことに対して何らかのきっかけで、突然低い評価を下したり、応援しなくなったりすることで、その場その場で都合よく態度を変えるといった様子を指す場合に使います。もともとは「手の心」という表現が変化して「たなごころ」になったと考えられており、ここは体の中心、大事な部分だと考えられてきました。ここから、手の大事な部分、手の中心をひっくり返すということで、「事態を一変させる」という意味になったのです。言葉や態度などがそれまでとがらりと変わる、という意味で使われ、例えば昨日は賛成してくれていたにもかかわらず、今日は大反対された、などという場合も手のひらを返すという表現が使えます。

二〇二二年サッカーワールドカップカタール大会で、予選リーグにおいて日本は、優勝経験のあるドイツチームに逆転勝ちを収めました。SNSでは後半戦の選手交代の采配など森保監督を評価し称えました。二戦目、勝てるだろうと思っていたコスタリカ戦で、〇対一で負けてしまいます。この時、ファンは「手のひらを返して」、一戦目の後半戦のような采配をなぜしないのだと不満を爆発させました。

三戦目は、コスタリカを七対〇で下していて、勝つのは難しいとされていたスペインチームです。日本は、なんと二対一で逆転勝利し、予選リーグを一位で通過しました。SNSには素晴らしいとかすごいの書き込みが沢山されました。「手のひら返し」の「手のひら返し」といった書き込みがされ、「二戦目のような書き込みをしてすみません」という謝罪の言葉が多かったそうです。このように、手のひらを返す態度は他の人に混乱を生じさせてしまう可能性がありますので、可能な限り避けたいものです。

◆正々堂々だから参ったと思う

剣道の本質は、運動文化論的分類では「攻めて、打つ」という一つの言葉になります。まぐれで打てたのは本当の剣道ではないということです。

これは、マーケティングと同じと思うのです。剣道では、単に思いつきだけで攻めていいわけでもありません。次のシチュエーションを頭に置きながら、相手の生命線である中心（正中線）を攻めなければなりません。

更に、攻め、相手が動じて打ってくる所を（引き出して）打てたら、相手は心から参ったと思うのです。

西部劇の決闘シーンを思い浮かべてください。「イチ」「ニ」「サン」で振り返って撃つシーンがあります。[Another step, you are dead man.] こんなシーンです。どちらも撃てる状態が条件です。相手がピストルに手をかけようと先に動き出したのを見て、後から撃ち勝つのです。卑怯でもなく、誰も文句のつけようがありません。

剣道の場合も同じです。騙して打ったり、ごまかして横から打っても、相手は参ったと思うどころか、悔しがったり、怒ったり悲しんだりすることはあっても、感動して喜んだりはしません。「活人剣」の在り方とはまるで方向がちがってくるかもしれません。むしろ、ごまかし打ちに対しては、相手は守りに転じてしまい、正中線の打てる場所すら消え失せ、せっかくのチャンスをむしろ潰してしまうのです。真ん中を打ちますよ、どうぞあなたも打ってください。この心持です。そして、相手が来るところを正々堂々と真っすぐ勝負するのです。

正々堂々は、正々と堂々の二つの言葉から成り立つ四字熟語で、正々は正しく整っているさま、堂々は威厳があって立派なさまを意味しています。このことから、正々堂々とは「正しく整っていて勢いの盛んなさま」という意味を指しています。中心線を無視して、自分は打たれないようにして打ちますよといった姑息な手段では、互いに幸せにはなりません。

蛇足ですが、誤解されないように付け加えますが、「虚をせめて実を打つ」などの解釈はごまかしとは違います（P三五〇参照）。

強い攻めで虚実を変化させて心の中心を打つのですから、参ったと思うのです。少なくとも、打突後に刃筋が通っていない事を自分自身が分かっているのに、いかにも通っていたかのように示す態度は、正々堂々とは言えないと思います。同様に、正々堂々とした取り組みがビジネスは特に望まれることだと考えます。

◆謙譲の精神

生きていく中で目指す大事なものを徳目と言います。武士が目指した徳目は五つあると言われてきました。所謂「剣の五徳」と言われるものです。それは、正義、礼節、廉恥、武勇、謙譲です。

簡単に紹介しますと、正義は心を正し、身を正し、行いを正すことです。

礼節とは礼儀と節度であり、きちんとした礼儀の決まりを言うものです。「礼」＝「禮」は心と豊と言う字の組み合わせです。すなわち相手を尊敬する心を形にしたものが「礼」です。したがって、豊かな尊敬の念がこもっていなかったら、いくら頭を下げても礼にはならないのです。

廉恥は、恥を知るということです。人前で笑われること、恥をかくことは人間の最大の恥辱と心得ていました。

昔の武士は、身を捨てても名は捨てぬというくらい、自分が笑われることは、そうなれば直ちに死んでしまう覚悟もできていました。その中でも、逃げ腰、身崩れ、内笑いを特に恥としました。

そして、武勇（勇気）です。刀の下に入らねば勝利はないのですから、勇気は当然のことです。

五つ目の謙譲とはへりくだり譲るということです。他人を優先して自らを控えめにすることです。武士の生き方を現代風に言うと、自分の能力を磨き求めながら、自分のルーツを誇りとし、愛をもって譲る精神をもって生きることです。

謙譲の精神の極みと言うべき話をします。一九八二年一月十三日、ワシントン国際空港を激しい吹雪のなか離陸したエア・フロリダ九〇便が、離陸直後に氷結したポトマック川に架かる橋梁に激突し墜落しました。水没を免れた尾翼部分にしがみついた生存者の救助を多くの人々が見守る映像は日本でも報道されました。生存者はいないと思われていましたが、割れた氷に六人の生存者がしがみ付いていたのです。救助ヘリは最初に男性の乗客に命綱を渡しましたが、彼は、勇敢にも二度にわたって自分の近くにいた女性に先を譲ったのです。結果的に生存者の救助を映した映像が生前最期の映像となってしまいました。この男性は後に引き上げられ、本件事故での唯一の水死者（他の犠牲者は衝撃での死亡）となりました。命綱を譲ったのはアーランド・ウィリアムス氏と言う男性で、彼の謙譲の精神にアメリカ政府から救助ヘリの乗員二人とともに自由勲章が授与されました。

侍魂を外国で見た感じがしますが、電車で席を譲ったり、車同士でも「お先にどうぞ」の謙譲の精神と心の余裕つまり勇気、これも現代、次世代社会に必要な侍魂だと思うのです。

◆袴の折り目に込められた信念

野良仕事の時、家でくつろぐとき、登城する時（出勤する時）と場面によって服装を変えていたのは今も昔も変わりません。友人の結婚式に破れたジーンズでは参列しないですし、ネクタイをして寝る人はいないはずです。人と会う時は、その場の意味に合わせて自分の気持ちを形に表現して臨まなければいけません。服装は、私はこういう人です、今はこういう気持ちですと表現しているからです。自分だけの好みだけでなく、相手への思いを形にしたものと捉えられる場面が多いのです。

剣道での服装は、剣道着と袴を着けて行います。現在のものは江戸時代後期以降のもので、その前は普段の着物に足軽袴のような稽古の絵が残っています。長い袴は千葉栄次郎の作と言われています。普通乗馬袴です。侍が、上司ともいうべきお殿様のお城に向かう時、きちんと折り目のついた袴を身につけて登城しました。その袴には前に五本の折り目があり、「仁義礼智信」という考えの意味が込められていました。後ろには二本の折り目があり「忠孝」と言う意味があります。

その仁義礼智信の意味詳しい意味は「武士道に学ぶ生への指標」の項（P二八二）で述べています。

仁は、人間が守るべき理想の姿です。自分の生きている役割を理解し、自分を愛すること、そして身近な人間を愛し、ひいては広く人を愛することです。義、礼、智、信それぞれの徳を守り、真心と思いやりを持ち誠実に人と接するのが、仁を実践する生き方です。

武士の情けという言葉がありますが、これは、仁から生じているものです。単純に情け深いのではなく、自分には厳しく周囲には寛容に、かつ正義に基づいた慈愛を持って接することが大切とされていました。

義は、人の歩んでいく正しい道のことです。武士道では、義の精神が重く考えられていました。義をおろそかにすることは、道を踏み外すことになります。仁を実践する基本として、義を貫くことが必要です。本当に人を愛し思いやる生き方は、正義を貫いてこそ成り立つのです。

礼は人の世に秩序を与えるものです。そして、礼儀礼節は、仁を実践する上で大切なことです。親や目上の人に礼儀を尽くすこと、自分を謙遜し、相手に敬意を持って接することが礼、場合に応じて自分を律し、節度を持って行動することが節の基本といえます。

智は、人や物事の善悪を正しく判断する知恵です。さまざまな経験を重ねるうちに培った知識はやがて変容をとげ、智となって正しい判断を支えます。より智を高めるには、偏りのない考え方や、物事との接し方に基づいた知識を蓄えることが必要です。

信とは、心と言葉、行いが一致し、嘘がないことで得られる信頼です。嘘のために一度損なわれた信頼を、取り戻すのは難しいことです。たとえ、「仁」なる生き方を実践していても、人に信頼されないことには社会で生きていけません。信頼は、全ての徳を支えるほどに大切なのです。

忠（ちゅう）は、自らを欺かず誠実なことです。真心をもって主君に対し臣下たる本分を尽くすことです。孝（こう）は父母を尊敬して慈しみ、大切にすることです。悌（てい）、兄を尊敬して従うことで、兄弟仲が良いことです。

折り目正しいとは、こうした姿がきちんとしていることです。

小学校の中庭で芝を担いで本を読んでいる像を覚えていますか？　二宮尊徳像です。彼は、生活が苦しい藩士のために、「五常講」という金融の仕組みを作りました。仁、義、礼、智、信（五常）の徳を実践するものであれば、その心を担保にお金を借りられるというものです。借りた者は、借りたときの感謝の気持ちを忘れずにきちんと返せば、五常の徳を実行したことになるというこの制度は、後の信用組合の原型となりました。

服装は、ファッションだけでなく、心の表現でもあるということです。もう一つ、場に合い機能的であることです。現代は式典やお祝いの席以外では、あまり着装については気を使わなくてよい時代になりましたが、その場にあった失礼のない着装をしたいものです。

◆尊敬の所作

武道では試合や稽古の戦いの前に相互に礼をします。

戦いが始まってからは、相手はどう動くか分かりません。言わば無限の動きをします。その無限の中から、二度と同じ動きのない数分間を体験させていただくのです。その経験の積み重ねが、自分を強くさせる、あるいは向上させるのです。何と有り難いことでしょうか。この相手は敵ではありますが、自己の向上のための技術体験協力者なのです。「お願いします」「ありがとうございました」と礼をするのは当然のことです。

次は蹲踞（ソンキョ）して構えます。蹲踞の「蹲」も「踞」も訓読みで「うずくまる」と読みます。蹲踞は「ツクバイ」と読みます。お茶室の前に低く設置された手水鉢のことで、昔、招いた偉いお侍も、手を清めるために頭を下げなければなりません。同様にお茶室に下の方に背の低い入口を作り、偉い人も関係なくお辞儀をしないと中に入れないようになっています。礼と蹲踞には、こうした歴史と意味があり、今も伝えられている大事な日本文化としての所作です。相撲では、最初に蹲踞して礼をします。そして手のひらを返します。武器は持っていません。正々堂々と勝負しますという意味です。どんな相手でも、自分の為の協力者と思えるかによって結果は大いに違ってきます。

◆姿勢

姿勢には動的姿勢と静的姿勢があります。静的姿勢は、動作に入る前の動きのない時の姿勢で、動的姿勢は動作が始まり終息するまでの一連の動きの姿勢です。

剣道の姿勢を絵にしたとき、打ち合っている絵が動的姿勢です。静的姿勢は、構えや座っている絵のように動いていない姿勢というのが分かり易いです。

動的な姿勢は、動き出して目的が達成されて動きが止まるまでの一連の動作を部分的に切り取った姿勢です。目的が達成されれば、動的な姿勢は（理想の姿勢は別にあっても）すべて正しいということになります。野球でホームランを打った時の動的姿勢は誰もが納得するいい姿勢からも理解できるでしょう。

しかし、静的な姿勢は、動いていないからこそ内面的なものが形に表現されます。左拳の位置や腰の入り、剣道具のつける位置まで内面が表現されます。ですから形が違えば考え方も違うように映ってしまいます。つまり、静的姿勢の絵は、憧れの選手や、尊敬する師、あるいは自分の姿勢でない限り好まれません。静的なほど個性が表に出るのです。

会社がアクションを起こし、上向きに動いているときは、どの会社も似ています。どれも正しい動的な姿勢です。しかし、いつでも打って出れる状態で踏ん張って、機会を狙っているときが、会社ごとに違った個性が出るものではないでしょうか。

だから、風格のある、そして美しい「構え」の静的姿勢を作らねばなりません。

徒競走は、スタートラインでセットします。所謂、構えるということです。心構えも身構えも含めてです。その構えについて、斜に構えるという言葉があります。気取った身構えをする、改まった態度をとる、物事に正面から対峙せず、皮肉やからかいの態度で臨む等々の意味に使われます。この言葉は、剣術の構えた姿から生まれたと思われます。

多くの辞書には、刀を斜めに構えたものと記してあります。どのように構えたものかはっきりしていませんが、現代は、逃げ道を用意した正々堂々としていない構えの表現として解されています。

仕事に向かい合う時、常に逃げ道を用意して構えることは、信頼を失うことにつながりかねません。

姿勢は、持って生まれた変わらないものではなく、意識をもって鍛えられて修正され、出来上がるものです。堂々とした構え、姿勢を完成させたいものです。

◆日本刀が放つ二つの価値と輝き

全く同じ製品であれば、顧客は安価のものを選ぶでしょう。また、武器だけの用途のものであれば、より機能的な製品を選ぶでしょう。そして、その製品が複数の意味や意義を持つものであれば、当然複数の価値観をもった顧客の目に留まるでしょう。

日本刀は、そうした意味と価値を有しています。侍の時代ではなくなった今、武器としてではなく、日本刀は登録が必要な美術品としても親しまれています。

その日本刀を作る刀鍛冶は全国に三〇〇名ほどいると言われています。茨城県では刀剣作家の宮下正吉氏一人です。福島の美術商の浦井善一氏は、作刀家の宮下氏を、師匠の血筋とその技術から、末は人間国宝になれる人と評価しています。

そもそも刀鍛冶と呼ばれる職人は、あくまでも刃の部分を作っている職人です。日本刀全てを一人で製作しているのではありません。「研師」「白銀師」「鞘師」「塗師」「柄巻師」「装剣金工」など、さまざまな職人さんの手によって、一本の日本刀は仕上げられています。

しかし、その本体を作る宮下さんご自身の思いは、「初めて刀を見たときの感動を、何とかそのまま伝える刀を作りたい」「刀はあくまでも武器であり凶器であるという事であり、武器とならない刀であれば作る意味すらない」と話します。その結果として、装飾など無く、拵えや鞘すらも取っ払い、鉄の塊でしかない刀本体が美術品としても完成しているのだと言います。

こうした優秀な武器は、その形態と性能の前に、敵は戦わずして威圧され屈伏させられるものです。この戦わずして敵を屈伏させるということは、やがてこうした武器が信仰にまでつながり、この剣を用いて戦う日本剣道の究極の理想とも目的とも繋がっていくのです。

この話を取り上げたのは、創造したものを顧客に手渡そうとしているときに、その創造物が別のもう一つの意義を持っているかを考えてほしかったからです。もう一つの意義、それを言い切れることが、自分の誇りとなるからです。だから汗を出して働けると思うのです。

◆身体に刻む修練

前述の刀鍛冶の宮下政吉氏は、学生時代に人間国宝の故・大隈俊平氏の日本刀に強い感動を受けます。そして、この道で生きていくと決断し、大隅氏の紹介で長野県刀匠で無形文化財技術保持者の宮入法廣氏に弟子入りすることになりました。刀鍛冶の世界は、基本を師匠から手とり足とり教わるなんてことはありません。見て覚える、それでも「これは絶対に教えない」という師匠秘伝の技があるという世界だそうです。

弟子に入ると、炭を切り分けるところから覚え、修行は一生続くとのことです。刀が作られた時代から現在に至るまで、不思議と思われるほど尊重される武器である日本刀の性能は、世界に比類のないものです。刃物科学の分野でも日本刀の性能を分析解明できず、今に至るまで謎なのです。

日本刀には、姿、地肌、刃文の三つの見どころがあります。姿とは、日本刀全体の形のことです。地肌とは、刃の模様のことです。刃文とは、切る部分の模様のことです。この刃文を付ける工程は、個々の刀鍛冶の秘術なのです。刀鍛冶と聞いたとき、イメージする作業風景が「鍛錬」と言う工程かもしれません。「折り返し鍛錬」で鉄を幾重にも重ねて打つ場面です。日本刀のみどころの一つの地肌が生まれます。実はこの作業の前にいくつもの工程があります。玉鋼（たまはがね）を抽出し、さらに良質な鉄のみになるよう水へしという作業を行います。熱したものを薄く打ち延ばし、水に入れて急冷し、焼き入れをします。次に積み沸かしという作業です。すべての工程の火の色、火の形で温度を判断して進めていきます。

また鍛錬の後に「素延べ（すのべ）」「火造り（ひづくり）」を経て、刀へと成形します。「土置き」（焼刃土を刀身に塗ること）後、刀の見どころの刃文を付ける工程です。これは、職人の顔とも呼べる技の部分です。企業秘密の部分となります。そして、焼き入れです。ここで見どころの「姿」が決まります。

焼き入れとは、形成した刀をじっくりと八〇〇度ほどに熱し急冷することで、日本刀の反りが現れます。これまでの工程で培った日本刀のしなやかさが表現される、大事な工程の一つです。そうしてできた刀に鍛冶研ぎや銘切りなどの作業を行い、ようやく刀鍛冶の手を離れます。金属といえども、柔らかいものや硬いものさまざまです。それらを火の具合を見て溶かし着け、重ね合わせて鍛錬し、冷やして形成するなど幾重の手順を経て刀は出来上がります。

刀鍛冶の仕事には物理や化学、地学などさまざまな理科的要素が含まれています。昔の人は科学のデータなどではなく、それを工夫し体で覚え、見つけたのだからすごいと感じざるを得ません。その師匠の技を目で見て体に刻み込んでいく弟子の修行も「すごい」としか言いようがありません。（茨城県剣道連盟会報六六号コラム編集）

◆上座の右と左

日本では昔から「左上位」（*向かって右が上位）でした。『武道の礼法』（小笠原清忠著）に述べられているように、一般的に日本では正中を第一位とし、次いで南を向いて陽が上がる東を第二位、陽が沈む西を第三位としていました。「右に出るものはいない」「左遷」などの言葉でも、向かって右が上位であったことを示しています。また、右大臣より左大臣の方が偉かったことや古式の京雛の位置でもわかる通りです。

しかし、『武道の礼法』（小笠原清忠著）では、上座の位置は、床の間の位置など「時、所、相手」によって変わる場合もあるので、いつも「左上位（向かって右が上位）」と決まっているものではないとも言っています。例えば、床の間を左肩にした場合は右上位と変わるということです。

余談ですが、現在のひな人形は、お殿様が右側になっています。お内裏様が「右」になっていった理由は、西洋の「右上座」の作法が入ってきたからです。それは、明治天皇が西洋の要人を迎えたときに、西洋は男性の左に女性が位置していたことから、日本もそうしたことからと言われています。明治の文明開化以後、日本も欧米の文化にならい、だんだん西洋式のものを取り入れ、大正天皇即位の礼では、欧米の儀礼にしたがって、国際儀礼へと移行し、外国の王室の形式を模して、天皇は右側に、皇后は左側にと正式に決められ立たれたそうです。

日本では人が集まった席では位置関係が決まります。特に日本間での大事な作法として「左進右退」というものがあります。下座から進み上座から退くこと（左足から進み右足から退く）です。下座の足が右足になる場合があるので、正中は何処か、最上座はどちらか見極めて判断しましょう。

◆道場での上席

右と左の話をしました。人格的に上下があるのではないのですが、時、場所、相手によって座する位置が決まっていることです。

さて、剣道の道場でも席が決まってきます。刀はその人の心であり魂でもあります。だから、上位の人の刀を邪魔するような位置に身を置くことは失礼だからです。

刀は左腰に帯び、右手で抜き出します。右手が前で左手が体に近い方になります。心臓を相手から遠くにして構えたものと思われます。この、横に置いた刀を下手の者からも邪魔されない位置が、上手の席です。必然的には入り口より遠い位置になるほど上手の位置となるのです。

道場以外でも現代、会食の席であるいは会議の席で、前を横切ったり、誰かの入退出の際に席を移動しなくてもよい席ということになります。床の間の前、入り口から遠い位置など考慮しますが、基本の上席の考えは、目上の人への思いやりと配慮が含まれているのです。

その他にも上席はあります。車での上席は運転手の後ろが安全な位置です。お客様を応接室の入り口から遠い方に招き入れます。訪問先では招かれるまで入口の近くの席で待つのが無難です。寿司屋さんに行くと花板さんが偉い人です。包丁が邪魔されない位置です。カウンターの行き止まりに位置しています。左肩が奥の位置の場合、御櫃（オヒツ）で区切ってあります。とにかく、尊敬と思いやりを込められた席順がいたるところにあります。位置を知ることも、後で述べる仕事のテクニカルスキルの一部です。

◆目の前の敵は自分

「昨日の自分に今日は勝つべし。今日の自分に明日は勝つべし」。

この言葉は、柳生新陰流正統第二世・柳生宗厳（一五二七ー一六〇六年）によるものです。

昨日の自分を今日越えようと努力することが大事ですし、明日には今日を越えなければなりません。昨日まで大事としていたことが、何回も熟しているうちに自分のものとなった時、今まで大事にしてきたことが、さほど意味を感じなくなるときが来ます。そして、新たな大事なものが見えてきます。この時が、昨日の自分に勝った時かもしれません（私自身の解釈）。では、昨日の自分と、新しく発見する明日の自分を考えてみます。

それは、「積極的に生きること」であるし、昨日のあるいは今日に形がなかったものを形あるものに作り出すことです。これが自分を超えていくことなのです。

だからこそ仲間を大切にし、互いに学びあい、また積極的に行動を起こし自分で自分をよく見つめることなのです。自分は、自分自身の絶対の協力者です。ですから昨日の自分を追い抜くことを目標に戦い、今日の自分に

明日は向かい合い、寝る前に自分にありがとうと言えばいいのです。明日の自分の敵は今日の自分です。一番近い技術向上の協力者です。自分の周りの人が、今日何回ありがとうと言ってくれたか、何回、手を叩いて笑顔を見せてくれたか、その数を、昨日と今日で、今日と明日で、自分自身の中で競っても励みになります。

III

戦う前の心のありか

よく引用される逸話です。山である木こりが、大木を倒そうと朝からノコギリを引いていました。そこに修行中の禅僧が通りかかりました。「そのノコギリを研いだ方がいいのではないですか」と声をかけました。しかし、木こりは黙ってノコギリを引くことに必死でした。夕方禅僧が同じ道を帰るときに、木こりと出会いました。木こりが倒そうとしていた大木はまだ倒れていなかったという話です。

同じことをアメリカ十六代大統領リンカーンは、「木を切り倒すのに八時間与えられたら、私は六時間を斧を研ぐのに費やす」と言いました。自分の道具を使えるように整えることが、準備、段取りをしっかりすることが、仕事のできる人と言っています（七つ道具の項p五八参照）。

• • • • • • • • • • • • • • •

◆二つのVと三つのCのチャレンジ

リーダーからプレーヤーへの要望の一つに「もっとチャレンジしてほしい」という事があります。

私も剣道の指導の中で同じように、もっと思い切ってチャレンジしてほしいと感じる時があります。それは、試合を前にして負けたらどうしようと考えてしまう選手が普段より力を出せていない時です。どうやって勝とうかと考えている選手の方が、勝つ場合が多いのです。攻撃は最大の防御だからです。

では、チャレンジの軸となる部分を、「VとC」で説明します。

まずVです。勝利のVサインのことです（聞き・伝える確実なメッセージの項参照）。

このVictory（勝利）のVを手に入れるためには、もう二つのVが必要です。最初のVは、Vision（将来に対する展望）すなわち、自分がどんな生き方をするのか、何がしたいのかを考えることです。そして、次にVenture（行動すること）です。「断じて行えば、鬼神もこれを避く」というように、真のVが見えてきます。定めた目標に向けて、今は何をすべきか、優先順位を間違うことなく果敢に挑戦し努力してVictory（勝利）を掴んでいくのです。

剣道に限らず、この勝利を確実なものにする原則に、三つのCがあります。Confidence（自信）、Concentration（集中）、Coolness（冷静さ）です。

剣道の場合、チャンスとばかりに打ち込みますが、そこを打たれることが多々あります。見切り発車だけでは失敗することが多いものです。集中し、冷静に、確実に自信を持って打ち込めば自ずと結果は違ってきます。自信は自分を信じることから身についていくものですが、練習において、「現時点で、これ以上はできない」というほど練習を重ねて準備をしておくことが「自信の源」です。また、いくつかの経験によって先を想定できると、自信が持てるものです。勝利までのパターンのリズムを崩さないことが集中している状態です。それをコントロールする力が、冷静さと言えるのです。

◆勝手にやって得はない

勝利のためには、戦う前にある程度の段取りの確認をし、淡々と事を進めることが大事です。当日は指示をしていただければ皆が動きますからとだけの伝達を受けたイベントの担当者は企画書を用意し事前に配布しましたが、当日頭で描いていた人数が足りません。結局数倍の時間をかけて少人数で準備を終えることになりました。こんなことはありませんでしたか。事前の必要人数、その人たちが何をするのかが共有されていなかった事例です。企画書を受けて準備を整える部署が、勝手に判断したことが原因です。「どうせ」という思い込みや、事前の口約束では、その場は乗り切れても不満の代償を得ることになりかねません。

さて、「勝手」には幾つもの意味がありますが、弓道では弓の弦を引く方の手（右手）のことを、「勝手」と言います。この弓道でいう勝手が、様々な意味に転じた経緯には、諸説ありますが、弓を引く右手のほうが自由が利き都合がよいことから、都合がよい気ままの意になったようです。さらに内情をよく知っていて都合がよいことから、暮らし向きという意味にも使い、また、生計の意から台所の意に変わった（『古語大辞典』）というのが大方の見方のようです（『武道』二木謙一・入江康平・加藤　寛共著より）。ここで述べる勝手は、わがままの意味の自分勝手の事です。剣道は対人競技で、自分勝手な技の打ち出しが最も無意味とされます。相手とのかかわりの中で、当然こうなるという場面を自ら作りだして打つことが最も価値の高い技とされます。理にかなった技のことです。つまり、自分勝手に打って出て、まぐれで当たっても無意味なのです。

ビジネスにおいても勝手に行って利益を出したとしても、他のチームメンバーの今後の意欲から算出される利益を考えると全体からはマイナスなのです。大事なことは、報告・連絡・相談、です。後でリーダーのところでも触れていますが、所謂「ホウ・レン・ソウ」のことです。トラブルやミスのほとんどが、報告、連絡、相談に関わるコミュニケーションがうまくいかなかったことが原因しています。上司と連携を取りながら情報を共有して、事に当たることは、組織の中で取り組むうえで最も大事なスキルです。

◆老人の杖

二〇二一年（令和二年）に公表された平均寿命は、女性八七・七四歳、男性は八一・六四歳でした。出典は覚えていませんが、老人を表したこんな言葉があります。

転ぶかもしれない。注意しなければと思い転んでしまうのが老人。
転ぶかもしれない。注意しなければと思い転ばないのが壮年。
考えもせずに転ばないのが若者。考えもせず転んでしまうのが馬鹿者

私は六十歳を超えてから膝の手術をしました。長年の剣道の稽古の為、関節の上下の骨がくっ付き、すり減っている状態なので足を真っすぐにして、骨と骨が擦れ合わないようにする大手術でした。四週間の入院後は、段階的に、松葉杖、そして、杖を使って歩行のリハビリをしていきます。

この生活の中で感じたことがあります。松葉杖、杖を持っている人には、心優しく、優先的に気を使ってくれる人が多いことです。マーケットのレジでも袋に詰めてくれたり、いたわってくれて、道も開けてれるのです。しかし、まだ、完治していないのですが歩行練習のため、杖を持っていない時は、意外と冷たいのです。

普通の老人は、病気ではなくとも皆、杖を持っているのと同じ状態なのです。回りくどい言い方をしましたが、形のない杖が目に見える人になってほしいと思います。

電車に「シルバーシート」という名前の優先席が登場したのは、一九七三年の敬老の日の事です。全国的に広がりを見せますが、一九九七年に「優先席」に改まりました。誕生から三十年で、「シルバーシート」は「銀髪」「銀婚式」などのイメージと重なって高齢者用のイメージが定着しました。それが、高齢者だけに譲ればいいという感覚になってしまい、現在は、怪我をしている人、幼児を連れている人、妊婦に優先するように「優先席」と改められ、マークも絵で表示されています（『のりものニュース編集』より）。

どちらにせよ譲れる心をもっているかの問題です。「譲」と言う字は、「言」と「襄」の組み合わせです。「襄」は間に入れるという意味です。つまり、言葉でどうぞと間に入れることです。

戦国時代の甲斐の武将武田信玄は、老人には経験という宝物があると言っています。その宝を持った老人を無下にするような日本にしないようにしましょう。

◆ 仕上げること

「画竜点睛」という言葉があります。「画竜」とは龍の絵を描くこと、「点睛」とは書いた龍の絵に瞳を入れることです。竜を描く場合最後に瞳を入れることから、画竜点睛の意味は「物事の仕上げをする」とか「最後の大事なところに手を加えて物事を完成する」というたとえに用いられる言葉です。また、その逆に画竜

点睛を欠くという風に全体としてよくできているが、大事なことが抜けているという意味に用いられます。この逸話があります。

中国の南北朝のころ梁の国に張僧という画家の描く画は一本の筆であらゆる物をまるで生きているように描き出したということです。ある日彼は、当時南京にあった安楽寺というお寺から竜を描いてほしいと依頼されました。壁に描き上げた二頭の竜は今にも天に上りそうな出来栄えでした。しかし、その竜には瞳が描きこんでありません。人々がなぜ瞳を描かないのかを質問すると、「瞳を入れると竜は壁を蹴り破って天に飛び去ってしまう」というのです。もちろんのこと人々は瞳を入れてくれとせがみました。そこで、画家はとうとう二頭のうちの一頭に瞳を描き入れました。その途端、その竜は壁からおどり出し天高く舞い上がってしまったということです。

つまり、仕事をどのように終結させるのか、その瞳になるのは何なのかを明確にしておくことが大事なのです。

剣道では、稽古後に道場を拭き掃除をして稽古のすべて終えることになります。仕事でもプロジェクトの終結だけでなく一日の仕事の一つひとつの終了にもこの瞳を入れたいものです。会社訪問して去るとき、門まで送られたら、数メートルほどで振り返りもう一度お礼の礼をすることをビジネスのマナーとされています。これも訪問の仕上げをすることです。この仕上げ方ですべてが輝いたりするものです。

◆進歩は過ちを認めることから始まる

「過ちて改めざる、是を過ちと謂う」。これは「あやまちてあらためざる、これをあやまちという」と読みます。これは中国の思想家、孔子やその弟子たちの発言や行動が記録されている書物『論語』の中の衛霊公（えいれいこう）篇に掲載されています。「論語」は儒教の教典としても扱われている書物です。

過ちに関しては原因が明らかであれば、その原因を改めた方が良いのは当然なことです。ただ、敢えてこのような発言を孔子がしたということは、過ちの原因が分かっているにもかかわらず、その原因を改めないことを色々な場面で目にして問題だと考えていたからなのでしょう。改めることがとても大変なことは身の周りのことから社会的な問題まで様々なレベルであるのかもしれません。

真剣勝負では、一つのミスでも命を落としたりします。仕事も真剣勝負です。自分のミスは、会社の中の自分の存在すら消すことになるかもしれません。だから、自分を守るためにミスを認めないのです。尊敬されるリーダーの資質の条件の一つに、過ちをすぐ過ちと認めれる潔い人であることを言い添えておきます。

私が教師十年目の時の話です。剣道の授業で、しっかり大きな声でわかりやすく説明していたつもりでした。ところがいつもざわざわ話し声（私語）がするので、叱っていました。それでも、静かに聞いてくれているので、伝わっていると思い込んでいました。ある日、手を挙げる生徒がいました。どうしたか聞いてみると、「先生の声が響いて聞き取れません」と言うのです。大きな声でしゃべるほど、コンクリートの壁に声が跳ね返って、犬が吠えているようにしか聞こえないようなのです。私は、十年間もなぜこのことに、気付かなかったのだろうと恥ずかしく、赤面の思いでした。最近の子はまじめに聞かないなんて思い込んでいました。「理解できたか」と一言確認しなかったのか悔やまれました。とにかく直ぐに過ちを認め、どう修正していくか考えたことを思い出します。

現在は、新しい道場で声の跳ね返りもないのですが、以前のようなことには十分気を付けています。それは、徳川家康が「絶対は絶対ない」と明言を残したように、間違いはないと思っても、過ちはあるものだからです。

何か不都合がおきたとき、自分には原因はないかと一回は疑ってみることは大事だと思います。そして、できるだけ早く自分の過ちを修正するのがいいと思います。

◆七つ道具

物を作り出すため、あるいは仕事をはかどらせるため、または生活の便をよくするために使用する器具の総称を「道具」と言います。「大工の七つ道具」とか「お化粧の七つ道具」というのがあります。もとは、昔武士が戦場に赴くとき身につけた武具のことでした。具足、刀、太刀、弓、矢、母衣、兜の七種を言います。七つは縁起のいい数であることから、多種多様の七つ道具を生み出しましたが、世に有名なのが、弁慶の七つ道具です。鋸、槌、鎌、鉞（マサカリ）、熊手、鉄棒、長刀（ナギナタ）と伝えられています。このほか、江戸時代の大名行列の七つ道具等があります。

「兵具もたしなまず、其具々の利を覚えざること、武家は少々たしなみのあさきものか」と宮本武蔵は言っています。武器も用意できず、武器の特性も知らないようでは、武士のたしなみがないという意味です。『五輪の書』の地之巻（P三〇四参照）では大工の棟梁の道具を引き合いに出していますが、仕事のプロである以上道具にこだわりがなければならないと言っています。

現代の兵具、剣道具の話です。現在使用されている剣道具の様式は、江戸時代中期、正徳年間に直心影流長四郎左衛門国郷が礎を作ったとされます。また、竹刀（四つ割り）の採用は、宝暦年間に一刀流中西忠蔵子武によるとされています。この時代から様式は変わらず現代に至っていますが、手刺しから機械刺しへ、生産拠点が労費の安い東南アジアにと製造場所が移ったりしました。水戸の高山武道具店代表、高山能昌先生は、使う人の身になって最高の仕事をすることを言い続けた頑固一徹の職人の父からこれを受け継がれています。

高山先生が昨今危惧されていることは、剣道具への注文が甲手の肘を短くとか、面布団を短くしてほしいとか、面金を軽いチタンかアルミにしてほしい等と、防具としての機能が二の次へと変化してきていることだそうです。何とか伝統を受け継ぎたいものです。

さて、現代の働く人達の七つ道具は、今や、名刺、ハンカチ、スマホ、スマホ一つで事足りてしまう時代です。スマホにはペンやメモ用紙、地図、辞書など七つ道具以上の機能が含まれています。

しかし、そこにない目に見えないものがあります。それは、笑顔、名刺の中の誇り、学ぼうとする心、未来に前向きな姿勢、そして仁（思いやり）です。この七つ道具は、いつもピカピカに手入れしておきましょう。

◆笑顔作りからゾーンへ

前項で「笑顔」を大事な七つ道具の一つに挙げました。

人と接するときに笑顔を意識して作るようにすれば、相手から好感を持たれ、そこから人間関係が築かれることが少なくありません。その結果、交友関係がどんどん広がっていきます。あなたの周りにいる交友関係の広い人、友人の多い人の顔を思い出してみましょう。おそらく、そうした人は皆、明るい表情をし、常に笑顔を見せているに違いありません。

また、笑顔は自分自身の気持ちを明るく、前向きにしてくれます。気持ちが前向きになると、当然「やる気」が出ます。つまり、仕事や勉強に対するモチベーションもアップするのです。笑顔になることで顔の表情筋が刺激を受け、それが脳にフィードバックされると、ポジティブな感情が生まれるのです。

笑顔には自律神経を整える作用があります。さらに笑顔はリラックス効果もあるので、その結果がストレスの軽減に繋がるというわけなのです。人はただ笑うだけでも免疫機能が向上すると言われており、たとえ作り笑いだとしてもまったく笑わないより、ストレスが溜まりにくくなるそうです。ですから笑顔が苦手な人は多少表情がぎこちなくても、無理やりにでも笑ってみると良いのではないでしょうか。笑顔トレーニングについて、先ず、ウインクの練習をすることで目元の筋肉を効果的に鍛えることができます。そうすることで、自然と目尻を下げて優しい笑顔を作ることができるようになるのです。そして、笑顔の口元の口角があがっているかどうかの練習を積極的に練習していくことが大切です。

上の歯が八本以上見えるまで口を「イ」の字に開けます。その後で上唇が穏やかなVの字になるくらいまで、じわじわと口角を上げていきます。この練習を繰り返していくと、自然と笑顔に見える口元が作れるようになっていきます。こうした笑顔トレーニングを積み重ねていくと、表情を表に出すのが苦手な人でも徐々に笑顔を見せられるようになっていきます。

さて、自分の能力を最大限に発揮するゾーン状態に入りやすくするには、まずフロー状態をいつも作り出しておかなければなりません。そのフロー状態とは、ポジティブに流れに乗っている状態です。つまり、外的要因に左右されず、いつも安定して笑顔でいられる状態です。その状態からゾーンは生まれるのです。先ずは「笑顔つくり」から始めましょう。

◆花火と井戸

「水を飲むとき、最初に井戸を掘った人に感謝する」。

この言葉は、日中平和友好条約を結ぶとき中国の鄧小平副総理が田中角栄総理大臣に言った言葉です。田中総理が中国を訪問した当初はさほど重要に考えられなかったことですが、それから友好条約が結ばれる時点から振り返ると、重大な意味を持ちます。ですから、井戸を掘った人（最初に中国に出向いたこと）がいたから今があるという意味です。

どんなことでも最初にやるときは、沢山の課題が出てきます。そして、努力と工夫と熱意によって課題をクリアして、次の人にバトンタッチします。その道が踏み固められていくと、意外と最初の険しい道の事は、忘れていきます。その井戸への思いの深さは、伝え続けたいものです。

もう一つ、最初に始めた人について、紹介します。

土浦の花火競技大会は、大正十四年（一九二五年）九月、第一回全国煙火共進会として始まりました。発案者は曹洞宗の僧侶・秋元場梅峯（ばいほう）という人で、土浦市の神龍寺の住職でした。

梅峯住職は競技大会を始めるにあたり、二つの願いを込めたそうです。一つは霞ヶ浦海軍航空隊の殉職者や大日本仏教五穀団の死亡者、関東大震災の犠牲者らへの鎮魂の思いが込められました。もう一つは東京方面からの観客を誘致し、花火で土浦の経済を活発にしたいという願いでした。梅峯住職は笠間稲荷神社全国煙火協議会を参考としました。神龍寺の本堂を全国から集まった花火師の宿舎に提供したりして、競技大会の拠点となりました。後に主催団体は土浦煙火協会に変わりますが、梅峯住職は初代会長として支えました。花火で慰霊を願った和尚の思いは、境内にある海軍航空隊殉職者慰霊塔に込められています。

戦後、北島煙火店を設立した北島義一氏とその子文三郎氏が全国に先駆けて競技大会を復活させました。現在も土浦を訪れた花火師が墓に花を手向けていきます（広報つちうら二〇二二・一二より）。

繰り返しになりますが、今私たちが、夜空を見上げその美しさに感動できるのも、最初の発案者がいたからです。美味しい水が飲めるのも、はじめて井戸を掘った人がいるからです。最初の求めたものと変化して、発展していくことは素晴らしいことです。

だからこそ、「最初に井戸を掘った人」の歴史を知り、感謝する気持ちを持ち続けたいものです。

◆計画・実践・反省・工夫が稽古

仕事が楽しくあることは大事です。更に、何よりも強くなりたい、勝ちたいと思い続ける向上心が、自分を変化させます。苦痛も苦痛でなくなり、厳しい練習にも耐えられます。

個人のCapacity・Abilityを引き上げることは、壁を破る最も強力な武器です。しかし、痛みの多い無駄の多いことを繰り返しても、能力の早期構築にはリスクの多いものです。［ＰＤＣＡ］をよく吟味して繰り返すことが近道です。Ｐは［Plan］（計画）です。出口から逆算して、期日期限とやるべき内容、目標を明確にすることです。チーム全体の目標が明確になったら、自分はどうすべきなのかが見えてきます。そこで自分の目標を立てるのです。「計画のない目標はただの願い事に過ぎない」とは、『星の王子様』のサン・テグジュペリの言葉です。そこでＤの［Do］（実行）です。実行に当たっては、個人の状態、仲間の状態、対戦相手、環境の条件など毎回同じとは限りません。臨機応変でありながら計画の型を崩さないように取り組まなければなりません。［Do］は生き物です。毎回違うので詳細な記録が大事です。その結果、計画・目標通りになることは稀です。現状と目標にズレが生じます。そこで、［Do］の段階の記録データをもとに原因とギャップ（課題）を洗い出します。これがＣの［Check］（差異を見る）です。その課題を解消するための計画・修正を行い、次の行動を起こします。Ａの［Action］です。そして次の計画へと繰り返されるのです。一クールが終了したときかなりのレベルアップは望めるはずです。

さて、この［ＰＤＣＡ］は三回繰り返せば、数字上は成功体験ができることになります。数字的には、この

［ＰＤＣＡ］は五分五分の成功率で、もしでうまくいかなかった時、どこに失敗の要因があったかチェックして工夫して、またアクションをおこします。このことを、数字で表してみます。

戦略が成功する確率は、間違いなく成功する場合→一〇〇％、ほぼ成功する場合→九〇％、五分五分の場合→五〇％、ほぼ失敗する場合→一〇％、間違いなく失敗する→〇％です。

自分もしっかり準備して、臨んでいるわけですが、相手も準備しています。ですから自分の技が成功する確率は、五分五分つまり五〇％とします。なぜ、失敗したのかをしっかり考え対策を準備して臨んだとすれば、同じような場面設定で二回連続で失敗する確率は、0.5×0.5=0.25で、つまり二五％です。それも五分五分と考えれば、三回目の［ＰＤＣＡ］をもって取り組めば、0.25×0.25=0.125で一二・五％の失敗率になります。つまり九割が成功するということです。剣道では相手もさらに元の五分を引き上げてきたりしますので、四回、五回とチャレンジすると、かなりの確率で成功に導かれるのです。

◆飽きるというメカニズム

飽きは、消費の繰り返しによって楽しさが減少することと定義され、ほぼどの楽しい経験にも生じる現象とされています。飽きは永続的なハピネスを妨げるバリアとして捉えられることもあります。では、「飽きにくくなる」方法を紹介します。剣道の指導者が基本技能を学ばせる時、飽きの来ない一週間のメニューを設定する時、あるいはその日の練習内容を学習者に頭の中で体系的に技を整理させることに役立ちます。

■ 経験の間隔を空ける

一つは、次の経験までの時間をできるだけ空けることです。楽しい経験は待ち遠しく、できるだけ早く再経験したいと思うので、意識しなければ次の経験までの時間間隔は短くなる傾向にあるからです。沢山の実験の結果から、楽しい経験を維持する為には、少々我慢してでも楽しみに待つのが長く楽しむコツといえます。

やはり中高生は試合をすることを好みます。この試合練習を一週間に一度設定することで意欲の違いを引き出せます。

■ 経験を具体的に捉える

飽きが来るのを遅らせる二つ目の方法は、経験を具体化、サブカテゴリー化することです。これはレデンの研究で示されたものです。ジェリービーンズを用いた実験から、食べた個数を「ジェリービーンズを何個」のようにカテゴリーで数えるよりも、オレンジを何個、ピーチを何個というように「フレーバー・(香・風味)」ごとに数えたほうが、食べる楽しさがそれほど減少しないことを明らかにしています。

終えたテスト勉強を「サイエンスの勉強」や、「数学の勉強」のようにサブカテゴリー化したほうが飽きにくく、その後の勉強を継続する意欲が高くなる傾向にあることを明らかにしています。

剣道の技の練習を「応じ技の日」と設定したり、試合の場面を切り取って、この場面での技の使い方なども飽きが来ません。

■ 一つの事だけに注意を向けないようにする

ブランスロームらは、ゲームをプレイしながらケーキを食べてもらう状況と単にケーキだけを食べてもらう状況を比較する実験を行いました。その結果、前者のほうが後者比べ、食欲に関する評価が下がらないことを明らかにしています。つまり、ゲームのように気を散らすものがあると食べ物に向けられる注意量が減るため、飽きにくくなるのです。また、少々ハードな練習もゲーム化し競い合うように設定すると頑張れるものがあります。

■ バラエティを意識する

ギャラクらは、好きな音楽を聞き飽きさせてから三週間後に再び聞いてもらい、楽しさを評価してもらう実験を行いました。音楽とは無関係のテレビ番組の想起、何度も繰り返したことを意識すると飽きはなかなか回復しませんが、同時に他の似たような経験をいくつか思い浮かべることによってバラエティを知覚すると、飽きてしまった経験に向けられる注意が減少するため、飽きから早く回復できるのです。気が乗らない時もあります。異種ですが同系統のスポーツ雑誌などを読んだり、剣道以外の武道を体験しているうちに剣道がすぐに復活した経験があります。工夫をして、継続してできるようにしていくことが、いつも戦う心の準備をしていくことになると思います。

◆継続は力なり

継続は力なりという言葉は、続けることの重要性や地道に積み重ねていけばいつか大成できるという意味です。

ここで一度見直してほしいことは、継続すること自体が目的（＝ゴール）になっていないかという点です。なぜなら本来、継続して取り組む理由は、欲しいものを得るために達成したいという目標や、充実した人生にしたいという目的があるからです。

継続するために重要なことは、なぜ継続するのかという目的（＝ゴール）を明確にすることなのです。そして、その目的を明確にできたときこそ、もっと上手くいく方法はないか、昨日の反省を活かして今日はこうしようなどと、試行錯誤していくことが大切です。そして、また継続することで目的が達成されるのです。

つまり、目標を達成するには、継続する中で自分に課題を与え続けることを心がけることが近道なのです。ピアノも習ったその日から急に弾けるようになるはずがありません。仕事でも、営業の成績をあげたいと思っていても、まずは相手からの信頼を勝ち取らないとすぐに数字になることはありません。相手からの信頼を勝ち取るためには、地道なコミュニケーションの継続や小さな成果の積み重ねを続けていくしかないのです。

継続するためには、自然と継続できる仕組みをつくることです。継続していることを、楽しんでやるか、つまらなくやるのかが決め手になります。つまらないと心が感じていることを行動し続けるのは、なかなか難しいことです。まず、仲間と切磋琢磨し向上心でモチベーションを高めて維持できるよう工夫をすることです。

私は、剣道を幼少の頃からなんとか続けられています。継続できた理由を振り返ると、強くなりたいという気持ちのほかに、剣友との出会いと語らい、励まし合いがあったからです。毎回違う心のぶつけ合いが新鮮で楽しくあったからです。苦しい練習を乗り越えることができたのも仲間がいたからです。もうやりたくないと思った時も剣友が手を引いてくれました。少なくとも良きライバルである剣友と良き先生たちに巡り合うことができたからだと思います。

また、健康でなければ、物事をずっと継続することはできません。何かの別の用事とバッティングした時でもうまく調整しなければなりません。ですから、長く継続している人は、健康で調整力も持ち合わせていることになり、自然と信頼できる存在となって行きます。続けることのプロセス自体に楽しみや意味があることが一番です。終わった時によかったと思えるように終わることです。それを、ご飯を食べるように習慣化することです。そこに継続力が強化されるのです。

◆遠回りがちょうどいい

スポーツ選手のヒーローインタビューや、試験で合格したり、一つの目標を達成した人が、「諦めなくてよかった」と話します。何を諦めなかったのかをもう少し聞きたいところです。競技そのものなのか、受験そのものなのか、あるいは、一つのトレーニング方法だったのか、受験勉強の仕方だったのかで話は違ってくるからです。

諦めることは総じて、これしかないという思い込みを捨て去ることかもしれません。宮本武蔵が『五輪書』の火の巻で「四手を離す」といい、きっぱりと新しい心で、今までのやり方を捨てて方針転換することも大事と言っています。この本では「アジリティ」の項で、Aプランを諦めてBプランに転換する判断力が大事だということも述べています。さらに『学び練る伝える活人剣』で紹介しましたが、夜の海に流された千葉周作が「松明を捨てれば岸の明かりが見えたはず」と船頭の師匠から極意を学んだように、ある意味で「何かを捨てる」ことも一種の諦める行為だと思います。つまり、ゴールは「勝つ」ということであったり、「岸にたどり着く」ということであったり、変わらないのですが、その為の一つの方法を諦めて新しい方法で行くのも成功への近道であると思います。ずっと追い続けてきたものを諦めることは勇気が必要です。後戻りできなければ、手放すのが怖いものです。しかし、一つの事を諦めて次の事で成功した事例も多いのです。小田凱人さんの話ですが、九歳の時太ももの骨肉腫と診断され人工関節にすることになり、サッカーはもうできないと諦めました。その時車いすテニスに出会い、新たな目標にリセットして取りくみ最年少でテニスの四大大会のうち全豪オープン二連覇とウィンブルドン大会と全仏オープンの三つを制したのです（二〇二三年）。翌年にはパリパラリンピックで最年少で金メダルをとりました。

芸術の作品制作でも同様で、完全に失敗した時は最初から出直した方がゴールへは近道です。今まで続けてきた執着心を早く捨て去る勇気が大事です。最初に決めた目標に向けて諦めずに邁進することに異論はありません。しかし、目標の達成の為には、遠回りでもいいし、一旦引いてもいいし、目標を立て直せばいいのです。もっと先のゴールを目指すことを前提で、通過点を変更することに、賛成です。もしかしたらそれが、近道かもしれません。だから、ポジティブに諦めてみてはどうでしょうか。Hump Backという女性グループの『拝啓、少年よ』と言う歌の中に「遠回りがちょうどいい」という歌詞が、心に響き、余裕を与えてくれました。

Ⅳ

いつ打つ どう打つ どう勝つ

宮本武蔵は『五輪の書』の火の巻で、［いづれも先の事、兵法の智力を以て、必ず勝つ事を得る心、能々鍛錬あるべし］、（どのような場合でも先手をとることが最も大事）と言っています。

また、［剣術実の道になつて、敵とたたかひ勝つ事、此法聊か替る事有るべからず］（剣術の正しい道は、敵と戦って勝つことであり、これは絶対に変わらないことである。正しい方法で負けるのと、間違った方法で勝つことでは、後者の方がいいに決まっているが、世間的には前者を良しとしがちである）と言って戦術の最大の目標を述べています。風の巻では、［物毎に勝つといふ事、道理なくしては勝つ事あたはず］（戦いに勝つということは、正しい道理なしには勝つことは出来ない。先程、正しいと間違いの表現をしたが、本来戦いに負けたのに正しいことはあり得ない。勝利する方法が正しい道理となる）と、どう勝つかを述べています。

◆剣道の一本

「一本とられたな、参ったな」という時の一本は、剣道の有効打の事です。サッカーであればゴール、ラグビーであればトライのような得点、ポイントとなるものです。

剣道の有効打突（一本）はまぐれ当たりでは認めてもらえません。それは、次の図で示しているように、一定の筋道を通って成立します。着想や様々な【約束事・所作】を経て、【兆候を感じ】ながら、竹刀による攻防が始まります。その一本の筋道とは、刀の一振りで打突部位（打ってよい場所）に届く距離まで近づきながら、【攻め】ます。攻めは相手が危ないと感じなければ【攻め】とはなりません。その攻めによって相手は動揺し、

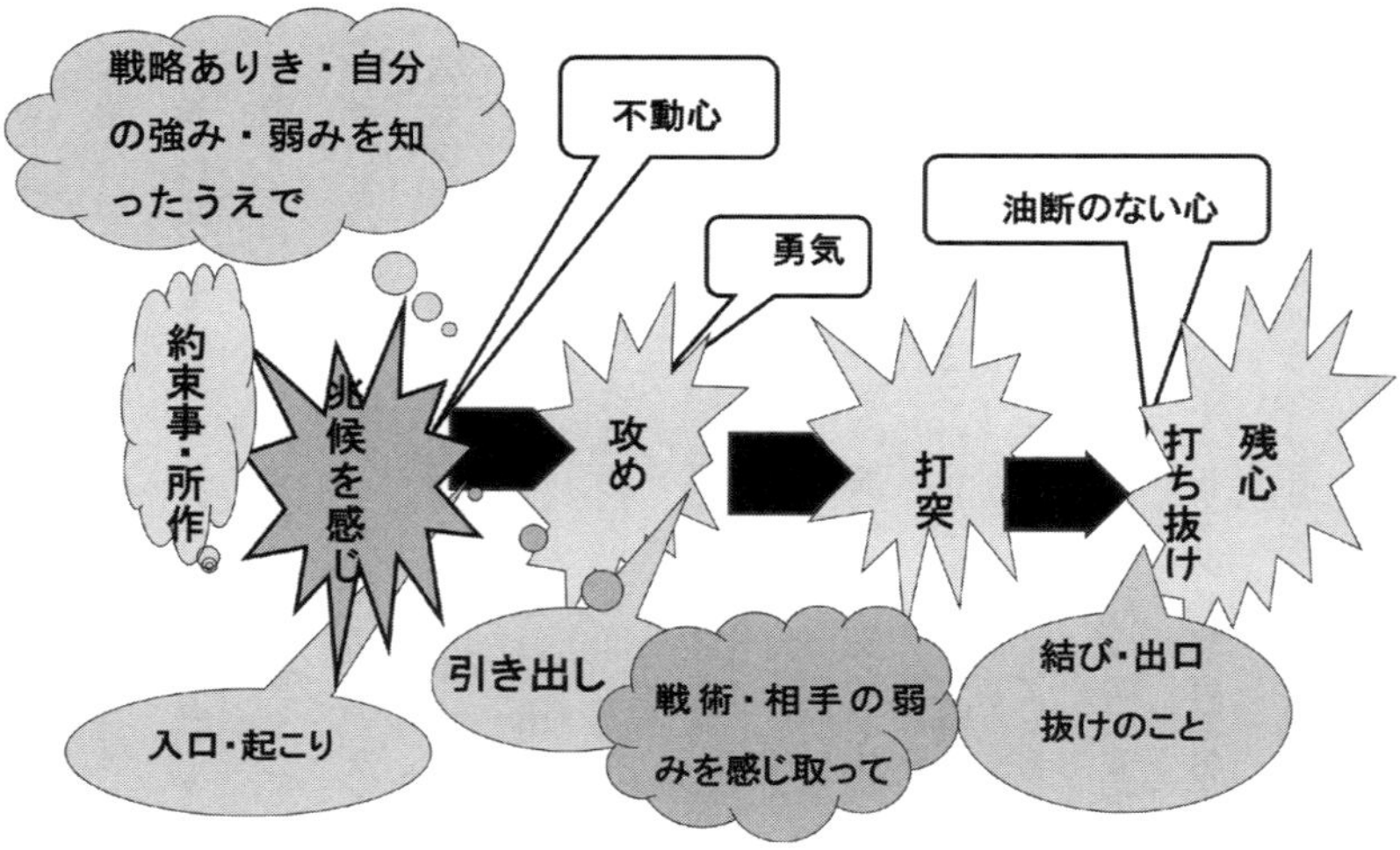

変化します。この変化は、委縮して固まったり、固い守りの姿勢になったりします。そこを打てたとしても、完全に参ったと思わないこともあります。しかし、【攻め】が怖くて、その瞬間に打ってくる場合があります。その相手も勝とうと勝負してきた心の変わり目を正々堂々と真ん中を打つことができると、相手は心の底から参ったという気持ちで勝負が決するのです。当然、相手にも構えがあり一本を狙っています。その構えを崩してこそ、打つべきチャンスが巡って来るのです。そのチャンスの中でも、正中線（真中）をとらえる機会を選別して、身を捨てて【打突】するのです。これが理にかなった価値の高い技なのです。斜めに当ててまっすぐ打ったように見せるごまかし打ちは、正々堂々とした気位からは遠のき、相手を感動させることはできません。そして、【打ち抜け】て、【残心】（油断のない心と体勢が整うこと）が伴って一本となるのです。

◆いつ打つ

■先（せん）

相手の機先を制して勝利を得ることを「先」（せん）と言います。これは、剣道において最も大事な精神要素であり、色々分類されています。「先んずれば人を制し、遅れれば人に制せられる」ということは、多年にわたる多くの経験から生まれた言葉であり、人生の至理を含んでいます。早起きをする、仕事に行く前に予定を確認する、会議の前に資料を整えることも皆「先」です。

よくデパートなどで真冬に水着ショーをやり、真夏に夏物一掃バーゲンセールをやったりします。これも商法の次に述べる「先先の先」と言うべき制圧法の一つと言えます。

昔、日本海軍には五分前精神というのがあったそうです。どんなことでも五分前には、必ず準備完了しなくてはなりません。これも先の精神なのです。相撲の勝負は立ち合いにあるといわれますが、それは先手の取り合いが勝負を決するからです。百分の一秒でも早く立って勝ちを制しようとする「先の気の争い」なのです。

宮本武蔵はこれから述べる「先々の先」と「後の先」を実践の場で実によく使い分けています。佐々木小次郎との巌流島の決戦ではわざと遅れて行って相手をいらだたせたり、吉岡又七郎との試合では、早くいって待ち構え、相手の姿を見るや否や「武蔵待ちかねたり」と飛び出て一気に勝負を決しました。これは、まったく先の精神であり、相手の虚をついた恐るべき戦法です。この「先」の活用展開は人生いたるところで応用できるものです。この先の使い方は、「先をトル」「先をカケル」と使います。

■ 先の先、先先の先

「先」とは、相手の技が未発のところを、こちらが先に打ち出して勝ちを制することです。相対してどちらも打とうとする気を一つの先と数えます。そして相手がその第一の先をとって技を出そうとする気を察知して、未発の間に打つのが第二の先です。だから「先々の先」と言います。

■ 先前の先

先前の先とは、相手がこちらの隙をみて打ってきますが、相手の技が効力を有する前に、すり上げ、返し、あるいは抜きなどをして勝ちを制する「先」のことをいいます。

互いに相対しているときに相手が先をかけて打ってきます。その相手の先がまだ威力のない時に、すなわち相手の技が当たらない前に、こちらの方が先に打った場合や、応じ技の多くがこの先を内容としています。

相手の攻撃に応じて打つ場合は「先前の先」を内容とします。十分相手の動きを見極め、効果的に応じ、反射的に打たねばなりません。慌てたり恐ろしがったり、どこを打とうか迷ったりしないよう練習が必要です。武蔵は待って応じて打つので「待の先」とも言っています。

また、武蔵は、「枕の押さえ」として、『五輪書』にある効果的な先のかけ方を解いています。

寝ていた人が起きてしまったら、再び寝せようと押さえつけてもそう簡単にはできませんが、起きようとする瞬間、まだ枕に頭がついている時、押さえればわずかな力で動きを封じることができるのです。これと同じように相手が技を起こそうとする端を押さえて攻めれば効果的に先をとることができると述べています。

■（先）後の先

例えば相手が思い切って面を打ち込んできたのを、竹刀で受け、相手の次の態勢が整わないうちに胴を打つ場面を言います。したがってたとえ攻撃されても、引かずに受けて打ち返す気迫を持っていなければなりません。心が固くなっていては上手く「後の先」の技は使えないので、相手の気迫に押されて受けないようにします。

武蔵は双方打ち込んでその間に先の取り合いをするので「体体の先」とも言っています。先前の先の受けと後の先の受けは、形の上では変わりありませんが、精神的な差があります。先前の先の応じの場合は心に余裕があり、後の先の応じは相手の打ってきた技に予知することができなく咄嗟に受けた場合です。したがって、安定感と巧妙さに差が出てきます。先前の先と先後の先は分かりにくいので、「先先の先」「後の先」の二つしかないと言う人もいます。

■気位

気位と言うと、機会とは別問題のように思ってしまいますが、剣道の気位は一つの機先を制している状態です。一刀流では気位のことを「未発の発をもって未発の発を押さえる」と説明しています。これは機先を制する最高の姿です。未発の発は形に現れない心の動きを指しています。相手の心の動きを、心の動きで打つなら打つぞと押さえ込むことは剣道における高度な先なのです。

■先をとって情報入手

剣道では、攻めることは大事です。攻めたという事は、相手の構えのバリケードを崩したことをいいます（もちろん心を動かしたことも含みます）。攻めて打つことができる為には、より実力をつけなければうまくいきません。「攻めたつもりで」自己中心に打って出たとき、そこを打たれたり、余されて打たれたりします。打つところが打たれるところだからです。次に「待つ」という捉え方ですが、単にwaitするのではなく、「相手を引き出す」「相手の動きを読み切る」ということです。

「先先の先」で打つためには、相手が打ってくるように仕向けなければなりません。相手もその機会を狙っているので打ってくるのです。だから、相手が本当に打ち切ってくるか見極めるために待つのです。そしてその機会を逃さず「先先の先」で打つのです。こうすればこうなるという戦術上の理にかなった最高のものです。理合いがあるとはこういうことです。ただ、待っているのではその機会は訪れないのです。もし偶然その機会が訪れてあたったとしても、たまたまのまぐれ当たりなのです。

「先先の先」の技を繰り出せるようにそのシチュエーションを作り出すために「攻め待つ」ことを理解してください。ビジネスでは、「後の先」でも利益を生み出すことも可能かもしれませんが、依頼を受けてから考えるのでは、チャンスに出遅れてしまいます。

一つの要望・依頼を想定してA・B・Cの三つの戦術を用意し訓練しておいて、得意なAパターンになるよう誘い出してその瞬間を打つようなことと一致すると思います。

依頼に対してABCのどの技を使うかを情報分析しておいて選ぶことができれば強いものです。二〇二一年の東京オリンピックで柔道が大きな成果を出しました。その要因は「情報分析室」が設置されデータを全員が共有したことにあると考えます。過去十万回の試合を映像分析したのです。有力選手が襟のどの位置を握るか、技の種類、戦略のパターン、審判の反則を出す時間帯、全てのことをデータ化し練習に取り入れ、試合中もコーチと連絡を取り合って情報を入れていたそうです。先に情報を入手することも、勝つための「先」ということになります。

半世紀前の剣道の話ですが、ＰＬ学園がインターハイ初全国制覇をします。そこに上辻さんという強い選手がいました。この選手は、たくさんの選手を五つにタイプ分けして戦略戦術を変えて試合したと教えていただきました。今でいう情報分析と対策をしっかりしていたことになります。そのため、ある時は小手を装着せずに小手の応じ技を練習し、血だらけになることもあったそうです。絶対に小手は打たれないと自信ができるまで続けたそうです。だからトップになれたと思います。情報を得てからの対応練習は私の想像をはるかに超えているだろうと推察します。

◆どう打つ

ではこれからどう打って出るかという問題です。師中野八十二範士は、特に虚実の関係を理解して、機会を得て打って出ることを奨励されて、次のように述べています。

■実を避けて虚を打つ

虚実という語は中国の兵法書である『孫子の兵法』から出た言葉で剣道の攻防の理論に多く影響しています。構えには、虚（守りの弱いところ）と実（守りの強いところ）があり、「実を避けて虚を打て」と孫子は言っています。実際の戦闘に至るまでの基本的原理です。剣道の言葉に「勝って打て、打って勝つな」という事がありります。なぜならば、剣道という競技は、単に部位に竹刀が当たった、外れたと競うものではなく、正しい理論に基づいて行われるもので、この色々な攻め合いの中から我々は多くの精神文化的なものを学んでいるといってよいからです。

この攻め方として「実をもって虚を攻める」ことは最も労力を少なくして効果を上げる方法です。この虚実の活用には「知って攻める」ことと「誘って攻める」ことの二つの方法があります。

■ 知って打つ

相手の体や、竹刀の働きを見ていると必ず強い所（実）と弱い所（虚）が現れて、その強弱の極みに達すると必ず反対に移行していくことを繰り返しています。

例えば、剣道の動きは、出れば必ず引き、右に動けば左に移行し、また剣先が上がれば下がり、右に開けば左に戻る反復です。これは、天地自然の原理であって、春夏秋冬の繰り返しや、我々の身体の筋肉の緊張と緩みと同じです。

相手と対峙したとき、この強弱や動きの原理を知って、その変わり目を打つことが、虚実を知って、実を避け虚を打ったことになるのです。

■ 誘って打つ

誘うという事は広い意味で攻めですが、これには虚をせめて、虚が実に変化するところを知っていて、その変化した虚を打つ場合のことです。

虚（弱い部分）を攻めるとは、防御のない隙のあるところを攻めることです。たとえば相手の剣先が中心を外れていた場合、面は虚です。そこを本気で打つぞと攻めると、相手は面を守って次の瞬間は面が実になります。虚実が入れ替わるのです。その時入れ替わった虚の小手を打つことができます。その逆も同じです。実を（強い部分）を攻める場合、たとえば強く押さえる癖のあることを見抜きます。その癖が強さになっている人にはその癖を出させるように更に攻め押します。次の時間押し返してくる逆が虚になるのでそこを打つのです。

無理をせず、本当に打つように動いて虚実を攻め、虚を打つことが要領です。

■溜（ため）て打つ

高段者の先生から、攻めて溜めて打ちなさいと指導されます。

通常、攻めによって相手を自分の思い通りに動かし、相手がこちらの思い通りに動いてくれるよう敢えて一瞬待ってあげて、息を合わせることを、溜めと言います。

溜ができて放たれた技は、相手が前に出てくることを知っていたかのように見えますが、実は相手が前に出て来ざるを得ないようにしていたからです。自分がそのように相手を追い込んでいるわけで、この状態に持っていくのが「攻め」です。竹刀を喉元にピタリと当てられ、ぐいぐい前に出てこられると、危険を感じます。どうしてもそのままで我慢できず、打ちたくなってきたり、竹刀を傾けて間合いを詰めたり、あるいは引いてしまったりします。そのように誘導していくのが、剣先による攻めと呼ばれるものです。

その打ちたくてたまらない時間帯に、動きを止め、今打ってきていいよ～と一瞬の時間を与えてあげると、緊張に耐えられなくなった相手は、緊張から解放される前に出て打ってきます。そこが自分の打つべき機会です。そこを準備万端処理するのです。そうできれば、シナリオ通りに一本をゲットできる可能性が生まれます。

◆どう勝つ

■ 戦略

戦略とは、一般的に特定の目的を達成するために長期的視野と複合思考で力や資源を総合的に運用する技術、科学であると言われます。つまり戦略とは一言で言えば、「進むべき方向性、シナリオ」です。成果を出すために何をするのか、何を捨てれば効率的なのかなど総合的な準備、計画、運用の方策で、目的を達成するために立てるシナリオと言えます。

軍事の世界における戦略とは、戦いに勝つために兵力を総合的・効果的に運用するための方法のことです。そして、これは大局的・長期的視点で考えられます。軍事の世界では、将軍など、階級が一番高い人が戦略を決定することが多いのです。

政治・ビジネスでの戦略も、組織としての目標を達成するために立てる、将来を見通した方策やシナリオのことです。

そして、特にビジネスの場合には経営目標を達成するために、会社の資金や人員などのリソースや会社の強みを生かすにはどのような方策を取ればいいか考えるのが戦略です。

具体的には何のために誰と戦うか、何のために何をするのかを考えます。例えば、ユニクロは会社の利益を拡大していくために、コスト・リーダーシップ戦略を用いています。コスト・リーダーシップ戦略とは、客層は特に限定せず、ほかのどの会社よりも低い価格で商品を提供することで、会社同士の競争に勝とうという戦略です

（エンタメ&ライフスタイルニュースサイト・キャリアコラム二〇二三Ｃ一九より編集）。確かに、ユニクロの商品はほかの服飾メーカーよりも安価で、手を出しやすくあります。

戦略は目に見えず、推測するしかないという特徴があります。そして、バレたら終わりという特徴もあります。なぜなら、戦略が相手に分かってしまうと、それを真似されたり、対策をたてられたりされるからです。

また、戦術より基本にあるものなので、先に考える必要があります。戦略のない戦術はあまりうまくいきません。そして、指導者や将軍など、その組織のトップにいる人が考えることが多いという特徴があります。戦略担当顧問として企業の中に役職がある会社もあります。

■ 戦術

戦術とは、作戦や戦闘において任務達成のために部隊や物資を効果的に配置し、移動して戦闘力を運用する術のことです。つまり戦術とは「手段」です。戦術は戦略を実現させるための手段であり、成果を出すための具体的な方法を指します。戦術とは、戦略を達成するための具体的な作戦のことです。この言葉は、現在では政治やビジネスの世界でも使われています。

ビジネスの世界での戦術の具体的な手段や実践的な計画を戦略と同じようにユニクロを例にして解説しますと（エンタメ&ライフスタイルニュースサイト・キャリアコラム二〇二三Ｃ一九より編集）、先に述べたとおり、ユニクロは安さを極めることで顧客を獲得する戦略をとっていましたが、その戦略を実現するために行っている戦術はＳＰＡと呼ばれています。ＳＰＡとは、Specialty store retailer of Private label Apparelの略です。（assign-inc.com/media/2021/09/15/post-7920/より）これは、商品の企画から生産・物流・販売に至るまで一貫して自社で行うことで、高品質な衣料品を他社より圧倒的な低価格で提供できるようにする戦術のことです。これらの工程をほかの会社に任せてしまうと、その会社の利益分が余計にかかってしまい、高価格になってしまうのですが、自社ですべて行えばこのようなコストはかかりません。ユニクロの服が安いカラクリはこのような戦術にあるのです。

春前に夏物の早い売り出しをします。これは「先先の先」の取り組みです。市場を見て一番売れている商品を一気に増産する、これが「先後の先」です。ユニクロが自社製造だからできるワザなのです。

戦術の特徴としてまず第一にあげられるのは、戦略なしには成り立たないという点でしょう。戦術だけで物事を行ってしまうと、方針がブレてしまい、うまくいかないことが多いようです。たまたまうまくいっても、それは長続きしないでしょう。

また、実行部隊が行うことが多いという特徴もあります。戦略を立てるのはトップの人ですが、現場の詳細については実行部隊のほうが詳しいので、そのような役割分担になっています。ただし、組織が小規模な場合や、トップの人の権力が強い場合などには、組織の指導者が戦術立案まで行うことがあります。

実行部隊がどのような戦術でも対応できる力を持っていることが成功のカギとなります。

■剣道試合における戦略・戦術

チームがどう勝ちに向かっていくかというシナリオが戦略です。会社という組織では、チームメンバーの変更はさほど多くはないのですが、スポーツチームや部活動においては、シーズン毎にレギュラーメンバーがごっそり変わったりします。そのシーズンのチームによって戦力は違います。チーム全員の技量が高い（全員がポイントゲッター）場合、戦略は試合の流れに応じて立てやすく、かなりの確率で勝つことができます。その戦略に基づいて、個々の試合を戦略通りに進める方法を戦術と言います。

戦術［A］があります。個別ごとの戦略と言えますが、最も剣道の本質的な戦術です。

それは、攻め崩して自分の得意技で有効打をゲットしに行く戦術です。しかし、剣道の場合、［A］はその場面で逆にポイントを与えてしまうリスクもあります。一本を取ろうと前に出るところが、打たれる機会でもあるからです。

戦術［B］は、無理に有効打をゲットしに行かず、ポイントを与えず、相手が有効打を無理に取りに来た時だけ、隙をついてポイントをとる戦術です。引き分けでもよいという考えです。

［C］は終始相手にポイントをとらせないことを目標においた戦術です。また、自分が一本とれるチャンスでも万が一あえて勝負に行かずチームの勝ちの為の引き分けねらいに徹するのです。

勝ちのパターンで［A］は全員が勝つ場合で、よほどの実力差がある場合です。核になる選手が一人いることは条件ですが、普通は相手のポイントゲッターには、［B］［C］の戦略を使っていきます。その試合の進行状況で戦術が変わってきます。大将の試合に近づくほど戦略・戦術も微妙に変化するのが現実です。

さて、相手が［B］［C］の戦術できた時のことを予想して、リードされていても奪い返す戦術も普段から訓練します。リードされ、相手は、［C］の戦術できたとします。ポイントを死守する方針です。そこで相手を［A］の場面にさせなければなりません。ですから引き技を先に出すと、相手は距離を引き離されないようにくっついてきます。（竹刀が相手の身体に接触した状態のままであれば有効打にならないルールがある）その追い込んでくるところに［A］の戦術の技をぶつけるのです。

このように、自分達のチーム側は相手の戦術に対応した戦術に切り替えながら試合を進めます。相手につばぜりあいの状態をさせない、引き技をさせない技術練習をしておくのです。戦術練習を場面設定をしながら行っておくのです。

［C］の戦術は、この有効打一本を取られてしまうと、チームが負けてしまう場面でよく見られる戦術です。技を出したくとも、我慢してこらえることが必要です。これを「自己犠牲」として呼ぶ場面があります。スポーツではよく使う言葉です。場面表現として分かりやすいので、ここではこの言葉を使いますが、後で述べる野球の送りバントやサッカーのアシストも同様の意図があります。次に示す、あえて勝負しないのも戦術なのです。

◆あえて勝ちを求めない戦術

剣道の団体戦（五人制）において、自らのチームが先に二勝して場面をリードしたとき、戦略は変化します。勝つことより負けないことを優先します。負ける時は有効打を取りに行く時が多いからです。守りを優先します。試合時間が定められているためです。終了時に勝ち点が多い方がチームの勝ちになるからです。バスケットボールで、リードしていて、残り時間がわずかの時、シュートして得点を得るより、自分たちがボールを支配して時間を費やした方が良いとの考えと同じです。私自身の言葉ですが、「無理に勝ちにいかない戦術」です。

バドミントンのラリーで、相手の後方のエンドラインぎりぎりに高く打ち返す方法をハイクリアーと言います。このクリアーを繰り返して、相手のミスを待つのも「無理に勝ちにいかない戦術」かもしれません。私などはすぐにスマッシュしてネットに引っ掛けてしまいますから。

剣道の場合、機会（チャンス）でもないのに怖くて打って出てしまうことがあります。打ちたい気持ちを我慢して剣先を動かさず、中心をキープしておけば打たれ抜けされないので、有効になる確率は低くなります。が、「勝ちにいく戦術」では、竹刀と握りに角度ができ、真ん中のバリケードがなくなり隙ができ、そこを狙われて有効打をとられる確率は高くなります。

剣道の団体戦の場合、一本負け（有効打一本を取られて試合時間が経過し負けた場合）でもチームが勝つケースもあります。逆に一本勝ち（時間内に有効打一本を取って勝った場合）でもチームは負ける場合もあります。勝ち数が同じ時チームの総取得本数で勝負が決するからです。如何にチームが勝つかを優先して考え、「勝ちにいかない戦術」が「勝つための戦略」であったりするのです。しかし、そう簡単にはいかないのが現実です。少なくとも、その個人の戦い方をメンバーがわかりあっていることです。強いチームになればなるほど、理解できているものです。

そうした中で、戦況を読む力は、勝ち筋の戦略を見積もります。スタート［A］からゴール［D］までを想定します。［B］地点で［C］に行ける道筋なのか（持っている戦術を考えて）を判断します。行けないと判断したとき、［B］から［C］に行くか、［D］に直行するか戦略を変更するか決めていきます。リスクはありますが、［A］にもどってやり直すことも考えます。つまり、［B・C］地点ごとに想定から離れたときのゴールへの向かい方を確認しておきます。そうすることによって、今ゴールに向かっているのか、負けに向かっているのか、どうなるか予想がつかないことはなくなります。勝ち道は分からないが、負け道を進まない意識で歩きつづけると、突然、元の勝ち道本線に戻ったりもします。

スタート前に情報をたくさん集めいくつかのプランを用意しておくと状況を読み対応することができます。そのたくさんの経験の中で、成功したときとシチュエーションが同じだとか判断の基準が身についていくのです。

◆戦うと闘う

戦うは物理的に争う、闘うは目に見えないものと争うことを言います。また、戦うには武力を用いて互いに争うという意味と、試合をするという意味があります。「戦」の漢字は、もともと武具を表す「單（たん）」と「戈

（ほこ）」を組み合わせてできました。そのため、武器（自分の手などの場合もありますが）を用いて物理的に争うという意味合いが強いのです。そして、目に見えるものと争い、最終目的は勝つことであるという特徴があります。

一方、闘うには思想や利害が対立する者同士が自分の利益や要求のために争うという意味と、自分自身の苦痛や障害を乗り越えようとする、という二つの意味があります。

そして、そもそも「闘」という漢字は二人の人間が道具を手にとって向かい合っている様子が元になっています。明らかに争っているというよりは、対立する者同士が向かい合って火花を散らしているというイメージです。そして、争っている理由は相手に自分の要求をのませるため、もしくは自分の利益を追求するための場合が多いです。そのため、物理的な戦闘ではないという特徴があります。

このため、目に見えないものと争う場合にも用いることができます。例えば、自分との闘いなどと言います。この場合、相手は目に見えない自分自身ということになります。

また、最終的な目的は負けないことという特徴もあります。確かに、よく闘病するなどと言いますが、病と闘うというのは、病に負けないように踏ん張っていくという意味です。また、負けないように努力するので、努力するという意味が強いのが「闘う」の特徴です。

「あの牧師は黒人の権利拡大のために闘った」という例文の「闘った」を「戦った」にしてしまうと、暴動などをしているという意味になりますが、闘うだと、もっと平和的な手段で権利拡大を目指しているように見えます。会社では数字や時間と戦い、そして自分自身の今や正義と闘っていると言えないでしょうか。

V

己を知り最高の自分を引き出す

『孫子の兵法』の有名な言葉に「彼を知り己を知れば、百戦危うからず」があります。相手の能力を良く分析し、自分のことも理解していれば、百回戦っても負けないという意味です。では、まず相手を知る為に、「陰（かげ）を動かす」といって、相手の陰（心）が見えない時誘導してそれが見えるようにしたり、また、急所を攻撃して相手の反応によって心を見抜く方法が考えられますが、その前に相手の立場になって考えてみることが一番先と思われます。その上で、相手の弱点を見抜き、自分の得意な強みを生かし、勝負の展開を描きつつ戦略を立て、思い切って自分の技を出しきるのです。

しかし、その場の色々な阻害要素のために、一番良い自分を発揮できないこともままあります。ベストな自分を発揮できるような訓練や考え方を学んでみましょう。

◇自分自身を知る

一九五五年、アメリカの心理学者ジョセフ・ルフトとハリ・インカムが「自分から見た自分」「他人から見た自分」の情報を切り分けて分析することで自己理解を行うグラフモデルを発表しました。これをジョハリの窓と言います。

このモデルを利用し、自分を見つめ、さらにそこで出てきた「弱み」の部分を「強み」に変換して、自己アピール文を作成することで、新しい自分を発見しようとする取り組みです。

◆ジョハリの窓から自分を見る

自分自身について、友人から「君の性格は○○だよね」と言われることがあります。そのことに対して、そうかなと思ったり、そうだよなと気付いたり、知らなかったと思ったりすることがあります。それを、ジョハリの窓に整理していくと自分自身を客観的にまとめることができます。これが「己を知る」取り組みです。

■情報調査

情報を確かなものにできるように、三六〇度調査（自分を取り巻く全ての人からの情報収集）を行います。周りの仲間（ビジネスパーソン）に自分自身の事で、なんでも感じていることを書いてもらいます。この取り組みを仕事場の全員で行うと効果的ですが、会社や会社の人材教育機関などの協力が必要です。

■分類整理

下図のフレームのように、用紙を四等分し、【ＡＢＣＤ】の窓を設定します。このジョハリの窓の中に自分の情報を分類しながら書き写します。

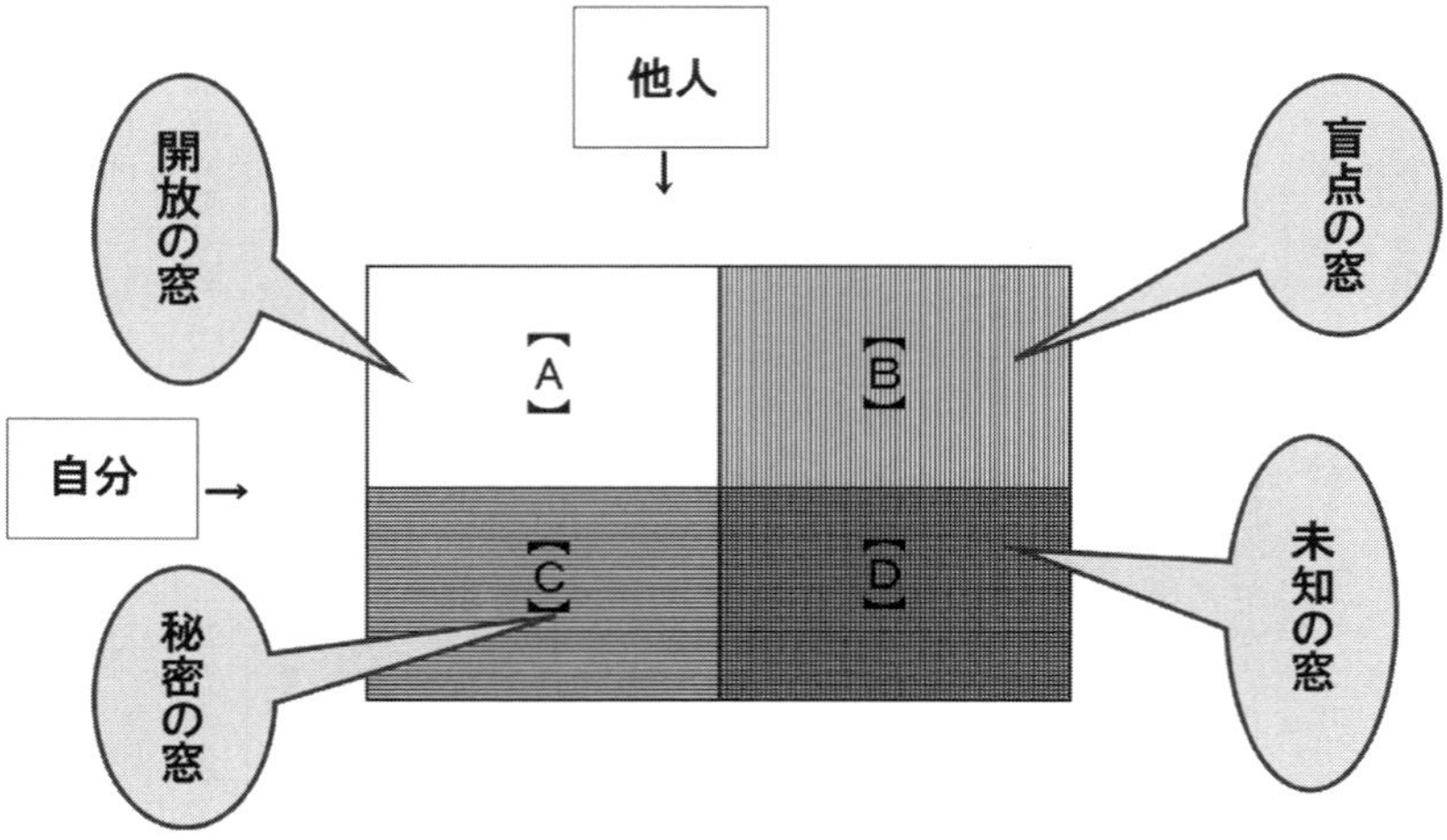

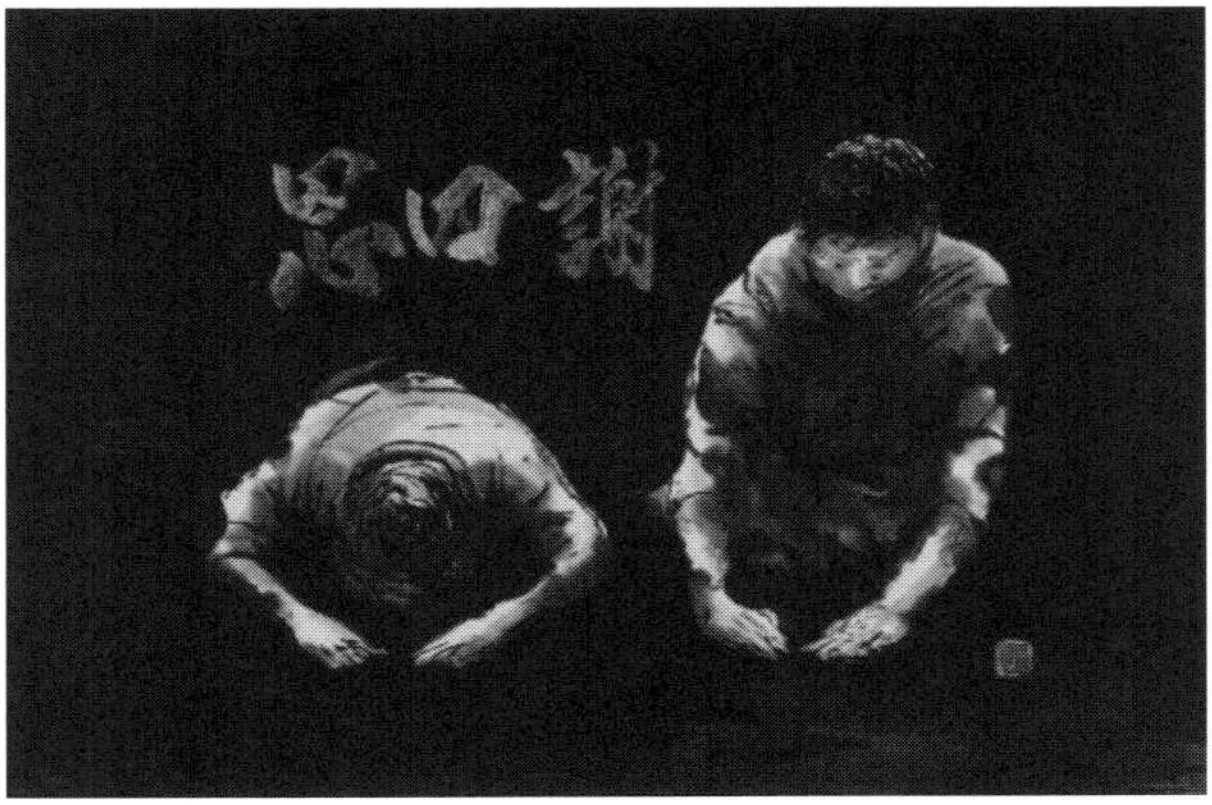

上の方向から他人が自分を見て感じたことです。左から自分が自分自身を見ている設定です。

i　そうだなと思った内容は【A】に書き出します。

ii　自分は知らなかったとか、自分の考えと違う内容は【B】に書き写します。

iii　調査には記載されていないことでも自分だけが知っていることを【C】に書き入れます。

iv　【D】は空欄です。誰も知らない自分になります。

■自己分析

【A】には、自分自身と誰もが知る「強み」と「弱み」があり、【B】には、同僚だけが感じている自分の「強み」と「弱み」があり、【C】には、自分しか知らない「強み」と「弱み」があることになります。

【C】の「弱み」は謙虚に受け止め改善の努力が必要です。

【A】の「弱み」と「強み」は主観的な内容ですが、調査結果の数が多ければ集合主観といって客観性を持つものです。強みは大いに伸ばしていきましょう。弱みは表に出さないように使いどころを考えることです。また【B】の中で相反する評価が対立した場合、一つ二つの弱みは客観性は薄いとして気にする必要はないと考えます。こうして自分自身をとらえてみます。

◆長所を生かす

■強みと長所の考え方

背が高いことは、長所でも短所でもありませんが、バスケットボールの選手となると強みとなります。足が速いことも同様で、そのことが有利なスポーツでは強みとなります。チームにおいて、層が厚いことは強みであり、そのチームの長所でもあります。個人の性格でも、明るい性格は、強みになったり、長所ととらえることができます。つまり、長所と短所は絶対評価であり、強みと弱みは相対評価なのです。おかれている環境の中で、長所を生かせる場を広く開拓することは、やがて強みとなりえます。短所は改善したり、表に極力出さないようにするべきです。また、個人の強みはどんどん利用し、隠れた強みを自分自身で引き出すことがよいと思います。弱みは、相対評価なので持って生まれた短所ではありません。よく理解し努力していくことが求められます。

■長所と短所は表裏一体

自分の長所・短所や性格を理解していることは、仕事をしていくうえで大切です。長所を理解していれば仕事の中で自分の能力を生かして活躍のフィールドを広げることができ、短所を理解していれば克服に向け努力し、場合によってはほかの人とカバーし合うなど対策を立てることができるからです。長く活躍してもらいたいと考えている会社にとって、長所・短所や性格の良し悪しは、経験やスキルと同様に大切な要素なのです。

さて、「流されやすい」という短所は見方を変えると「協調性がある」と、とらえることもできます。立場が違う相手とも協力し合って仕事を進めることができるなど、長所としてアピールできる材料になります。このように長所と短所には、良く言えば「協調性がある」悪く言えば「流されやすい」と言い換えができ、表裏一体の関係にあるのです。

次に、三六〇度調査（周りの皆が評価する）で指摘された短所をあげ、そこから視点を変えて長所を導き出していく作業をします。長所に変換する為に行動をどうすればよいかを考え、次の例を参考に自身の長所を見つけてください。（短所）↓（長所）。

（我が強い）↓（リーダーシップがある）。（あきらめが悪い）↓（忍耐力がある）。（流されやすい）↓（協調性がある）。（優柔不断）↓（柔軟性がある）。（計画性がない）↓（行動力がある）。（自己主張が強い）↓（積極性がある）。（没頭しやすい）↓（努力家である）。（抱え込みやすい）↓（責任感がある）。（仕切りたがり）↓（調整力がある）。（楽観的／のんき）↓（ポジティブである）。

こうした考え方は、リーダーとしての部下のポジティブな見方に良い影響をあたえます。

■仕事場に有効な長所

自分では自分の長所は意外と気づかないものです。ジョハリの窓から、自分の事を振り返って、次のようなことが出てきたら、大いにアピールできる長所です。

・率先垂範して取り組み、新人に細目に指導し、フォローする等協力し合う雰囲気を作り、チーム目標を達成してきた。↓（リーダーシップがある）。

・専門用語を分かりやすい言葉で伝えたり、不明点を残さないようにし、信頼を得て顧客の紹介につなげた。↓（コミュニケーション力がある）。
・立場が違うメンバーと、協力し目標に向かうことができた。↓（協調性がある）。
・顧客の要望に、類似事例を参考に臨機応変に対応できた。↓（柔軟性がある）。
・問題点を整理し、双方の要望の折衷案を示すことができた。↓（調整力がある）。
・改善案を迅速に実行し、より早く成果を出すことができた。↓（行動力がある）。
・指示された事以外にも得意なことがあり、担当を申し出た。↓（積極性がある）。
・ルーティーン業務で、効率的な方法を提案し業務改善をした。↓（主体性がある）。
・商談で一度断られたが粘り強く提案をし、最後に成約できた。↓（忍耐力がある）。
・担当外の業務でも必要な知識を自ら学び、資格を取得した。↓（努力家である）。
・自分の目標だけでなく部署全体の目標達成の為に行動できた。↓（責任感がある）。
・様々な変化を良い機会と捉え、新たな技術を身に付けた。↓（ポジティブである）。
・計画を納期から逆算して立て、締め切りに余裕がもてた。↓（計画性がある）。
・ケアレスミスが少なく、ダブルチェックを頼まれることが多い。↓（几帳面である）。
・客観的なデータなどに基づき、筋道を立てて説明することで説得力が増し、商談がスムーズに進んだ。↓（論理的である）。

■ 仕事には関係しない長所と短所

長所・短所は直接仕事にかかわらないものもあります。例えば、「両親への思いは人一倍ある」「早食い大会で優勝した」というような長所、「歩くのが遅い」というような短所など仕事にかかわらない内容ですが、大きな意味で自分を知っていることになります。除外して考えずとりあえず横に置いておきましょう。

会社はその会社の職種で活躍できる人材を求めています。その職種のあらゆるリスクを論理的に検討できる人を求めているのに、「長所は何でも楽観的にとらえる大らかさ」と挙げても自己の長所であっても会社の強みにはなれません。大勢で協力しながら進めていく仕事なのに我が強い性格は上司は不安を抱くでしょう。このように、長所であっても企業の求める人材とマッチしていないと強みにならないこともあり、むしろ弱みになったりするのです。短所の中で信用を落とす、損害やトラブルにつながりそうな「時間にルーズ」「ルールを守らない」「嘘をつく」などの短所は改善されなければなりません。

◆自己アピールのプレゼンを想定する

自分を知るということのまとめとして、自己アピールプレゼンを想定して文章化してみることで、更に自分を明確につかむことができます。

長所が複数思い浮かぶ人はアピールのためにすべて伝えたくなるかもしれませんが、あれもこれもと挙げるのは逆効果です。「コミュニケーション力が高く、行動力があり、論理的でもあり、…」と羅列すると、一つひとつの印象が薄れてしまうのと同様です。社風に合うようなもの一つに絞り込んで自分にインプットしておくのが、むしろ行動力に繋がります。

■短所ワードを長所に変換して作成する

もし、次のような短所が指摘されたら、そのワードをこれからの自分の行動変換の目標として自己アピールしていくことで働き方の目標が具体化されます。例を次に示します。

(我が強い)→意見を主張する時、目的や状況に合致しているか考える。
(世話焼き)→押し付けにならないよう、話をよく聞くよう心掛ける。
(流されやすい)→ただ同意するのではなく、正確に自分の意見を言う。
(優柔不断)→優先すべき基準に沿って、対応に一貫性をもつ行動をする。

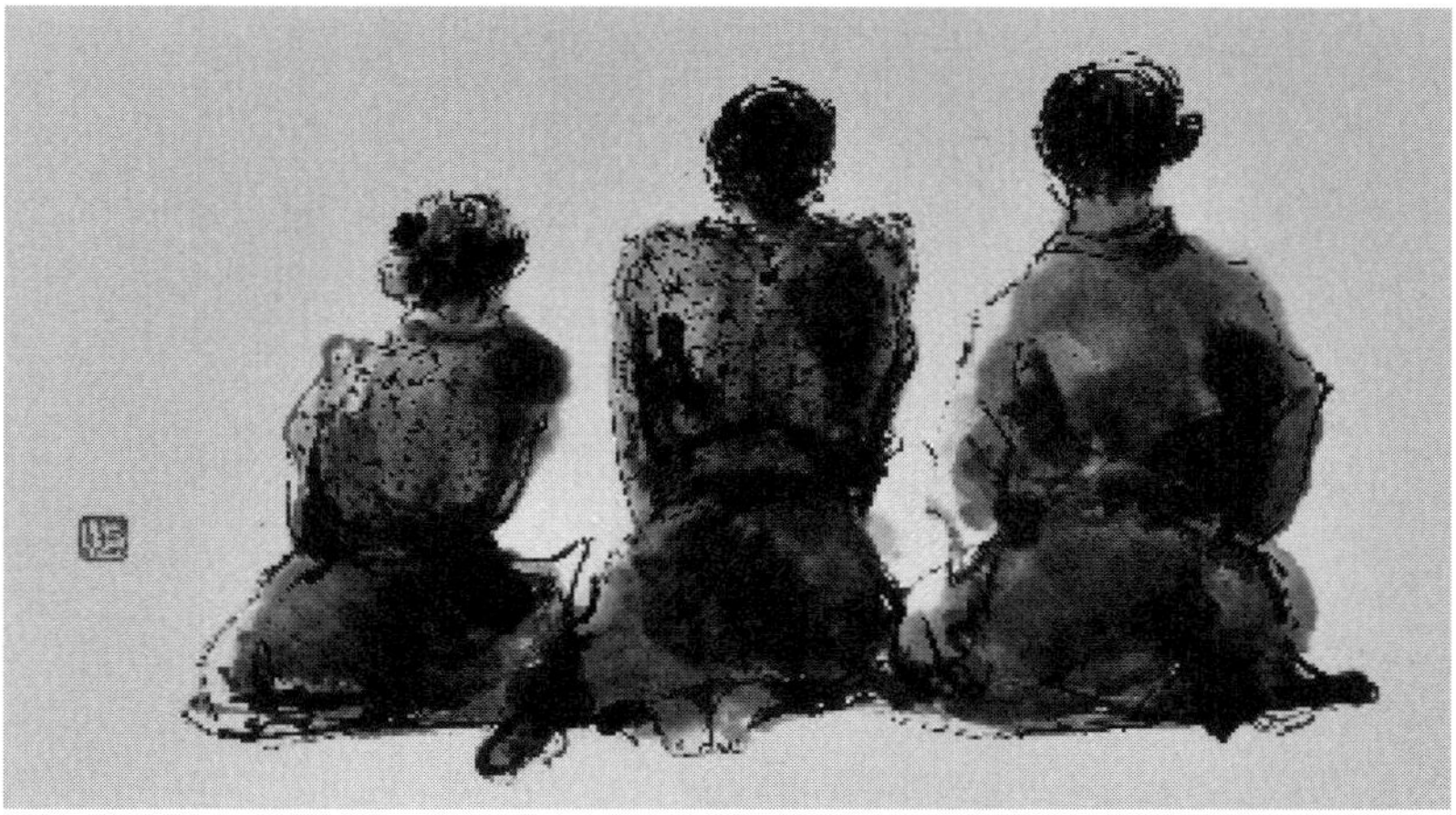

(仕切りたがり)→話をしっかり聞き、一方通行でない伝え方をする。
(計画性がない)→場当たり的な行動にならないよう心掛ける。
(自己主張が強い)→協調性を欠かさず、チームのために行動する。
(独断的)→周りの人の意見や経緯などを確認してから提案する。
(あきらめが悪い)→あらかじめ期限や妥協条件を設けて取り組む。
(没頭しやすい)→自己満足ではなく、広い視野を持って取り組む。
(抱え込みやすい)→報告・相談したり、分担して仕事を進める。
(楽観的/のんき)→新業務時は、様々なトラブルを想定しておく。
(心配性)→優先順位や効率を考えて必要な行動をとる。
(神経質)→細部に気を取られず、全体像や日程を考えて行動する。
(理屈っぽい)→筋道のことだけに拘らず、相手の立場や思いに配慮して対応する。

この短所を長所に、弱みを強みにする「置き換え練習」は、自分の新たな強みの発見にもつながります。努力目標ができイキイキ度が変わってきます。

◇最高の自分を引き出す

自分の強みが見えてきたところで、その自分のよいところを、直ぐに引き出せるように訓練しておきましょう。

◆インナートレーニング・判断しない脳を使う

■二人の自分がいる脳

剣道の稽古場で、言葉が聞こえてきます。「もっと竹刀を早く振れ」とか「なんで手元をあげるんだよ。馬鹿だな」などという悪態まで飛び出します。会話と言っても、誰かが横にいるわけではありません。心の中の誰かが、もう一人の誰かを罵しったり、叱ったりしているのです。仮に叱っている方をセルフA（myselfのセルフ）、叱られている方をセルフBとします。セルフAは、いつもセルフBに指示をしたり、セルフBを罵ったりしますが、セルフBには口答えする権利がありません。命令されっぱなしなのです。要するに、セルフAとは、人間の知的、感情的部分で、セルフBとは、本能的、肉体的部分なのです。実際に剣道を身体運動として行うのはセルフBなのですが、セルフAはいつも付きまとって、まるで自分が剣道をしているようにでしゃばるのです。

さて、まだ十分に考えることができない赤ちゃんは、なぜ一人で歩くことを覚えるのでしょうか。「まず、右足を出して」「はい次は左足」と考えているわけではありません。セルフAが命令しているわけでもありません。セルフBだけで歩こうとし、だれからも教わらずに歩くことを覚えるのです。

もし、大人が剣道を覚え始める時に、赤ん坊のように無心でいられたら驚異的な上達をするのではないでしょうか。ところが、大人にはセルフAが溢れているのです。

■ セルフBは最大容量のコンピューター

実はセルフBは巨大なコンピューターを内蔵しているのです。見たもの、身体で感じ取ったもの、自分自身の身体の動きの感覚等の全てをデータとして編集し記憶しているのです。どんな感じで打てば、どんな結果になるかを、無限のデータをもとに最良の行動判断ができるように蓄積しているのです。そして、そのデータ記憶装置は、現存するコンピューターよりも容量が大きいと言われます。しかし、肝心なのがデータの質なのです。入ってくるデータが不鮮明では、後でデータを纏め、計算しても正しい答えが出てこないのです。雑念が入れば、データにはフィルターがかけられ、鮮明度は落ちるのです。

■ セルフAはリラックスが分からない

コーチがプレイヤーにする一番多いアドバイスが「よく見て」です。次が「もっとリラックスして」です。さて、この「リラックスしなさい」と言われた直後、プレイヤーは、どれくらいリラックスしたらよいのだろうかと疑問がわいてくるのです。完全にリラックスするのは寝てしまうことです。

筋肉運動はある必要な筋肉が働いて、他の筋肉がリラックスしていることです。だから、どの筋肉が必要なのか否かは、セルフAには到底わかりえないのです。だから、リラックスしなさいといわれても、複雑な筋肉のメカニズムは難しいのですが、コントロールできるのはセルフB以外の何者でもないのです。

熟練者のリラックス度は、普段の練習の段階で「セルフA＋B」で確認していることかもしれません。

■勝つ意志の方向

セルフBの目標を設定するのは「意志」の力です。勝ちたいと思っている人は一〇〇%なのに、現実は「負けても構わない」という逆方向の意志を持っているケースがほとんどです。セルフBの全能力を開花させるには、その水先案内人たる「意志」が、正確には一〇〇%勝つ方向に向いていなければならないのです。

勝ちたいと思う心が［一〇］あったとします。ところが心のどこかに「負けてもいい」というセルフAが［二］存在すれば、勝つ意志力は［一〇］以下になってしまいます。さらにカッコよくありたいという思いがあったとすれば、「勝とうとする」意志力はややズレた方向に弱くなります。本人はギラギラと勝ってやるぞという気迫に満ちているつもりでも、一〇〇%勝つ方向に向いていないのです。

会社でもバリバリ仕事をするという語感に捕らえられて、本当に仕事をしたいという［一〇］の意志が、バリバリやっていると思われたいという［四］の雑念や、やりすぎて同僚に、ゴマすりと思われないかという［二］の不安に相殺されるといったケースはよくあることなのです。セルフAが力めば力むほど、本当の意志パワーが充実しないのです。セルフBは常に［一〇］の力を潜在的に持っているし、一つの方向だけに［一〇］の力をすべて発揮したいという単純な性格を持っているものなのです。

ところがセルフAの雑念が邪魔をし、ズレた目標が設定され、しかもそれが［一〇未満のパワーによりセルフBのピンボケの意志に従わざるを得なくなるのです（『心で打つインナーテニス』W・T・ガルウェイ著参考）。

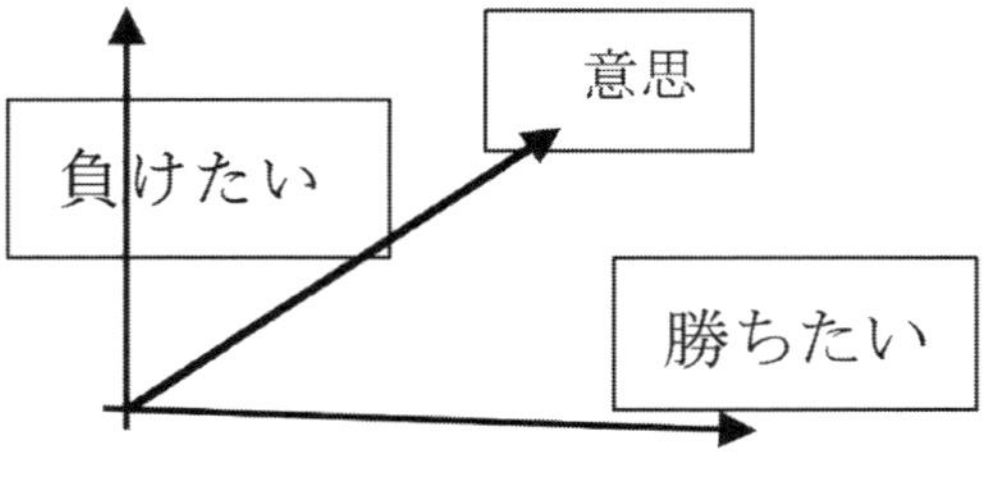

■ 意志の設定

本当の目標がどこにあるのか、セルフBの真の動機が何なのか分かっていれば、セルフAの錯覚に惑わされることはないはずです。セルフBにとっては、全力を出し切ってプレーすることが目標です。となればゲームは緊張すればするほどセルフBの能力は発揮されるはずです。セルフBは自己の能力を一〇〇％出し切ることに興味を覚え、動機を持っているのだから、外的な障害は問題とならないのです。スリリングな場面で、セルフAは逃げ腰でもセルフBは真向勝負に従うのです。これが、自分自身の本当の欲求であり、「意志の設定」の方向です。このセルフBの動機に忠実な意志が設定されていれば、結果はベストなはずです。

こうした意志の設定は、勝負よりも練習の時に違いをもたらすかもしれません。忠実にセルフBの動機を追及し、能力を最大限に出し切るという目標だけを持ち、そうして必然的に上達するのです。つまり、「意志」の重要さ、結果の上で大きな差をもたらすことになるのです。

■ 意志のコントロール

「勝つ意志」を一つの方向に束ね、分散させないようにするのが大前提で、セルフAのエゴによって、パワーを拡散させないことが大事なのです。同時に、ベクトル的に考えると、意志には方向だけでなく、矢印の長さ、すなわちそれ自体にもパワーの大小があるのです。つまり、意志力は鍛えられるのです。

それにはいくつかのポイントがあります。まず、自分がどこにいるか自覚すること（自分の立場、現状）です。簡単のように聞こえるが、ベクトルの座標を決める重要な作業です。今あるがままの自分と正対し、自分の真の姿を知らなければなりません。

次に、自分がどこに行きたいか発見する、目標の明確化が必要です。この作業は自分の内面への問いかける作業であり、表面に現れていないもの（セルフBが求めているもの）を自覚するのは難しいものです。

不安、自己不信、先入観などの内側の障害となるものを除去することに努めなければなりません。その方法は、たとえば不安と安心、自信と不信の差は何だろうと考えていくと、自然と障害は除去されていきます。また、同じ目的の人と交わることで、意志は刺激され、自ずと良さを保つことができます。

目標を設定し、意志を明確にしてゴールに向かいますが、結果はゴールするか、失敗するかです。失敗とはセルフAの抵抗が強すぎたという事です。あるいは、これが自分自身（セルフB）が本当に望んでいるゴールだと思って設定した目標が間違っていたのです。

いずれにせよ、内部の大きな抵抗を発見することで、気付かなかった真の自分に出会えたことはすばらしい成果と言わなければならないのです。目標はこの時点で転換すべきで、そして、またゴールを目指していくのです。

◇セルフマネージメント

◆座禅を取り入れる

何かの物事に立ち向かう時、ベストな自分を引き出せるよう、自分をコントロールし、没頭できる方法を考えてきました。その訓練方法の一つで、スポーツ選手がメンタルトレーニングとして取り入れている「座禅」があります。正式には坐禅と書きますが、当用漢字から外れたことで座禅と書きます。「座」は座って「禅」は瞑想・心を集中させることから座禅と言います。

スポーツの世界だけでなく、ストレス社会に生きる現代人にとって、魅力的なメリットがたくさんあります。

■ 座禅の効果

座禅とは、姿勢を整える「調身」、呼吸を整える「調息」、心が整う「調心」を基本としたトレーニング法です。腹筋を使ってゆっくり呼吸することで、呼吸にリズムが生まれ、それによって、ざわついていた心が落ち着いていくのを感じることができます。これは、正しい姿勢で正しい呼吸を繰り返すことによる「リズムのある運動」と同じ効果です。

○ **心が落ち着く**　座禅を始めると心が落ち着いていくのが、すぐにわかると思います。静かな環境の中、ひたすら姿勢や呼吸に意識を集中させていくと、不思議と静かな気持ちになります。これは、座禅によって、リラックスしたときに出る脳波（α波）が出るためです。また、心が落ち着けば、体もリラックスでき、疲れもとれやすくなる効果があります。

○ **安らぎが得られる**　心が落ち着くと、ゆったりとした気分になるのは、当然のことです。心配事や不安な事があったとしても、落ち着いて考えてみれば、思っていたほどひどい状況ではないと気づくこともあります。言葉にしてみると、当たり前のように感じますが、心を落ち着かせることから、安らぎを得られると言ってもいいでしょう。

○ **セロトニンを活性化できる**　座禅の効果を科学的に解説しようとした場合、必ずといっていいほど現れるのがセロトニンというものです。人間の体の中にある伝達物質といわれるセロトニンとは、ノルアドレナリンやドーパミンと並んで、体内で特に重要な役割を果たしている三大神経伝達物質の一つです。セロトニンは、人間の精神面に大きな影響を与えている、神経伝達物質のひとつです。心身の安定や心の安らぎなどにも関与することから、オキシトシンとともに「幸せホルモン」とも呼ばれています。意識して行う腹式呼吸、ウォーキング、ジョギングなどのリズム運動をするとセロトニンが活性化されることが分かってきました。座禅の腹式呼吸は、心の変化を自分で観察しながら、呼吸をコントロールすることを目指すものなので、特に心の状態にあった効果が得られると考えられています。その効果は、座禅の呼吸のリズムによって、脳内のセロトニン分泌が活性化されたことによるものです。このセロトニン分泌の活性化こそ、座禅の最大の効果です。ストレスの多い現代社会では、このセロトニン分泌がうまく働かなくなり、怒りっぽくなったり、疲れやすくなったり、依存症やうつなどを引き起こす原因になっています。座禅は、このような症状の予防や改善に効果的なのです。

○

自律神経のバランスを整える　セロトニンには、自律神経のバランスを整える役割があります。自律神経には、起きているときに優位に活動する交感神経と、寝ているときに優位に活動する副交感神経があります。快と不快のバランスをコントロールすること、つまり、これらの神経を適度に興奮させたり、緊張させたりすることが、セロトニンの役割です。座禅によって得られる心と体が安定する効果は、このように科学的にも証明されています。

○

よく眠れるようになる　体を眠りに適した状態にするための物質メラトニンは、前述のセロトニンを材料として作られています。座禅の腹式呼吸でセロトニンが増えれば、メラトニンの量も必然的に増えます。結果として、座禅の効果で安眠できるようになります。

○ストレスに悩まされなくなる　呼吸に意識を向けることは、自分を客観的に見ることにつながります。心が静まってくるにつれて、自分の感情や状態を観察することができるようになってきます。そうすると、「ああ自分は今、○○のことを考えているな」、「○○と感じているな」と自分の状態に気付きやすくなります。これが習慣になると、ストレスを感じにくくなり、精神的にも強くなります。実際は、このストレスに悩まされなくなるというのが、最も大きな座禅の効果といえるのかもしれません。

■ 座禅の仕方

具体的なその方法です。まず、体を締め付けないゆったりした服装で行います。できるだけ静かで、落ち着いた部屋を選びます。正式には、座禅に必要なものは座附（ざふ）と呼ばれる専用の座布団を使用します。座附上に座ることでお尻が高くなり、正しい姿勢とバランスで座ることができます。一般の家庭に座附はないと思いますので、二つの座布団を使ったり、手持ちの座布団を折り曲げて代用します。

足の組み方ですが、なれない方は半跏趺坐（はんかふざ）で大丈夫です。半跏趺坐の姿勢や足を組むのは、背筋をピンと伸はす為です。

手の形「法界定印（ほっかいじょういん）を作ります。手の形は、右手のひらを上向きにし、その上に左手のひらを上向きにして置きます。両親指を軽くつけ人差し指と親指で楕円を作ります。これを法界定印と呼び、座禅中は足の付け根に置きます。座禅の姿勢が整ったら、体を左右に揺らします。体を揺らすことで、緊張をほぐし体の中心位置・重心を確認することができます。

姿勢が整ったら、深く息を吐き出して呼吸を整えます。これを「欠気一息」（かんきいっそく）と呼び、その後の呼吸をしやすくしてくれます。一息と言いますが、一回だけではなく、落ち着いてきたなと思える回数を行って大丈夫です。手をほどき、両膝の上に乗せて状態を前後左右に揺すります。初めは大きく揺らし徐々に小さくしていき、体の中心でピタリと止めます。これは体を適度にほぐし、正しい姿勢で座りやすくしてくれる重要な動作です。終わったら再び手を組み、座禅を開始します。座禅中は目を閉じず、半分開いた半目（大仏さまのイメージ）にしましょう。

呼吸は丹田（おへその五センチメートル下）に意識を集中させて鼻からゆっくり吸い、静かに鼻から吐きます。この丹田に意識を向けて呼吸することで、自分の内側を見つめやすくなります。雑念が浮かんできても無理に消そうとしなくて大丈夫です。雑念はほとんどの人が浮かんでくるものですし、消そうとするとそちらに意識がとらわれてしまいます。自分の中にただ雑念があることを見つめ、呼吸を意識すると良いです。

終了の時間になったら、手をほどき静かに合掌します。座禅を組む時間は、最初は短めの五分〜十五分くらいから始めることがよいとされます。一度座禅をすると決めて始めたら自分の都合（疲れてきた、眠いなど）で切り上げるのはよくありませんので、無理のない範囲で行えそうな時間で取り組んでみてください。

また、椅子に座って行ったり、起立した状態で壁の一点を見つめ行ったり工夫してみましょう。

◆セルフコントロール

■セルフコントロール

克己、自制とは、誘惑や衝動に直面した際に、自己の意思で感情、思考、行動を抑制することです。直接的な外的強制力がない場面で自発的に自己の行動を統制する行動プロセスです。逆にセルフコントロールが効かなくなった状態を脱抑制と呼びます。

アルコール依存症の患者では、飲酒をセルフコントロールする能力が喪失しているため、自分では飲酒をやめることができなくなり長期的には健康を害してしまいます。長期的な健康という利得があることを知りながら、欲望に負けて短期的なその場の利得を選んでしまいます。セルフコントロールは、長期的に見た利得を選ぶ能力とされます。分かりやすい長期的な利得を選ぶ実験があります。コロンビア大学の心理学科、ウォルター・ミシェル教授は、「マシュマロテスト」と呼ばれるリサーチの考案者です。この「マシュマロテスト」とは四歳から五歳の子どもに、好きなお菓子を選ばせて、十五分間食べずに我慢できたら二つもらえるが、十五分以内に食べてしまったらひとつしかもらえないと教えて、子どもがどう反応するかを観察するものです。

マシュマロを食べずに待つ事ができた子どもたちは、成長後も、テストで高得点を獲得し、体型を維持し、より高等な教育を受け、ストレスも上手く処理しているという「マシュマロテスト」の結論もそれを裏付けています。

このテストで子どもがどのようにしてお菓子を十五分間我慢したかを、応用して、大人もセルフコントロール術を身に付けることができると同教授は言っています。

『ニューヨークタイムズ』に、同教授は、「考え方を変えると、どう感じ、どう行動するかも変わります。脳には辺縁系という瞬間の快感を求める部分と、前頭葉と言う、目的達成を求める二つの部分が対立しています。セルフコントロールの鍵はこの前頭葉を先に作動させる訓練なのです。そのためには、If-thenプラン（こうだったらああする）という決まりを作っておきます。例えば○○時前だったらメールをチェックしないとか、カッとなったら十数えるなどの決まりを繰り返すうちに、セルフコントロールが必要な場面で発揮できるようになります」と言っています。

こうした方が良いと分かっていても、目先の誘惑に負けてしまうような、そんな習慣をひとつでも改善していくことで、より建設的な一日を過ごすことができ、果ては人生で大きな違いを生むのだと思います。

セルフコントロールは筋肉のようなものです。つまり、それを過度に使用しすぎると、壊れてしまいますが、少しずつ何度も繰り返していくと、むしろ強化され容量が増えていくのです。

さらに同教授はセルフコントロールに加えて、仕事で成功するために欠かせないもうひとつの要素があり、それは、「熱くなれるゴール」を持つことだと言っています。手に入れたスキルを更に活用させることも必要です。教授の教え子たちは皆優秀ですが、その中でも飛び抜けた生徒は、自身の研究で『どうしても解明したい課題』を持っているそうです。同教授が言うようにこの二つが揃えば、仕事でも人生でも成功が約束されたのも同然と言えるのかもしれません。

「夜九時以降はインターネットも携帯もチェックせずに、読書か瞑想をする」等、課題であるセルフコントロールを習得し、その分早く起きた朝、自身のゴールに向かって仕事に励むという成功の第一歩を踏み出すことです。

■剣道のメンタルトレーニング

剣道では、同じ相手なのに、自分の精神状態や、気持ちの入り具合で打つことができたり出来なかったりします。技は大いに精神に影響されていることに気付きます。技そのものに精神が付随していると、故中林信二先生（筑波大学）の著述、『身体論』の中で言っています。ということは、技を何回もいろいろな場面で体験することが自然と精神力をつけていくことになります。逆に、メンタル的な部分を鍛練することも技の習得のために有効であると考えられます。

メンタルトレーニングとは、誰にでも内在する「ベストの自分」を引き出すためのもので、原則があります。その原則の一つは、結果に左右されないことです。自分のパフォマンスに一〇〇％意識を絞り込むことが大事で、一本とられたからといって自分の本来の剣道が変わってしまったり、自分が中堅で先鋒、次鋒の試合結果で一喜一憂して本来の自分が行うべき、内容を見失ってはだめなのです。

原則の二つ目は、自分がコントロールできないことには、反応しないことです。たとえば、自分の一本が審判に認められなかったからとか、試合中の相手の剣道の内容に腹をたてて、その場合どうしたらよいのかを忘れてしまったりしてはだめなのです。一流の選手は、一本取ろうが、取られようが、直ぐに開始線に立ち、次へと集中しています。劣る選手ほど、自分の取られた一本に引きずられています。一喜一憂しても何のプラスにならないことをしっているのです。パフォーマンスに悪影響がでることを知っているからです。

自分の思考をコントロールし、強い精神力をつけて行く方法は、まず、ピンチをエネルギーにかえることが大事です。そこで、うまく行かないときは「自分はピンチになればなるほど燃えてくる」と考えるようにしていくのです。剣道で、高校生の試合の大将戦で逆転のドラマがよくあるのは、攻めと守りの精神的状態の安定が、一本の取り合いの中で、崩れてしまうからと考えることができます。

原則の三つ目は、あがりをコントロールすることが必要です。一流の選手は、むしろ試合前に意識的にあがろうとするのだそうです。テンションが最高潮になるのだそうです。レースが始まればあがりは消えてしまうのだからと知っていれば、あがることはありませんと言っています。実にうまく自分をコントロールしている例です。

最後に、ねばり強さを身につけることです。いつもレギュラーからはずされたり、期待されない選手の共通点は、ピンチにすぐにあきらめてしまうことです。あるいは運をたよりにしたり、対戦相手に一喜一憂する共通点もあります。ですから、普段の練習の時に、良いことが起こったときは「内的要因」を分析し、たとえば、こういう心持ちであったからよかったんだと反省するのです。また、悪いことは、足裁きの左足が悪かった、受けをもっと前でやればと言う風に「外的要因」にその原因を求めるようにするのです。つまり、良いことが起こった時には、全ての要素にその原因を求め、悪いときには「特定の要素」に求めプレーを続けるのです。

芸術やスポーツの優れた多くの人達の脳の活性領域は、例外なくプロ選手は右脳主導であり、アマグループは左脳主導であることは証明されています。これが集中力に違いがあるとされています。その場のイメージトレーニングをし、無限の場面を頭の中で限定して集中していく練習をして成果をあげている選手が多くいます。ある陸上選手のトレーニングの例をあげると、まずは、息を（吸う・止める・吐く）を同じ長さで三回行い、次に（吸う・吐く）を二回行います。この五回の呼吸の中で、自分の今までで一番よかったパフォマンスを思い浮かべます。こうした練習をプレー前に何回も行っていくと、同じ呼吸をするだけで、身体も最高の状態にするのです。

◆脳内コントロール

「自己発展」の観点からも、人の脳は行動することによって発展するという事の、具体的方法を説明します。これは精神科医のアンダース・ブレイン著の『一流の脳』を参考にしました。

結論から言うと、

①有酸素運動を一日に三〇分から四〇分、週二から三回行うこと。

②疲れない程度行うこと。

この二点です。身体を動かすほど脳に影響を及ぼすものはないと言っています。脳を鍛える最強の方法は運動であり、気分爽快になったり、集中力が増したり、記憶力がよくなったり、創造性が増したり、ストレスに強くなったり効果が出ます。

■ 運動によるストレスの影響

なぜ、緊張するとドキドキするのかを説明します。

人間には、【HPA】(Hypothalamic-Pituitary-Adrenal axis) 軸があります。外部から刺激を受けると、視床下部からホルモンによって脳下垂体に伝えられます。さらにそこからホルモンが血流によって副腎皮質に伝えられ、ここからストレスホルモンのコルチゾールが分泌されます。このコルチゾールが動機を激しくしています。これは偏桃体や海馬に影響を与えます。つまり、このコルチゾールが脳に及ぼす影響を減らすことが重要です。

運動は一種のストレスなので、運動している間はコルチゾールの分泌が増加します。運動を終えるとコルチゾールの分泌量は減り、運動を始める前のレベルに下がっていきます。

この有酸素運動（ランニング等）を習慣化すると、コルチゾールは増えにくく下がりやすくなります。定期的に運動を続けていると、運動以外のことが原因のストレスを抱えていても、コルチゾールの分泌量は上がらなくなっていきます。

■運動による集中力の影響

【実験一・前頭葉の計測】

誰でもできる簡単な運動のウォーキングを週三回、一回につき四十五分を半年続け、半年後に計測しました。すると、脳が肥大し注意力が高まった実験結果が出ました。これは、ウォーキングしたことで前頭葉の細胞同士のつながりの数が増えたことと考えられます。（心拍数を上げないストレッチ・ヨガを同様の条件で行っても六か月後に変化はありませんでした。）脳の働きが活発になると、可塑性が促進され、周囲の環境に対処する注意能力高まるのです。この研究でわかるように、運動することで脳の構造自体が変わり集中力が高まるのです。

■運動による記憶力への影響

昨今、コンピューターゲームアプリ・認知トレーニングが一〇〇億ドルの売り上げがあるそうです。しかし、スタンフォード大学の研究では、ゲームそのものは上達しても、特に知能が高くなったり、集中力や創造性が改善されたり、あるいは記憶力が向上したりという効果はないと発表されています。

運動と認知の関係については、ＭＲＩによる海馬の大きさの計測により、立証されています。海馬の大きさと記憶力には強い正の相関があることが分かっているからです。

【実験二・海馬の計測】

週三回、一回あたり四十分、早足で歩く者と、同様の条件で心拍数を上げないストレッチを一年間続ける者の脳の記憶をつかさどる海馬を計測する実験を行いました。もともと海馬は一年で一％委縮するのですが、前者は二％増大しました。二年分若返ったことになります。脳の老化が食い止められ、むしろ若返り、記憶力まで強化できる実験結果でした。後者は一・四％増の検証結果でした)。

運動を習慣化すること、If-Thenプラン（〇〇したら運動する）課題であるセルフコントロールを習得し、その分早く起きた朝に、自身の熱いゴールに向かって仕事に励むという成功の第一歩を踏みだすことです。一貫性の原理（公言する）など工夫して運動を継続することが、脳のセルフコントロールになると考えます。そのうえで、克己や自制心は、今まで述べてきたことでセルフコントロールしてほしいと思います。

Ⅵ 確実に伝えるメッセージ

［愚かなことを言う者があっても、最後まで聴いてやらねばならない。でなければ、聴くに値することを言う者までもが、発言をしなくなる］。これは徳川家康の言葉です。

［人の上に立つ対象となるべき人間の一言は、深き思慮をもってなすべきだ。軽率なことは言ってはならぬ］。これは上杉謙信の言葉です。武将たちも、真のメッセ―を得ること、与えることに慎重で大事にしていたことが分かります。

さて、話は変わりますが、バッテリーとは野球・ソフトボール用語のひとつで、ピッチャーとキャッチャーのペアに対しての呼称です。大砲を打つ砲兵と、ボールを投げるピッチャーのイメージが重なって、ピッチャーのことをバッテリーと呼ぶようになり、それがいつの間にかピッチャーとキャッチャーの組を表す言葉になったと言われています。

バッテリー（battery）には、自動車で使うバッテリーの電池という意味もあります。このバッテリーはもともとは二個以上のcell（セル・単一構成の電池）を一組とするものでした。そこから一組のもの、一連のもの、一対のものという意味が生まれました。ピッチャーとキャッチャーも一組のものとして、お互いに欠かすことのできない存在だという意味で例えられるようになったという説もあります（『言葉辞典』より）。

徳川家康や上杉謙信が話すこと、聞くことに思慮をもって大事にしたように、現代の仕事でも、メッセージを投げ、それを受け取り、そして、また投げ返したりしています。そしてまた、違う人とバッテリーを組みそのメッセージボールをしっかり受け取ってもらえるように投げたり、受け取ったりして働いているのです。大事なことは、本意が確実に伝わるかどうかということです。

◆話すと聞くのキャッチボール

■話す

プレゼンテーションや会議の司会など改まって話す時だけでなく、報告、連絡、相談、電話での応対など日常のあらゆる場面で、話すという場面があります。特に仕事における会話では情報を正しくわかりやすく伝えることが大事です。言葉を使って自分の思いを、相手の心に残るように伝えることです。相手に確実に伝わらなければ、メッセージとしての目的を果たしていません。

伝える方法として、「話す」と「聞く」は大事なコミュニケーションの一つです。コミュニケーションは投げたボールを受け取ってもらわなければなりません。キャッチしやすくなる方法を挙げてみます。

話すスピードが早口になると聞きづらくなったりします。クレームをつけているように誤解されたりもします。ややゆっくりと主語と述語をはっきりと伝えます。声の大きさも威圧的にならないよう注意が必要です。声のトーンも低すぎたり高すぎたりしないよう日頃から気をつけてみてください。

やや長めの発表や系統づけた話が必要な時は、結論を先に述べて、その理由（根拠）を述べてから提案をすると分かりやすくなります。また、比喩をしたりする時、例を身近なところに置き換えて話すとよいでしょう。「よく言われる失敗例ですが」と話すより「私の仲のいい友人が失敗してね」と切り出した方が記憶として残りやすいものがあります。

朝のミーティングは、一日の確認や報告、短時間での全体にかかわる打ち合わせなど、必ず顔を合わせる時間です。チームのメンバーとの距離を縮めるいいチャンスです。なるほどと心に響くような話を時々入れ込んでみるのも効果的です。雑誌で自分が感動した内容を盛り込んで関連付けたり、本の一行を引用したり、逸話を話したりして本題に持ち込んでみてください。メッセージとは相手に伝わって初めてメッセージとなるからです。単に言葉を並べるのではなく、自分の言葉で伝わるように話すのが一番です。

五者に変身しながら人と接することはコミュニケーションとして効果があることは『練り伝える活人剣』でお話ししました。そのすぐれた五者（学者、役者、易者、芸者、医者）の共通点は、人を引き付ける話術を持っていることです。簡単に言えば話し上手なのです。同じことを言うのに、メッセージとして残るように、比喩のしかた、間、抑揚、目付、聞き手の興味を踏まえた話し方が大事なのです。何をメインとして言うのか、どの位置（冒頭・前半・後半・最後）でいうのか、メインをどう飾り付ければ、わかりやすく、引き立つかを準備して話す訓練も必要です。

ある高校の校長先生が読む本には、いつもどんな本にも付箋がついています。なぜなのか聞いてみると、生徒、父母、教育関係者、大会等様々な場面でスピーチ・講話する機会が多くあるので、本を読んでいる中で、自分が面白いとか、この話朝礼で使えると思ったところに付箋をつけておき、後で整理するのだそうです。先ずは、自分が感動した話だからこそ、上手に伝えられるのです。

■ 聞く

剣道の稽古は、言葉のない会話と言われます。「面で来るの?」「それは甘い」「ん。参ったなあ」などと剣先を通じて心の中で会話し、技を出し合いながら鍛錬していきます。

その剣道の言葉のない会話で、もし上級者が一方的に喋りまくったら（打ち続けたら）、相手は会話をする気をなくしてしまいます。時々、機会を作ってあげて、いかにも本人が自分で打ったように、上手に打たれてあげるようにするのです。また、初心者の小さな子供の技を打たせるときは、腰を低くし打ちやすいようにしてあげます。実際の言葉を使った会話も同じです。これが、育てることであり、コミュニケーションです。

前述の会話のキャッチボールに置き換えて説明すると、話す側がボールを投げやすく構えてあげることです。時には一歩前に出てキャッチしたり、飛びあがってキャッチしたりするかもしれません。時には、投げる側が、投げることを躊躇しているかもしれません。そんな時、手を大きく広げてキャッチャーミットをポンポンと叩き「大丈夫だよ。思い切って」と声をかけてあげると、またボールが返ってきます。「いい球だ。もういっちょ」と褒めてやると勢いのあるボールが返ってきたりするのです。

◆話の中から心を読み取る

話し手の話の内容によって聞き方・キャッチの方法も違ってきます。道を尋ねてくる時や、意見を求めてくる時、ただ自分の愚痴を聞いてほしい場合など、話し手の内容は色々異なりますが、真摯に誠意をもって聞くことは同じです。悩みを抱え、どうしても自分の心の中で整理できていない話し手の場合は、前に述べたように、相槌を打ったり、自分の言葉で置き換えながら、相手の言葉を、言語化していくように引き出していくことです。相手自身が自分に気付くように聞きます。

例えば友人が悩みを相談してきたとします。車に乗ったまま立ち往生しているのと同じです。結論から言うと、その場合は目的地を再確認してやることか、給油してやることのどちらかです。そして、背中を押してあげることです。勢いよく走りだすはずです。「大丈夫だよ」「僕もそうするよ」「君だったら必ずできるよ」そんな言葉を聞きたいだけなのです。当然、忙しいのにそんなことまで聞いていられないと思ってしまいがちです。しかし、仕事の上では、「進みたくない」も悩みの一種ですから、よく聞いてケアしてあげなければなりません。目的地が再確認できても、進む方向が分からずにいる場合、目標や目印を再確認してあげることです。そこで立ち止まる結果になった問題点を指摘してあげることです。忘れていけないことは、ここまで来たことを褒めながら聞くことです。

◆共感する聞き方

『人を動かす』（カーネギー著）では、人間関係を円滑にする方法として、先ず褒めることをあげています。次に、聞き役に回り、相手の発言を遮らないこと、そして、最後まで聞いてから発言することをあげています。褒める機会を探しながら聞いていきましょう。

前述しましたが、聞くという場面では、話し手によって、またその内容によって、聞き方も違ってきます。仕事上の悩み、プライベートの相談ごと、トラブルの事情聴取、仕事のリズムが違っていて確認修正するための面談など様々です。親身になって、時間をかけて聞かなければならない時や、スピード感をもってペースを崩さず聞く場合や単にその場で話題を継続させなければならない時など場面も違います。また、年齢の近い同僚、先輩が話し手の場合や年齢の下の部下の時とも聞くスキルが違ってくるものです。

そのすべての共通した聞き方は、ウイリアム・R・コヴィー氏が言うように、「共感して話を聞く」が必要とされます。しかし、共感して聞くと言っても簡単にはできないものです。都立松沢病院精神科部長の春日武彦氏が、二〇二三年・四月一一日の朝日新聞で次のように述べています。

【悩みの相談相手の対応でチャットGPTのように、答えを網羅したカタログのような対応で「それはつらいですね」と言われても、新米カウンセラーが「なるほど、分かります」と単に共感を示したつもりと同じようなわずらわしさを感じるそうです。人が悩みを相談したり、打ち明けたりする時は、本当に期待しているのは、回答以外のものも多く、ちゃんと人として扱ってもらえた、共感してもらえたと感じることで気持ちが楽になるものです。（中略）例えば、ずっと前にでた話題を複線のように引っ張ってきて、今話している内容につなげて見せればちゃんと聞いてもらっているという手応えを感じます】と。

共感して聞くことの具体的方法を知ることができましたが、その他に一般的に大事と言われる方法として、調子を合わせて受け答えをしたり、うなずいたりする「相槌（あいづち）を打つ」方法もいいと思います。最後の語尾を繰り返すことはよい聞き方です。それに、同僚であれば「ン」、「ンーン」、「ソオ」、とトーンを変えながら、相槌を入れてあげると、相手はもっと話しやすくなります。

横道に反れますが、相槌とは、もともとは、刀鍛冶にかかわる言葉で、刀匠が刀を鍛えるとき、師匠が打つ槌の間に槌を入れる弟子の動作を「相槌を打つ」と言いました。師匠が打つ調子に合わせて大槌を振り下ろす相槌は刀の出来栄えを左右するものでした。この調子を合わせて打つことから、調子を合わせて応答することを言うようになったのです。話し手とリズム合わせせることを忘れないでください。

上司に対して聞いていることが伝わる相槌は、「はい」、「ええ」、「そうですね」、「おっしゃる通りです」、「さすがですね」、「そう思います」が良いと思います。先輩と話を継続させていくとき「マジですか」と繰り返していた後輩の成功例もあります。相手が、黙ってしまったときは、間をおいて「つらいんだね」と相手の言葉で置き換え、誘い水を巻く方法を使うと元のラインに戻すことができたりします。

繰り返しですが、真剣に相手を理解しようという気持ちで、聞き方を使い分け、本音をあるいは本当のことを話させることです。その言葉を引き出すことで相手が理解できたり、真実が分かったり、心の問題をただ話すだけで治癒させたり、話し手自身が本当の自分に気付いたりするのです。時間がないからと言って勝手に結論付けることはよくありません。「この点については、私もよく考えてみますから、〇〇時からまた話しましょう」といったん区切らなければならないこともあります。確実に聞くという約束を取って区切りましょう。

話さなければならない、聞かなければならないという役目が決まっていない普通の会話や、居酒屋や社員研修の場でも、できるだけ聞き手にまわることです。

会話の仕方で、人に嫌われたり、軽蔑されたり、陰で笑われたりする人は、相手の話を短く終わらせようとする人や終始自分のことだけしゃべる人、相手が話している間に、何か意見があればすぐに相手の話を遮る人です。特に注意したいことです。

◆リズムの狂いを見つけて助言

リーダーになると、いろいろな場面で、より的確なアドバイスを求められます。その為には、普段からよく「過程」を見ていることです。

結果としてミスとなった部下（選手）の技を、部分的に切り取って指摘しても、次のミッションにはさほど効果はありません。相手の技に対して、自分の選択した技の使い方の流れと、その過程のリズムに狂いがなかったかに注目すべきです。練習でうまくいっているのに本番でうまくいかないのは、ただリズムが違っていただけなのです。

日頃はすんなり行っている仕事を、大事な日に限ってミスをしたとします。それは、「インナートレーニング」（P九八参照）で、W・T・ガルウェイが述べたように、普段うまくできているのに、ミスする原因は、リズムが違っているからです。その要因は、阻害要素として例えば周りに不幸があったとか、心配事があり集中できていないとか、あるいは体調が普段と違ったりして淡々と行動させる脳に邪念が邪魔して違うリズムとさせたのです。

たとえば、「イチ」「ニ」「サン」でうまくいっていたのが「ニ」が抜けていたり、「イーチ」「ニ」「サーン」になっていたりするのです。リーダーは、そのミスを叱るのではなく、そのリズムの修復に目をやりましょう。そのリズムの違いを指摘し、要因となった事柄を一緒に確認し取り除く助言をすることです。失敗のところだけ切り取って指摘しても改善の見込みはありません。

そのリズムの違いに気づくためには、普段からよく見ていて、いつものリズムを把握しておくことです。常に全体をみていて一部だけにとらわれないことです。

「木を見て、森を見ず」とか常に全体をみることは昔から大事とされてきました。特にリーダーは常に全体をよく見ていなければいけません。囲碁のように、その時はリードしているように見えても、全体を見ると損をしていることが多々あります。全体を良く見て、肉を切らして骨を断つ心境を学べとのことです。剣道ではこの目付を「遠山の目付け」と言います。遠い山を見るように、相手の中心部を見ながらも、つま先から頭の上まで見て対峙するのです。このような心境でアドバイスするのです。

◆語る

「語る」と「話す」について考えます。

「青春時代に、未来について語り合った」とか、「老後をどうするか妻と話し合った」とか使います。「物語る」は「語る」という動詞からきていますが、それと似ている動詞に「話す」があります。そして、「語る」と「話す」はどちらも人間の最も基本的な言語活動ですが、微妙な差があります。例えば、「話し合い」はいつも行われますが、「語り合い」は日常茶飯事ではありません。また、「話が合わない」ことはあっても、「語りが合わない」という言い方は耳にしません。

以上の事からすれば、「話す」が話し手と聞き手の役割が自在に交換可能な双方向的な言動行為であるのに対し、「語る」は語り手と聞き手が単方向的な言動行為と言えそうです。

話すという行為は、特定の場面における対話の相手の反応や応答に応じて言葉を臨機応変に繰り出すという一種の総合行為であり、話がどこに落ち着くか成り行き任せという面があります。それに対して、「語る」という行為は聞き手の反応や応答とは独立して、その落ち着き先は、あらかじめ語りの構造と仕掛けによって定められています。このことが、「話し」の自由性と「語り」の形式性によって差異を生み出します。ですから、「話す」には語や文を当意即妙に、悪く言えば場当たり的に口に出すといった意味合いが強いのに対し、「語る」の方は一定の筋あるいは起承転結の結構をもった言説を述べるという色彩が強くなっています（野家啓一著『物語の哲学』参考編集）。

さて、時間に限りのある組織の会議やミーティングの場面で、あいさつ程度の予定で設定されているリーダーの「話し」が「語り」になっていることがあります。また、創業時の話や持ち株の話、自分の権限まで語りだす社長がいることを聞いたことがあります。参加者全員のヒヤリングを重視する昨今、リーダーは、場面、意図を理解し話すのか、語るのかを明確にしてスマートに進めたらと考えます。会社のファシリテーション能力にも繋がることです。

◆ 本音を見抜く

何かのトラブルで部下に事情を確認するために面談をする時があります。また、ある時は不満をあらわにしている様子がみられ事情を聴く時があります。また、仕事の運び方が普段と違いズレが生じていて、助言が必要と感じる時があります。

こうした時は、事実を明確につかむことが大事で、感情を前に出さず聞きましょう。自分の都合のよいように本音を言わないことが多いので、相手に気付かせるために必要な事は、まず相手を否定しないことです。これで、相手に安心感を与えます。相手が自分で間違いに気付いたら、「よくわかったね」「すごい」と言って褒めたりします。これで、自己重要感が高まります。「否定しない」「答えを言わない」「指示しない」「正さない」ことを忘れずに聞いていくのが良い方法です。

一旦、自分の感情を犠牲にして、この四つを徹底すると、相手は自分から行動するようになります。スピード感が重要な中での部下を育てる為の上司の自己犠牲と言えるでしょう。

もし、仕事が楽しくないと悩む部下がいた時、意外とその原因はシンプルで自分がどこを目指しているかを忘れているからです。また、「目的地」だけでなく、「やる理由」も確認してあげると悩みを解決してあげることができる場合があります。スタンフォード大学の研究で、人は自分の行動と価値観が結びついているときは精神状態がよくなることが分かっています。行動できないのは、行先は分かっているが、燃料が切れている車のようなものです。「理由」という燃料を補給してやれば、再び車（部下）は動き出すと言っています。

相手の身体のパーツの動作から本音を読み取り、心を掴み接し方を変えて伝えていく方法が良いと思います。

■ 目の動きから

考え事をしているとき、視線で脳のタイプが分かるそうです。左上を見る人は右脳タイプの人で、全体を総合的に判断するタイプの人で、図や写真でするると理解が早い人です。右上を見る人は左脳タイプで、論理的思考や判断に適している人です。細かい分析を得意とする人で、文章や数字で説明すると理解してもらえるタイプです。

また、視線を合わせようとしない人は、心を開いていないことが多いとされています。テーブルや床に視線を落としたまま話をする人や、使用していないパソコンを見て目を合わせない人は、相手を怖がっていることが多いとされます。キョロキョロしている人は不安感があり落ち着けないと予測できます。考えをまとめている状態にも表れます。目を閉じるタイプは、物事を深く考えている場合もありますが、相手を恐れ、全てに反論しない気持ちが出る時頻繁に目を閉じたりします。

また、まばたきの回数で緊張の度合いを知ることができます。このような目の動きによって、話題を変えたりして、安心感を与えたり、緊張感をとったりして、コミュニケーションを図りましょう。

■ 手の動きや力の入れ具合から

テーブルにのった手の動きを見れば相手の考え方が分かります。リラックスしていると、手が自然に開かれた状態になります。手が重なっていても同じです。話の内容を好意的に受け取っています。相手に不信感が芽生えると、手を軽く握る傾向があります。力が入っていなければ、まだリカバリーの可能性があります。力を入れて手を握るのは強い拒絶のサインです。これ以上話をしたくないと思っているので、それ以上追い詰めないようにしましょう。苛立ちや焦りがある場合は、机やペン、メモ帳をトントンと叩きます。気分転換を求めていると考えましょう。

指やペンで人を指さすしぐさには、「威嚇」の意味が含まれています。これは、自分に自信がない場合で、少しでも優位に立つための振る舞いです。質疑応答でよくみますが、手のひらを上にして促す習慣が大事です。気にせず受け流しましょう。

話しながら唇に触れる行為の人は、甘えん坊で何かにすがりたいと思っているケースが予測できます。

■足の組み方で知る

心理学では足の組み方で、その人の性格が分かると考えられています。足首付近でクロスさせる人は少し幼稚な人で、精神的に自立していないので力のある人に服従しがちです。すねの中央で重ねるのは人の面倒を見たがるタイプです。すねをハの字にしている内股の人は達成意欲が強い人で、上昇志向の強い人に見られます。また、片方の膝に足首を乗せているのは、自己顕示欲の強い人で、強引な性格の人が多いそうです。

■つま先の方向で見抜く

人は無意識のうちに、関心が高い方向につま先を向けます。顔は話し手を見ているのに、つま先が別の方向を向いているのは、無関心、あるいは意見に賛成していないと考えられます。本当に興味がある場合は、座り直して、身体全体を向けて意見を聞こうとするものです。

他、貧乏ゆすりはストレスのサインなので、話題を変えたり、椅子に浅く座っている人は、緊張していたり、立場の弱さを感じていることが多いので、まずリラックスさせてから会話に入っていきましょう。

■笑い方で気持ちを掴む

この笑いをする人はこんな性格と決めつけるのは少し無理がありますが、ある程度の傾向はあると言われます。「アハハ」と開放的に笑う人は心を開いている証拠です。喜怒哀楽が激しい人が多く、感情のコントロールが苦手な人もいます。開放的によく笑う人は周囲の人と仲良くしたいという気持ちが強いと考えられます。「フフン」と鼻で笑う人は、相手を小ばかにしているプライドの高い人です。自分は違うと考えています。「クスッ」と笑っただけかもしれないので、決めつけは危険です。作り笑いする人は、誰かに取り入ろうとしているかもしれません。本当に笑う時は、まず口元が動き、そのあとに目が笑います。目と口が同時に動いたときや、目が笑っていない時は要注意です。「フフフ」と含み笑いをする人は、周囲の状況を冷静に観察できる人です。感情を抑えることが得意なので、周囲に理知的な印象を与えます。半面自己主張が苦手な一面もあります。

私は、話の途中で口を開かずフンといったことがあります。そんなことはあり得ないだろ、でたらめじゃないかと思った時につい出てしまったリアクションでした。それに対してなぜ笑うのですかと指摘を受けたことが、二度あります。笑っていなくとも笑う行為とみられたり、笑いのとらえ方も様々のようです。

■ その他のアクションから見えるもの

頻繁にうなずく人は相手の話を聞いていないケースもあります。聞いていますというポーズだけの人がいますのでこのアクションだけで鵜呑みにはできません。水をよく飲む人は、居心地が悪いと思っている可能性があります。極度の緊張やプレッシャーがかかっているときは喉が渇くからです。

スーツの上着を脱ぐ、ボタンをはずすなどの行為は、心を開いている可能性があります。スーツはビジネスマンの戦闘服ですので、心を許した証拠と推測できます。

机で舌打ちをしたときは、自分に納得できない場合が多いようです。イライラした態度は、周囲を不快にしたり、習癖となるので早めに注意してあげましょう（『伝え方』学研参考より）。

◆話を途切れさせないワザ

話が途切れずに進んでいくと、安心感を覚え、仲間意識が育っていくことになります。話を途切らせないようにするには、基本的には疑問形で終わるようにします。いくつかの技を紹介します。話の流れがわかるように矢印で示しています。

■話したいネタを先出ししない

「今日は暑いですね」↓「ほんとに暑いですね」とただ返せば、次に新たなエピソードが引き出せます。そして話に相槌を打てば話は自然に続きます。

■「相槌＋質問」で主導権を渡す

テレビの話になった時、「テレビは観ますか？（すぐに質問）」↓「見なくなりましたね。昔は連続ドラマが大好きでよく見ていましたが…」↓「そうですか、連続ドラマですか。たとえば？（相槌＋質問）」

■（つなぎ質問）で相手の話を引き出す

（相槌＋質問）の代わりに（つなぎ質問）を使えばエピソードまで引き出せます。その例は次のようなものです。◇それで？　◇その時どう思いました？　◇そのあとどうしました？　◇相手は何か言ってましたか？　など

■「はい」に一言添えて疑問形で会話が動き出す

「○○さんは日曜日は家にいることが多いの？」↓「はい。ほとんど家にいます」↓「□□さんは、よくお出かけになりますか？」

■性格の話につなげて理解されたい気持ちに訴える

クローズド・クエスチョンで話のきっかけを引き出します。プライベートな話に踏み込むときは、まず「はい」「いいえ」で答えられる質問を繰り返して相手の答えを待ちます。相手が自分のエピソードを披露してくれたら、その話に対する感想として「○○な性格ですね?」と返します。その問いかけが正解でも正解でなくとも、性格の話になれば、自分のことを理解してもらいたいと気持ちが動きます。後は聞き役にまわるだけです。

「今日は冷え込みますね?」→「はい、寒いですね」→「自宅で暖房入れています?」→「いいえ、まだ入れていません」→「偉いなあ。私なんか我慢強さがないから先週からエアコン入れました」(自分の弱みを正直に出して、相手をほめる)→「寒さには強い方ですか?」→「いいえ、でも私、ケチだから使わないようにしています」→「そうか、えらいですね。自己管理できるなんてすばらしい」(褒めながら、相手の性格、習慣などにかかわる質問につなげる)

■とっつきにくい人には段階別「あいさつ+質問で」

無口な人や気難しい人に話しかける時は、深追いせず会話を切り上げ少しずつ距離を詰めていく戦術が有効です。初回は「挨拶+一言」で十分です。二回目はあらかじめ用意したネタを披露し、「あいさつ+二言」、三回目で「挨拶+雑談」と進みます。雑談にのってこない時は無理に距離を詰めず、時間をかけてアプローチしましょう。

[一回目]「○○さん、おはようございます。今日は暑いですね」(あいさつ+質問一つ)でOK。

相手が答えてくれたら「失礼しました」と言って立ち去る)→「えっ、ああ」(誰だこいつ。すこしなれなれしいな)→「エアコンもっと強くしますか?」→「いや、任せるよ」

［二回目］「○○さん、おはようございます。今日も暑いですね」↓「ご存じですか?女性は男性より体感温度が二度も低いんですよ」（二回目の声掛けは意外な情報を一つプラスする）↓「へー、そうなの」（ちょっと面白いことをいうやつだな）↓「女性にも今日の暑さはこたえます。エアコン、もっと強くしますか?」↓「ああ、そうだね。じゃあ、お願いしようかな」

［三回目］「おはようございます○○さん。今日はすごしやすいですね」↓「おはよう。確かに今日は涼しいね」↓「早く秋になってくれればいいんですけど」↓「秋になれば何かいいことあるの?」↓「実は私、山登りが趣味なんです」（三回目の声掛けには、自分の趣味、嗜好をプラスして、興味を示したら雑談に入る）↓「そうなんだ、どのあたりに出かけるの?」

■ ビギナーズ宣言をして相手のふところに入る

「○○部長は△△（サッカーチーム）のファンですよね?」↓「おっ、サッカー詳しいんだ?」↓「全くの素人ですが、興味があります」（ビギナーであることを宣言しつつ、興味があることをしっかり伝える）↓「あの応援団みたいな人達楽しそうですよね」↓「応援団?ああサポーターね」↓「そうそのサポーターが手拍子しながら歌っていますよね。あれがとても楽しそうで大好きなんです」（「分からないが大好き」と伝える。自分の得意分野なら、喜んで説明してくれる）↓「あれはチャントっていうんだけどね。チームメイト以外に選手チャントもあるんだよ。△△の場合十種類くらいあるかな」（本当に興味がありそうだな。ちょっと説明してやるか）（ダジャレで返してくれたから、すかさず反応して距離を縮めます。語尾はきちんと丁重語に）↓「部長は全部歌えるんですか?」↓「そりゃ、もちろん歌えるよ。ちゃんとね」（笑）↓「ダジャレ、ねらってましたね」

■話のネタがつきたら「あっ、そうでした」で次の質問へ

「本を今度貸しますよ。一度読んでください」↓「ありがとうございます。読ませていただきます」↓「感想を聞かせてくださいね」↓「もちろんです」（少し間を置く）↓「…あっ、そうでした！ひとつうかがってもよろしいですか？」（あっ、そうでした）は定番のきっかけフレーズです。目上の人には伺いをたててから質問する。↓「どうぞ、なんですか？」↓「さきほど、とても大きな建物の前を通りました。あの建物は何ですか？」（直前に目にした建物のことを質問して話を続けます）。

その他のきっかけフレーズには「そうそう、ひとつ思い出しました」「ところで、〇〇さん、覚えていらっしゃいますか？」などがあります。

■悩みを「オウム返し」で吐き出させる

同僚がプライベートな悩みを打ち明けてきました。この場合の最終的な目的は、悩みの解決方法を一緒に考えるのではなく、最後までただただ話を聞いてやる事です。もう解決の道はできていて、その悩みを吐き出したい、誰かに聞いてもらいたいことが話し手の本意のことが多いものです。

「最近、弟が競馬にハマって大変です」↓「競馬にハマっているんですか？」（はじめは「オウム返し」で情報を聞き出す）↓「ええ、そうです。週末は競馬場に一日中いて…」↓「一日中競馬ですか？」↓「ええ、そうです。貯金を切り崩して資金に充てているので心配しています」↓「そうですか、それは心配ですね」↓「誰か忠告してあげたんですか？」（話の核心に近づいたら、的確な質問を投げかけ、悩んでいるポイントを明確にする）↓「私が何度も言い聞かせているんですが、なかなか聞いてもらえなくて…」

■「開放性の法則」で距離を縮める

相手のプライベートな一面を知ることで、その人に親しみを覚えたり、好意をもったりすることを心理学では「開放性の法則」と言います。そのため、人と話す際には、ビジネスライクに必要最小限の話にとどめるのではなく、程よくプライベートなことやちょっとした悩みを打ち明けるようにしてみましょう。また、ある程度面識のあるほうが、この開放性の法則は効果があるとされています。

程よいプライベートな話題の例としては家族の事、趣味や関心ごと、休日の過ごし方、ちょっとした愚痴、将来の夢や目標が考えられます。

◆褒めて育てる

褒めることは、単にお世辞ではなく、君の伸びる芽はここだよと教えることが含まれていなければなりません。

昨今の日本においては、若者の多くは、無気力・無責任・無関心・無感動・無抵抗・無批判・無能力・無作法・無学力・無教養・無節操・無定見・無思想の十三無の傾向があると言われています。しかし、コーチングする立場としては、これらを批判するのではなく、なぜこれらが必要なのかを部下に教え、部下に対して効果的な働きかけを工夫していかなければなりません。

この十三無の傾向がある部下を鍛え育てていくには、部下の長所を互いに発見し確認し合うことから始めなくてはなりません。これにより信頼関係の基礎を築き、徐々に短所や課題を指摘しながら褒めて育てることを実行していくと、スムーズに指導が進んでいきます。

褒めることは、自信を与え、良い影響がありますが、褒めるばかりでは甘えが生じ、勘違いや錯覚をさせ、更に甘えを増長させてしまいます。自分の能力以上の褒められ方は、お世辞ととらえられ逆効果の場合があります。一方で、部下を叱るということは、本人の反省と改善努力を促しますが、叱るばかりでは部下は萎縮してしまいます。つまり、褒めることと叱ることは、どちらもデリケートであり、双方がバランスが不可欠と言えます。

部下の長所を見つけてそれを素直に褒めることは、案外難しいものです。しかし、指導する側は部下を細かく観察し、長所や美点を見つけようと努力することが褒めることの出発点でもあります。その事実を認めて言葉にすることが褒めることなのです。

部下を正しく評価するためには、普段から否定語を使用するのではなく、肯定語を使うことで欠点ばかりが目につくことはなくなります。ものの見方、考え方を多面的に、逆角度からみれば、短所は長所となります。ジョハリの窓で訓練したように、否定語を肯定語に変えて部下を評価していくことが、長所を見抜く近道です。

働く人々の関心は、ドラッガー氏の指摘する第二の領域、つまり家庭生活、社会活動、趣味や娯楽など、幅広い領域に達します。特にその関心ごとを把握し褒めれば、信頼関係の構築に役立ちます。

方法として、大きな成果だけを褒めようとすると、褒める機会も少なくなります。しかし、たとえ小さなことでも、抽象的ではなく具体的に褒められれば部下は喜びます。例えば、ずいぶん早くできたねと感謝の気持ちを伝えたり、文章が簡潔で分かりやすくて良いねと具体的に褒めると、同じように褒めたとしてもその伝わり方はまったく異なります。どこがどのように良いのかを、具体的に褒めることが重要なのです。

剣道の試合後の指導で、私の場合は、勝った時には、褒めた後に精神的なことをさらに指摘し、負けた時には技術的なことを中心に具体的にアドバイスをしています。そして、その過程で良かった所を褒めて終わります。

また、部下を褒めるのタイミングには注意が必要です。ポイントは、そのとき、その場ですぐに褒めるということです。部下の現状を把握し、その時々で発見した長所や美点をその場ですぐに褒めると部下は感激し、モチベーションが上がります。また、後で成果の報告を受けたときは「報告を聞いたが…」、ときりだしすぐに褒めることが重要です。たとえ、あれを褒め忘れていたと思い出したときも、すぐに褒めるようにするなど、思い付いたときにすぐに褒める習慣をつけておきましょう。

また、上司から直接、褒められることも嬉しいのですが、人の前で褒められる喜びは、より一層大きなものになります。朝礼や会議等の場で自然に褒める場を作り、場を盛り上げる演出をすれば効果が上がります。

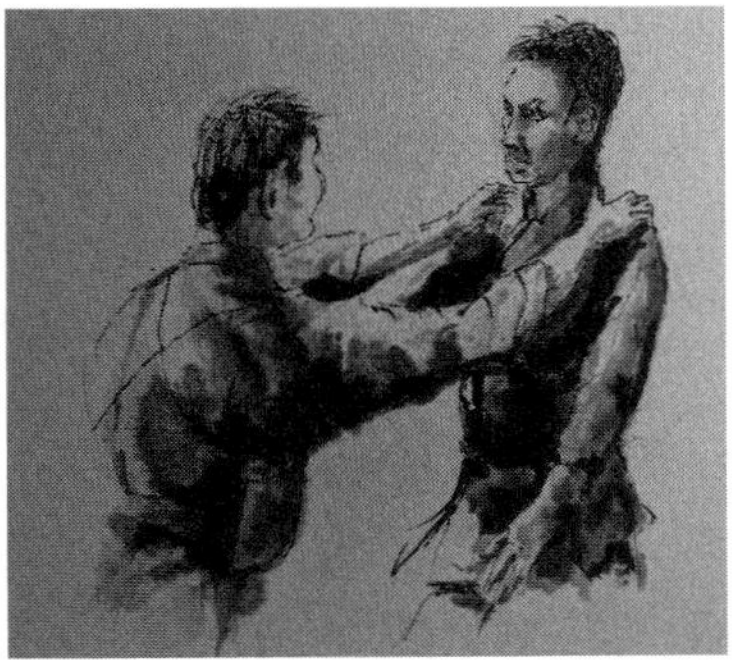

自分の感想をプラスして褒めることもお勧めのワザです。「○○さんは優しいよね」の次に「私も見習いたいです」と付けるとか、「○○さんは前向きだよね」の次に「そこがいいところなんだよね」とプラスするのが上手な褒め方です。また、ちょっとの行為を見逃さず褒めることもリーダーの仕事の範疇ですが、叱っている途中でも「そういうところは君のいいところなんだよね。でもね」と褒めることは忘れてはいけません。

直接自分が褒めるのではなく、別のリーダーに褒めてもらったり、「部長が褒めてたよ」と褒めてもらいたい他の人を利用するのもよい方法です。

◆叱って気づかせる

辞書によれば、叱るとは、目下の者の言動のよくない点などを指摘して、強くとがめることと定義されています。

不満や不快なことがあって、がまんできない気持ち、腹を立てる感情、所謂、怒るとは、基盤が違うので切り離して叱らねばなりません。怒るとは感情であって、喜ぶ、悲しむと同じです。怒っていても声を出さないこともあることからわかると思います。しかし、叱ることは行為であって、手を握る、背中を押すと同じ行いです。ダメなところを指摘し教えることを叱ると言います。

情熱はリーダーとして大事です。ただ、それを、恐怖感を与えず伝えるのが指導であり、叱るという行為です。人間関係が構築されていれば、少々の威圧的行為も理解された時代もありました。指導を受ける側がどう感じるかで、許される行為か許されない事かの基準であった時代は遠い昔の事です。

一九七〇年代にアメリカで提唱され開発された、怒りをコントロールするための手法のアンガーマネジメントがあります。人間の持つ自然な感情の一つである「怒り」と、上手に向き合っていくために研究されました。怒りについて理解し、取り組むことで良好な人間関係の維持や、職場でのチームワーク・生産性向上が期待できま

す。

怒りを感じてから、冷静に考えられるようになるまで一般的に六秒かかるといわれています。例えば、かっとなってしまっても六秒抑えられれば冷静な叱りができることになります。

熱いヤカンをさわって初めて二度と触らないという学びができます。しかし、触ってしまって「学び」は得ても、火傷して次に動けないのでは困ります。火傷をしない為に、叱りの強弱はあるかもしれませんが、落ち着いて、教えてあげる気持ちを前面に出してください。

学校教育の中で、「叱る」という行為が、誤解されることもあったりします。優しく肩を「頑張れよ」と触ったつもりが暴力と伝えられたりした事例もあります。そのようなことから叱ることを避けたりする教師もいたりします。会社でも叱らなければならない時がありますが、昨今、ハラスメントが怖くて叱れないとのリーダーの声があります。確かに言い方や、叱るシチュエーションを考慮しなければ自分が責められる現代です。しかし、叱られた本人に新たな気付きをもたらすチャンスです。現状からの改善のために叱ることは叱る側にも成長の機会となります。叱るときは五つの注意点を考慮してください。

● 相手の面子を立ててやることを忘れてはいけません。人前では叱らないことです。

部下といえどもいい大人ですから、人前で先輩や上司に責められると、プライドも傷ついて、素直に忠告を聞き入れようとしなくなることもあります。場合によっては、やる気を失ってしまうことにもなりかねません。そんなとき、叱る側が、最近仕事が立て込んで疲れていたんだろうけどとか、相手が強すぎたからしかたないけどとか、逃げ道を作ってやりながら叱ることが大事です。そうすればこんなことに甘えていてはいけないんだ、頑張らなければという気持ちになれるのです。

●その行為を叱り、人格を否定しないことが大事です。途中で違う内容のことで叱ったりしないことです。「だいたい君は○○からできてないよ」とかの発言は要注意です。学校教育の生徒指導の場面も、ある「やらかしちゃった行為」について指導をしているとき、「なんだその髪型は」とか別のところを飛び火して叱ってはなりません。これでは、相手（生徒）はもう受け入れようとはしなくなります。

●他人と比較しないことです。家族でも、お兄ちゃんはできるのにと比較して叱かるとふてくされたり、どうせ僕はだめだからと居直ったりするものです。基本的に人間は自尊心を持って生きていて、簡単に人と比較されたくない心理があります。そして、自分には自分の考えがあって正しい行動をしていると思いたいのです。部下が前述のように言われた際に、もし比較対象が自分の同期や部下であれば、なおさらショックを受け自信を失うでしょう。自信を失わないとしたら、心の中で「何の為にそんな比較をするのだろう、信じられない」と先輩・上司に対しての信頼を失っている可能性がかなり高いでしょう。比較するのであれば、他人ではなくその部下の過去と比較するべきです。

●長々と叱らないことです。時間が長すぎると、一度はメッセージとして伝わったのが薄れてしまうのです。

●公平さに気を配ります。上司の側も人間ですから、正直、好き嫌いはあります。しかし、部下を叱る際には、不公平な叱り方をしていないか気をつけなければなりません。同じ仕事のミスをしたのに叱られる人もいれば、叱られない人もいたり、また、ある人だけはひどく叱られたりすることはあってはなりません。このようなことが生じると、部下は不満を感じるばかりで、自身の行いを反省する方に意識が向きません。部下を叱る際にはできるだけ公平に叱るように注意しましょう。「どうしたら次からミスしないと思う」と問うような叱り方が有効です。リーダーは同僚に対して面子を潰さない叱り方の工夫が大事です。

働く大人として、乗り越えなければならない問題です。前述のアンガーマネジメントをよく理解し六秒の間を入れたり、まず大きく一度深呼吸することです。怒りの感情を呑み込み、深呼吸によって冷静さを取り戻すことができるためです。次にどのようなことを部下に伝えようとしているのか、台本を頭の中でチェックし怒りに任せて感情をぶつけようとしていないか冷静に確認してみることです。伝えようとしている内容を文章化するだけでも、怒りの感情をぶつける台詞は解消し、成長を願った冷静な指導内容に改めることができるようになります。

剣道の世界では、期待されている弟子ほど叱られます。叱られることは恥ではありません。それをまず共有することを基本に叱りましょう。

叱ると褒めるはパックです。フォローは周りでするものです。「いいな。期待されて」この一言がフォローです。叱った人を吊るし上げるような会社は土壌が悪いのです。メキシコで、くしゃみをしたら、レストランでもどこでも、知らない人から「サルー（お大事に）」と声を掛けられます。そういう社会的習慣を根付かせることが必要です。一番大事なことは、「怒られた」と思わせない怒り方が大事で、「ありがとうございます」「頑張ります」という気持ちになるような怒り方、叱り方を目指したいものです。褒めてから指摘する方が自然で効果的

です。

普段の人間関係の構築が、本音で指導できるかの分かれ目です。

■「叱れない」上司になってはいけない

そもそも叱らない先輩や上司は、なんとかして部下を育てよう、一人前にしようという熱意が無いか、部下の気持ちや成長に無関心であると言わざるを得ません。こういう人に限って言っても部下は直らないとか部下に嫌われるとか辞められては困るなどの言い訳を並べて、自分の気の弱さや責任感の薄さをごまかしているのです。

このようなリーダーこそ、自分がどのように成長してきたかを振り返ってみて下さい。先輩や上司の熱い指導や叱責を受けて育ってきたはずです。いつの時代も、部下を上手に叱れば嫌われることも無く、また、叱られれば直る部下は多いのです。

もちろん、叱ってばかりでもいけませんし、ほめてばかりでもダメです。時には優しく、時には厳しく叱り、心からほめるというメリハリのある態度が重要であり、そのような触れ合いを通じて、先輩や上司も部下も共に成長していくのです。迎合はいい成果は上げられません。

◆どうせという言葉

「どうせお前は勝てないから」とコーチから言われたら、選手はどう思うでしょう。自分もよく知っている強い相手であって確かにそうかもしれないかもしれませんが、それ以前にやる気を失くしてしまいます。

また、「どうせまたサボっていたんだろう」と普段練習場に来ない監督に言われたらどうでしょう。まして、今までサボったことのない選手だったらどうでしょう。大変傷つくことは目に見えています。後に述べる「確証バイアス」です。「どうせ」と言う言葉は、使い方によっては、相手を苦しめる言葉です。副詞「どう」+動詞「す」の命令形「せよ」の音変化から成り立っている言葉で、経過がどうであろうと、結果は明らかだと認める気持ちを表す言葉です。

また、あきらめや、すてばちな気持ちを表す語で、所詮（しょせん）と同義語です。不本意である結論や結果が予想されることに対して、何を言おうとも、又は、何をしようとも変わらないであろうと考え、不満や諦めや投げやりな感情を表すとされています。

「おれを見る度にこいつはどうせ碌なものにはならないと、おやじが云った。」（『坊っちゃん』夏目漱石著）が分かり易い例です。その他にも、ネット記事にはたくさんの使用例が示されています。

自分を卑下することで謙虚に見せようとする心理から「どうせ」を口癖のように言う人もいます。「どうせ私なんて何やっても駄目だから」という使い方のように、自分が自分自身に期待する気持ちを抑え込んでいるのです。トラウマになっている場合や、傷ついて悲しい思いをしないよう、自分を守ろうとする心理が働いています。

「どうせお前は」とみんなの前で言われたら、ネガティブなイメージだけでなく周囲からの評価や印象を悪くしてしまう原因となってしまいます。

おごりの強いリーダーは、この言葉で部下を傷つけていることを気づいていません。やっかいなことです。「どうせ」を「きっと」に置き換えて、話す癖をつけていくとよいのではないでしょうか。

◆間違った言葉の使い方

二〇二二年、日本はサッカーのワールドカップで盛り上がりました。

NHKのニュースでも「歴史を変える」と使っていました。しかし、歴史の先生に言わせると、歴史は過去の話で、「過去は変えられないものだ」と言います。弱いという過去のイメージを変えるということで、「歴史の流れを変える」とか「未来を変える」というのであれば不思議には思いませんが。このようなちょっと言葉が少ないが為に、間違った使い方をしていることがいくつもあります。「勇気」は、与えるものでも、もらうものでもありません。自分で作り出すものです。〇〇を見て勇気が湧いてきたり、感じたりするので、理解はできます。

広告のチラシで「展覧会」と案内して販売していたりします。「展示会」であれば販売も含みます。展覧販売会というチラシの案内に、首をひねるのもわかる気がします。信頼がモノをいうビジネスの世界では、言葉の使い方ひとつで評価を左右されることが少なくありません。

メールの返事で了解しましたと使います。了解は、目上の立場の人へ使う言葉ではありません。上司に何かを頼まれた際は、「かしこまりました」とか「承知しました」と返事するべきです。

「ご教授」は「学問や技芸を伝え教えること」という意味で、長期間にわたり教え続けるという重たいニュアンスになります。ビジネスシーンでよく使われる少し教えてほしいという場合、ご「教示」を使うのが適切です。

また、「お伺いする」は、「お」をつけることで二重敬語になることに注意が必要です。

間違った意味で使われている言葉もあります。たとえば、役不足と言う言葉です。「役不足」の本来の意味は、自分に対し、この程度の役目は軽すぎるという意味ですが、自分ではこの役割は荷が重いという正反対の「役者不足」の言葉の意味で使われています。例えば「自分にはこんな仕事は役不足です」というと、自分にはこんな仕事は簡単すぎるという意味で伝わってしまうので、気をつけて下さい。

また「割愛」は本来、本当に大事だけど仕方なく省略するという意味を持つ言葉ですが、不要な部分を省略するという意味で使われています。そのため、「時間の都合上、概要は割愛します」との発言は、概要は重要でないことになります。注意したいところです。リーダーとなるとこうしたことを教えてくれる人はいません。

◆ボディランゲージ

この項の大きなテーマは「確実なメッセージを伝える」と言うことをテーマとしてきています。

伝える方法として、「言葉」を中心に考えてきましたが、前述に右手一本で「礼」を表すジェスチャーの話をしましたように、身体で伝える方法があります。ボディランゲージという方法です。このボディランゲージ（body language）とは、肉体の動作を利用した非言語コミュニケーションの一つです。日本語では直訳して身体言語（しんたいげんご）や身振り言語（みぶりげんご）とも呼ばれます。これら意思伝達手段は、音声や文字といった言語を用いずに、身振りや手まねやあるいは広くジェスチャーで様子などを表して、相手に意志を伝えるものです。具体的な動作としては、目配せや眉毛の上げ下げ手招きを含む手での合図、肩を含めた腕の動作、口元の動きや舌打ちなど、また表情や顔色も含まれます。身体の姿勢なども様々に利用されますが、それらを組み合わせれば更に多様な意思を表現することが可能です。

さて、剣道の稽古は言葉のない会話と言われますが、稽古終了時に上位の先生から、小手を拝むようなしぐさ

（ジェスチャー）が出たりすることがあります。「いい小手ワザでした。参ったよ」という意味です。嬉しいものです。声援ができない応援で、右こぶしで左胸を叩くしぐさを見受けます。強気でとか、しっかりとかに伝わってきます。

ボディランゲージの中で、自分の喜びを表現するガッツポーズというしぐさがあります。手を確り握りしめるしぐさです。プロ野球のピッチャーがピンチをしのぎ三振を取った時や、卓球の選手がポイントを取った時、相手の目を見ないで後ろ向きでポーズを取ったりします。実は剣道では禁止されている行為です。相手に「俺はやったぞ」とあからさまに見せつける行為が、相手に失礼だとされているからです。

剣道では、礼節を重んじることが根底にある武道であるので、一本を取った後でガッツポーズをした場合、全日本剣道連盟の試合審判細則第二四条で不適切な行為と規定している「打突後、必要以上の余勢や有効を誇示」と判断されて、一本が取り消されることもあります。同じスポーツでありながら、禁止や自粛されていたり、規定がなかったり様々です。

ボディランゲージは、使う場所、場面、相手、国によっても意味が異なりますので注意しなければなりません。安積陽子氏の著書『NYとワシントンのアメリカ人がクスリと笑う日本人の洋服と仕草』の中で海外で誤解されるジェスチャーを紹介していますが、手招き、ピースサイン、逆ピースサイン、親指を上げるサイン、なども国によっては、「こっちへ来て」が「あっちに行け」の意味だったり、いいねサインが逆の意味だったりします。

ともあれ笑顔が世界共通で最強のボディランゲージのようです。

VII

負けないチーム

二〇二二年サッカーのワールドカップカタール大会が行われました。現地からの放送で、元日本代表監督の岡田武史氏がコメンテーターをする番組がありました。強豪ドイツ、スペインを破り一位で予選リーグを勝ち上がった日本チームについて語っていました。

その中で「チームは勝つということで、今まで以上の信頼と絆ができるものだ」と話しました。つまり、「強いチーム」「勝つチーム」はメンバー同士の信頼と絆も同時に強くなる相互作用があるということです。

◆あるマイナーチームの変身

元守谷高校校長の古谷勲先生が若き教師時代の話です。先生は何度も剣道の関東大会や全国大会にチームを導いた剣道部の顧問の先生ですが、学校異動となりました。その新しい学校では剣道の専門の先生が既にいたので、バレーボール部の顧問となりました。新顧問となったバレー部は、なんと地区大会から県大会まで勝ち上がったことのないマイナーチームでした。そこで、古谷先生は、着任早々から「挨拶の仕方」を徹底的に教えたそうです。バレーボールの技術指導は殆どしなかったそうですが（古谷先生談）、マイナーチームだったバレー部は、すぐに県大会のベスト四まで駆け上がったそうです。

心のこもった挨拶や、さわやかな挨拶のこと、挨拶はされるものではなく自分からするもの等や、どの距離から、どれくらいの声の大きさでするのだと挨拶の事だけを指導したそうです。これが、なぜか連帯感を作り、練習への取り組みへも自ら取り組む姿勢に徐々に変化していったそうです。一緒に何かのことを大事に共有して取り組む最初の事が「挨拶」だったのです。挨拶の次に、部員全員が一緒にできる一つの事を相談し取り組みを始めたそうです。チームとして自ら動き出したのです。そして、変身した部員たちは、自ら計画し実践し反省して工夫して、目標を達成したのです。その結果、部活動という小さい枠の中で努力していることが、社会という大空でも通じる開かれたものでなければ、意味のないことも知ったのです。

社会へもつながったものを知っているリーダーが、大きな味方として後ろに仁王立ちしている存在が、自信となったのだと推察します。

◆チームという戦う集団

■チーム

一人ではできないことを、複数の人間でゴールを目指して得点するメンバーが、「チーム」です。種を花にしていく集団がチームです。実際にプレーしているチームの他にも情報収集チームや、医療チームがあり、栄養管理、遠征、合宿、会計などのマネージメントチームがあったりします。これらのチームが連携して、大きな塊のチームとなっています。米国では、部活動のような学校で施設と費用を援助された所謂体育会の部をバーシティチームと言い、自由にその時のメンバーで運営し活動していく同好会のような組織をクラブチームと言っています。単にチームというと部の意であり、クラブは同好会のようなサークルのようなものを指していますが、日本においては、単に集団として部もクラブも同様の意味に使用しています。

■ 競技と種目、その形態

「競技」と「種目」、これは両者ともにスポーツのジャンルを示す言葉ですが、種目は競技という言葉にプラスする形でカップやメダルという栄誉を頂くことができるものを指します。そのため、競技であるスポーツのジャンルがあっても種目にならない場合もあります。ワールドカップや世界選手権は、競技が単一化されたその大会の競技種目ということができます。

ラグビーは多くのメンバー同士で戦う集団競技です。ボールの維持を通して攻める側と守る側を交互に十五人が行い、ポジションという分業を基本としながら、敵のゴールにボールを運び入れる大目標に臨機応変に対応して争うものです。サッカーやホッケーも同じです。体操や陸上や水泳は個人競技であり、武道は一対一の対人競技です。これが、競技形態の分類です。対人競技でも個人競技でも、チーム競技（団体戦）としても行われます。その場合の競技方法は、チームの競技者の人数、ルール、勝敗の決定方法等が異なる場合もあります。

■ 競技の内面

同じスポーツといえども、ルールによる構成メンバーの在り方、勝利のための役割、目的意識が違います。ですから、会社運営をチームとして考えようとする時、単に集団という意味のチームではなく、スポーツのチームから戦術・戦略的スキルや哲学を取り込もうとするならば、どの競技モデルを取り入れるかをよく検討する必要があると思われます。それは、スポーツのチーム型によって勝利に向かって進む精神性がそれぞれ違うからです。むしろ、どのスポーツチーム型にも共通して行われていることと、絶対にしてはいけない事を明確にしてそのカラーを打ち出すことで精神的共有が可能になるのではないでしょうか。

◆チームの一員

私は、剣道の地区連盟の会員、所謂クラブメンバーです。この地区の代表チームの一員として試合に出場したりもします。その時は、そのクラブ内でバーシティチームが結成されるのです。試合が終わればそのチームは解散します。また並行して、道場連盟の町道場のチームにも加わっています。ですから、試合の条件によって、今日は味方のメンバーが明日は対戦相手となることもあり得るのです。

二〇二三年、WBCベースボールのワールドカップにおいても、いろいろなチームから選手が選抜されて、日本の代表選手が決定しチームが結成されました。本来所属する違うチームのメンバーが短期の一つの目標に向かって同じチームになるのです。そして、そのチームは、ある期間が過ぎればなくなるのです。

企業でも同じことが考えられます。コンピューター上で集客をする仕事をするチーム、外部に出て直接、人と接して仕事するチーム、経理担当のデスクチーム、イノベーションにかかわる社長を含めたリーダーチーム等があります。重複している人もいるかもしれません。そのチームから抽出された特別ミッションチームが作られる場合があります。そのミッションに必要と想定されるエキスパートが選考されるのです。あるいは、同種の仕事を多くの人数で行うための新チームが作られる場合もあります。対処療法的に短い限られた時間で活動するチームで元のチームに所属したまま別行動したり、長期的に出向して新しいチームに所属したりもします。

会社が一つのチームであるという考えが主流ですが、会社のメンバーは同じことをしているわけではありません。どのように連携して得点を取るかの戦略が共有されることがチームの勝利の鍵となります。会社ではその得点に何ら関わらない存在はあり得ませんが、もしあるとすれば会社から排除されるべきです。これくらいの覚悟をもって会社をチームだと言い切ってほしいものです。

時として戦う内容によって社員全員が戦士として同じ敵と戦わねばなりません。例えばコロナ禍と戦うような場合です。

大きな会社になればなるほど、ミッションメンバーは複雑です。そのメンバー全員が、今誰と戦っているのか、今どこのチームに所属しているのか明確に意識していることが大事です。

◆チームワークとクラブワーク

チームワークは、目的意識に強く裏打ちされ、生産性の向上を目指す人間関係作業です。あくまでライバルチームに勝つ目的での共同作業が基本です。だからこそ会社の中でこのチームは何をすべきかを自分自身が理解していなければなりません。ここでは、わかりやすくチームワークとクラブワークを分けて考えてみます。

部署をチームと考えることができます。同時に、新人組とか会社の女子会とかいくつかの塊があります。直接会社の利益とは結ばれていませんが、これがクラブです。会社帰りにバッティングセンターに行ったり、ライブに行ったりする、壊れそうで壊れないクラブです。

つまり、社内での社会的関係がクラブワークです。会社という親の集団が存続するためには、やはり「協同」という概念に近いものが必要です。ここでの関係は強固の目的や課題がなくともコミュニケートできるような状態を意味しています。人間関係の社会学という立場から、集合状態を「互助」「共存」「対立」の三つに分類されることがありますが、クラブワークが複雑なのは、チームの競争と協同に加え、この共存という社会的関係が加わるからです。特徴として、自分だけでなく、チームメンバーの状態を把握しており、メンバーの一人一人の最高のパフォーマンスが発揮されるよう、協力することができます。つまり、仲間のメンバーが全力で戦えるようなシチュエーションを皆で作り上げることが大事です。

本当に強いチームのメンバーは、人との接し方の基本ができています。さわやかな挨拶ができ、目を見て、立ち止まって、誠意をもってしっかり返事ができる等のことが、勝てる雰囲気を作り出す基本的なチームワークであることも知っています。「負けたらどうしよう」ではなく「どうやって勝とう」というポジティブな思考に専念します。

試合では、勝ちパターン（勝ちのマニュアル）を持っており、それに向かって淡々と手順を進めています。試合の展開次第で、自分が攻めるのではなく守りに徹しなければならない場面も生じます。チームの勝利の為に自分が我慢しなくてはいけない時があります。これをスポーツでは「ポジティブな自己犠牲」の精神と言います。これは研究されたスキルマニュアルの一つです。これは、逃げるのではなく勇気ある行為です。これを皆知っていて認めえあうようになればもう勝ったのも同然です。

会社全体のチームワークを考える時、たとえば、朝のミーティングは全員参加で短くこなす、五分間の清掃でゴミを拾う等の行いをするなどは、直接的に会社の利益に結びついていないように見えますが、勝利に長い糸で繋がっていると思います。朝、社員達が会社の周りを含め地域のゴミ拾いをしている会社を実際に見かけます。

◆強くなるためのGPT

人間同士が支え合って生きていく時、お互いを快くする大事なワードがあります。「おはよう」「おねがいします」「ありがとう」という挨拶言葉です。挨拶は立場とは関係なく自らするものです。この言葉の実践だけで、会社の利益の増収につながった事例はよく聞くところです。

GPTとは肝機能の数値ではありません。今話題のチャットGPTでもありません。会社の健康の要数値と思ってください。

【G】はGood morningのGです。【P】はPleaseのPです。そして、【T】はThank youのTです。これにExcuse meを加えた四つの言葉です。

■Good morning《おはよう》

朝のウォーキングで知人に逢うと、「おはようございます。いい天気ですね。じゃあまた。」という挨拶を交わすのが普通です。あなたとは個人的関心を持つほどの仲だという意思表示でもあるのです。同時に、やわらかく、それで会話を打ち切ろうという意味を表現しています。相手がお互い全てを語り合える親友でなくとも、そこに近い相手には、「実は、子供が風邪でね」と言う風に会話を続けることもできます。そこでは、複雑極まる人間関係をさばく人生の知恵が発達してきたのです。この挨拶は、親しい人々の相互応答の決まり言葉の一つなのです。メキシコでは¿Como esta?（やあ、元気）と聞かれるとMuy bien（いいよ）と答えます。のどが痛いなどと言うと¿Por que?（なんで）と長々とした話になるわけです。

■ Please《お願いします》

「お願いします」の意味のpleaseは、通例の命令文に添える丁寧語のpleaseです。このpleaseは、実はIf it please youが省略されたものです。「こんにちは」が「こんにちは良いお日柄で」などの省略形であると同じような感じです。いろいろな使い方があり、「コーヒー、プリーズ」だけではないようです。

動詞のpleaseのコアイメージは「受け入れてもらう、喜ばせる」であり、if it please youは「もし、あなたが受け入れてくれるならば」という意味になるわけです。もちろんそれは前置きであって、その後に「話し手がやって欲しいこと」を述べるという流れになります。

残念ながら、私は英語はできないのですが、経験から、何とこの「プリーズ」と「笑顔」で、海外一人旅ができた経験者です。

■ Thank you《ありがとう》

戦争があり、大地震があり、大雨で家をなくしたなど暗いニュースが続いています。日本は、貧困に苦しむ国と比べれば、物が満ち、まだ恵まれている方ですが、詐欺や強盗の事が毎日報道され不安な時代となっています。「ありがとう」という感謝の言葉がだんだん減っていく思いがあります。「ありがとう」の一言で、良い人間関係も保てるし、更に、もっとしてあげたいと思う心をおこさせるのです。一日に三十回、三週間、ありがとうという言葉を使い続けたら、人柄が良好に変化したという実例があるとも本で知りました。

組織の中に話を戻しますが、社内の仕事が円滑に進み、豊かな気持ちで仕事できる「場つくり」は、挨拶言葉と感謝の「ありがとう」という言葉がの飛び交う組織ではないでしょうか。

◆試合に臨むチーム

一か月後に大試合に臨むチームは何を考えているのでしょう。次の四つを頭に置いているはずです。

■コンディショニング

試合をする自分の調整と準備をどの時点から始めるのか、試合の開始時間から逆算して考えることからはじめます。試合当日の朝からなのか、前日か、一か月前からかによって成果は違ってきます。一か月前から考えると、当然日数を計算してトレーニングメニューを作って充実した調整が可能です。食事、睡眠、メンタル強化、足らない力の強化トレーニング、戦略に伴う戦術のイメージトレーニングなど試合に直結したコンディショニングに取り組んで準備を整えます。もちろんメンタル面での安定もコンディショニングの一つです。

■ルールの熟知

ルールによって戦術が変わってきます。無知によるペナルティーは結果によっては悔いが残ります。普段から研究し、ルールを熟知していることが大事です。フェアプレー精神や義の戦いに至る基本です。ルールを知っているから、レッドカードの回避や反則すれすれの思い切ったプレーができるのです。スポーツの世界の事だけではなく、働く場には、社是という決め事があります。それを見失うとプレーヤーとして動き回るフィールドも無くしてしまいます。商品知識や大きくは経済の動向もルールとしてとらえなければなりません。

■ 得意技（個人技）の構築

ＰＤＣＡの繰り返しによって個人の能力を高めることは最も大事です（Ｐ六三参照）。負けない人がいても、勝つ人がいなければ「チームが勝つ」という目標は達成されません。得点を取れる人が必ず一人は必要なのです。そのポイントゲッターがいれば、その人を中心に戦略が組み立てられるのです。戦略によってチームの目標ができます。そして、その目標や戦略に合わせて個人の目標を立てて取り組むことが大事です。有効打をゲットできる得意技を確実にする必要があるからです。自己中心になったり、進歩しようと思わない人が選手であれば必ずいつかはチームの絆は崩れてしまいます。自分だけ勝ってもチームが負ければ負けなのです。

■ メンバー同士の相互理解

組織は個人の弱みを中和する機能を持っていると言われます。当日の試合で、自分以外のメンバーの動きを見て、コンディションの状態も分かるくらいの相互の理解が必要です。戦略を変更して戦術を変えることができるようにしなければなりません。監督の戦場での采配が優先しますが、不調者をカバーして、有利に展開できるように行動しなければなりません。そのために普段から信頼できるコミュニケーションを取り合うことが大事です。自分の仕事だけでなく、他の仕事の内容も理解していたいものです。そうすることで、個人の好不調をメンバー同士で中和できるのです。

◆協力の意味

チームで戦っている以上、自分だけ勝っても目的は達成されていません。力を結集させて、一個の塊、チームとして勝利して目的は達成されます。その力の結集の仕方を、「キョウリョク」「キョウドウ」の意味を理解すれば、自分がどのように行動するべきなのかがはっきりしてきます。

■共同

共同の意味は、複数の人や団体が、同じ目的のために一緒に事を行うことで、複数の人が同じ条件と資格でかかわったりすることです。つまり「共同」は、同じ立場・資格に立つ、対等な人同士が何かに取り組んだり、誰もが平等に利用できたりすることを表した語です（違う内容を同じ目的の為に対等な立場で同時に取り組むこと）。

■協同

協同の意味は、複数の人または団体が、力を合わせて物事を行うこと」です。協同の「協」は、力を合わせる、相談する、話し合って物事をまとめるという意味をもちます。したがって、協同は互いに協力し合うという精神的なニュアンスを強調するときに用いられる言葉です。たとえば「協同組合」は、組合員や消費者が事業や生活の改善を図るために、皆が確固たる意志を持ち、支え合い、助け合って運営することを目的とした団体です。なお、協同は、それぞれの役割分担がおおよそ決まっているなか、同じ目的や利益のために取り組むという意味合いの強い言葉です（同じ目的の為に役割を決めて相談しながら取り組むこと）。

■ 協働

協働の意味は、同じ目的のために対等の立場で協力して共に働くことです。協同と似ています。先にも述べた通り、協同は役割分担などが事前に決まっているときに主に使われるのに対し、協働はそれぞれの得意分野を活かしながら一致団結し、力を合わせて物事を行うことを表します（得意な内容を同じ目的の為に対等な立場で連携して取り組むこと）。

よく使う「協力」の意味や使い方は、力を合わせて事にあたることの意味です。立場や条件については問わず、とにかく誰かと力を合わせて物事に取り組むときに使う言葉です。そのため協力は、共同、協同、協働を含んだ広義の意味で使われます。

仕事は、「キョウドウ」のどの漢字でも当てはまります。自分のエリアを超えてクラブワークとして他のエリアも支えることは忘れないでください。大きな塊・組織のチームの中に、必要な機能を持つ小さな塊（集団）が点在していることはお分かり頂けたと思います。そして、AとBという集団は、単独で存在せず繋がっています。むしろ、Aが機能するからBが存在し、BがあるからAが力を発揮するといった集団が集まっているものです。所謂共存です。これができて大きな組織も機能するのです。

例えば、学校の部活動であれば、明日の試合に向けて男子チームがミーティングをしているとき、女子チームが道場の掃除をして、同時に早く電車で帰れるように動きます、次の日は逆に女子の試合の為に男子チームが動きます。これもまさに「キョウドウ」だと思います。同様に、働く場面では、社内外のイベントの時を想定した時、チームワークとクラブワークを個々が使い分けしゴールを走破しなければならないのです。

◆タイアップとコラボ

タイアップの意味と概要は、関係者同士がより多く利益を得る為に、協力してビジネスを盛り上げることという意味です。タイアップは、英語のtie upが日本語化した言葉で連携・協力という意味です。

商品やイベントを一緒に製作・企画するのではなく、それぞれが共通の商品やイベントに関してキャンペーンやPRを行い、盛り上げることを言います。例えば、映画やドラマの中で、スポンサー企業の商品を使用しているシーンを映すことなどがあり、両者の顧客に同時に宣伝出来る効果があります。

タイアップの特徴は、双方が対等の関係ではないことです。

コラボの意味と概要は、異なる業界の企業や個人が、共同で制作・研究・開発をすることや、その様にして生み出された成果物という意味があります。コラボはコラボレーションの略で、主にビジネスでの共同制作・共演で使われます。例えば、ある商品に人気アニメのキャラクターがデザインされていたり、普段は別に活動している歌手がデュエットをしたりすることなどを言います。

コラボがタイアップと違う点は、お互いが対等の立場で、それぞれの個性や特徴を存分に生かして顧客にアピールすることがあげられます。

タイアップは、どちらかがメインになり、どちらかが加わる関係で連携することです。つまり、タイアップとコラボは、お互いの関係に違いがあるのです。

◆犠牲打（送りバントと犠牲フライ）

剣道の団体戦では自分が勝ってもチームが負けることもあります。自分が負けてもチームは勝つこともあります。チームが勝つために自分がどう戦うか、メンバーと協力してどう動けるかポイントです。

野球の犠牲打（以下犠打と表記）は、広義の意味ではバッターが自分自身を犠牲（アウト）にして、走者を先に進めるプレーを指します。送りバントや犠牲フライといった進塁打などがあげられます。個人でプレーする競技においては、自分自身を犠牲にして誰かのために働くなどあり得ないことです。犠打は、野球がチーム戦だからこそ取り入れられた戦略の一つだと言えます。

打者の記録に犠打とある場合は全て送りバントをした記録なのです。犠牲フライ（以下犠飛と表記）は外野まで届いたフライ性、ライナー性の打球によって、走者がタッチアップで本塁に到達した場合に記録されます。犠打と犠飛の違いが重要なのは、記録が犠打であるのか、それとも犠飛であるのかによって、個人成績が変わってくるからです。

犠打や犠飛は打数に含まれないため、犠牲打がどれだけ増えても打率が下がることはないのです。しかし出塁率に関して言えば、その計算式が「(安打数＋四球＋死球)÷(打数＋四球＋死球＋犠飛)」となり、分母に犠飛数が含まれているため、犠飛数が多くなればなるほど、出塁率は下がるという特徴があります。犠打は計算式に含まれていないため、出塁率に影響を与えることはないのです。

打数の計算式は「打数＝打席数－(四死球＋犠打＋犠飛＋打撃妨害＋走塁妨害)」です。ボールを打つことなく出塁する四死球が打席数から除かれるのはわかっても、なぜ犠打や犠飛が打数に含まれないのかと疑問に思うかもしれません。

それはチームとして勝利するために自身の打席を犠牲にしたと考え、その場合は打数に含めず、打率にも影響しないという仕組みになっています。

打席を犠牲にしたと認められるためには走者を進塁させなければなりません。失敗すれば、当然打数は増え、打率にも影響を与えます。

◆会社の犠打（犠牲打）

犠牲フライ（以下犠飛と表記）は、外野にまでボールを打ち、その機会を使って走者が得点した場合に犠飛として認められます。得点できなかった場合、犠飛としては認められません。また打球が内野へのフライであった場合も、得点の有無にかかわらず犠飛とは認められません。犠打になるのは、自分がアウトになり、その間に他のランナー全員が進塁した場合です。ランナーが二人以上いる場合は、一人でも進塁を失敗すると、犠打としては認められません。またバントがヒットになった場合も、犠打としては認められません。

送りバントを失敗した場合には、犠打ではなく内野ゴロとして記録されます。その結果をもって、犠牲打として記録されるのです。進塁させることができるようなバントが必要だし、タッチアップで得点できるような犠飛を打てる高いスキルが必要です。

企業の残業と合わせるのは無理がありますが、会社の得点（利益）にならない残業はする意味がないことであり、逆に得点になる残業はするべきなのです。

むしろ、犠牲バントしてなんとか一点をとらなければならない状況にしないようにゲームを運ぶことが大事だと思います（残業しなくていいように）。送りバントの精神的負担無しに、自然とできるようになるためには技術を高くしないとできるものではありません、

会社の中での送りバントとは、どんな事例があるか考えてみました。

たとえば、会社で若手の団結の飲み会がありました。日頃の悩みを打ち明けたり、仕事のノウハウの情報交換の場で有意義でした。会社は意味あることとして、会費を援助しました。それに対して、その会に参加しなかった社員が、会費分を会社に請求しました。どう考えますか？会社は仕事の一部の費用と考えたのです。その時点の支出は会社の犠牲フライなのです。大きな利益になると見込んだ投資なのです。ほぼ全員の若手という公平性も見込んで会議の一部と判断したのです。新しい発想やイノベーション費用として会社は援助したのです。飲み食い費用に援助したものではないのです。

◆サッカーのアシスト・仕事のアシスト

アシストとは、サッカーに限らずバスケットボールや他の競技でも使われる言葉ですが、「試合での得点に直結したパスなどを供給したプレーや選手に対して与えられる記録」を指します。サッカーでは、一般的に得点者がシュートしてゴールを決める前にパスを出した選手を指します。その為に、より多く良いアシストをすることが勝利への重要なポイントになります。ただし、アシストという記録は、海外のプロリーグやJリーグでオフィシャルに記録されることはありません。

得点の直前に行われたパス得点者はツータッチ以内のゴールである（一般的に）ことが原則です。得点者がドリブルなどした場合にはアシストとは考えないのが一般的です。例えば、得点した選手が数十メートルドリブルして得点した時に、ドリブルする前にパスを出した選手にアシストがされるかは、意見が分かれると思います。また、ある選手がシュートを打った時にゴールポストに当たって、跳ね返ってきたボールを別の選手が得点した時に、最初にシュートを打った選手にアシストが記録されるかも意見が分かれると思います。

その為、アシストの定義に関しては、実は公式には定められていません。とにかく、ゴールに結びつかなければアシストにならないのです。

ボールを蹴って味方にボールを渡すパスの精度の高さが必要最低条件です。なぜなら、パスを受けた選手が、良い状態でシュートを打ちやすく配給することで、ゴールになる確率が高いからです。弾んだパスよりもグラウンドを滑るようなパスを出した方がパスを受ける選手はトラップしやすくなり、シュートが打ちやすくなります。

また、シュートを打ちたい選手が右利きなのであれば、右足を目掛けてパスを出せればスムーズにシュートを打ちやすくなります。また、弱いパスだとパスを受ける前に相手にパスカットされてしまうので強いパスを出した方がパスが通りやすいのです。

アシストを生み出すためには、ピッチの状況を理解する必要があります。なぜなら、パスを出した先の選手がたまたま得点できたという偶然を求めるのではなく、どこにパスを出す事が得点に直接繋がるかを理解しながらパスを出す必要性があるからです。例えば、ボールを持った選手の真横にフリーの選手がいて、ゴール前にマークされているけどパスが通れば絶好のシュートチャンスかもという場面があったとして、当然、ゴール前の選手にピンポイントでパスを通す事にチャレンジする事です。ここで、アシストの精度の高さが求められます。

サッカーには様々なインセンティブ（報酬）があります。メジャーなところでいえば勝利給があり、ゴールに対してのインセンティブもあります。アシストにはありません。しかし、自分にも数％のゴールチャンスがあったとしても、数一〇％の確立のあるゴール前の選手にパスを蹴るのだそうです。自分の数％の報酬チャンスを捨ててです。この場合は見方としてチームプレイの自己犠牲ともいえると思います。それができるからチームは勝つのです。仕事の場面に置き換えて、自分がいなければゴールも勝利もないのだという自信と誇りをもって絶妙のパスを出し続けてほしいのです。送りバントと同じようにアシストの仕事は会社ではどんな場面だろうか考えてみました。

会社で就業終了時刻を過ぎても、ある部署が翌日のイベントの準備をしています。そこを横目に時間が来たからと退社することもできます。手伝うと、自分の時間を確保できなくなります（自分はアウト）。しかし、イベント担当は時間を早く終了でき、翌日のイベントに力を蓄えることができ、得点を叩き出すことができるのです。これが、犠牲バントであり、アシストと考えることができます、
次の例です。外国人が自社の製品にクレームをつけてきました。Aさんが困っていると、英語の得意のBさんが、自分のクレーム対応の電話を上手く交渉し、待ってもらい、Aさんの電話を笑顔の英語で解決しました。もちろんBさん仕事はやや遅れになりましたが、これは仕事の中のアシストです。

◆ゲームメーカーとムードメーカー

試合が進行していく途中で、この試合は勝つだろうと確信する時があります。それは、以前、勝った時と同じシチュエーションだと感じた時です。

あるチームの話ですが、副将・大将が絶対の強さを持つ選手がいました。そして、先鋒・次鋒・中堅と初心者でした。このチームは前三人のうち誰かが引き分けたら、九割以上の確率でチームが勝利しました。ほとんどの場合は相手チームの副将・大将は逃げ切ろうとするので、戦術的には強気で攻める方法が絞られて好都合でした。これが勝ちパターンなのです。メンバーが先を知っていて安心して試合ができたのです。このパターンはチームによって違います。副将で勝ち大将で逃げ切りのチームがありました。中堅が必ず勝利するので、中堅以前に試合する二人（先鋒・次鋒）の結果次第で、後の二人（副将・大将）が、戦術を変えていく方法で全国大会に進んだこともあります。この勝ちパターンの中にはゲームメーカーがいます。流れをいつものパターンに戻したり、

有利に運ぶ足掛かりをつくる選手です。ポイントゲッターとは限りませんが、先導力のある選手です。

もう一つ、チームが勝つ要素として、そのチームの持つ雰囲気が出来上がることです。これを作り出すのがムードメーカーです。ロッカールームで笑いで緊張をほぐしていつもと変わらない状態を維持させることのできる選手です。気分の高揚が激しく追い込まれれば焦って先が見えなくなることが敗因になることもありますが、逆に抑えたり前向きに転じさせることもできる選手です。このゲームメーカー、ムードメーカーが役を演じきれれば七割がたチームは勝ちに向かいます。この二人がポイントゲッターであれば勝利したのも同然です。

会社の中でのムードメーカーは誰でしょうか。ムードメーカーも勝利へのアシスターですから、もっと評価されなければなりません。

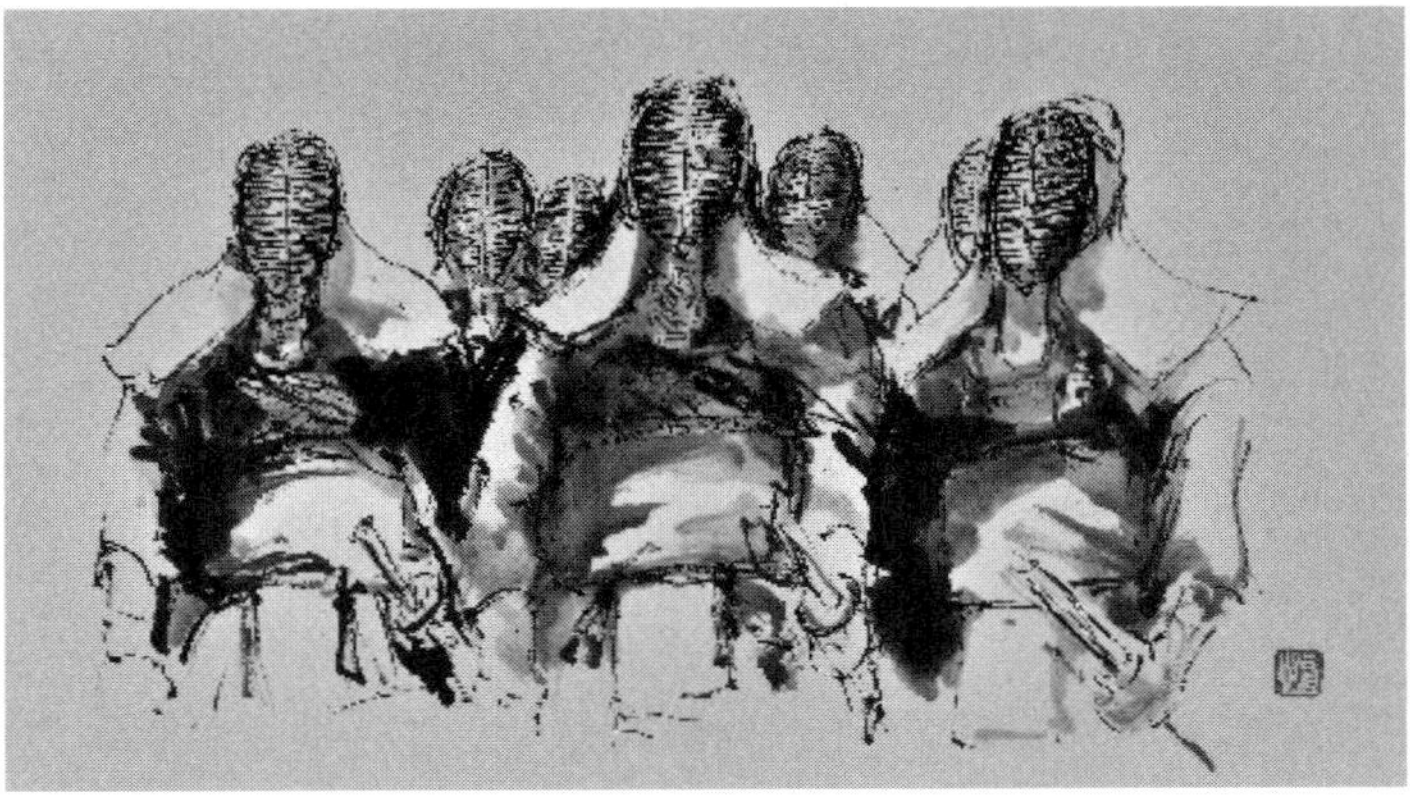

◆ONEチームという考え方

二〇一九年、日本で開催されたラグビーの世界大会で初の八強入りとなった日本チームのスローガンであった「ONEチーム」（以下ワンチームと記）という考え方の続きです。

会社が一つのチームになるということは、ゴールを同じ視点で見て前進することに他なりません。私もその考えを否定しません。

短期的に勝つという目標に作られたチームと、長期的にレベルアップして勝っていくチームを作ろうとする時の、取り組むべき内容は違いますが、全体が同じ方向を見て進んでいくことは同じです。

しかし、予想される問題として、違う考えが既存の考えや相対的な数の多い意見に押しつぶされてしまう可能性もあります。当然その選手は路線から外されたり、強制的に考えを否定されてしまいます。ワンチームという言葉が逃げ道として使用され、自己犠牲を強いられたりもします。リーダーやトップの独裁になりがちです。エリアとエリア境界線が曖昧になり、責任の押しつけになります。

二〇二二年サッカーワールドカップの森保監督が言う「ワンチーム」

の重要ポイントは、スタッフチームが同じ考えを持つことでした（ＮＨＫＢＳ放送より）。前面でプレーしている以外に、プレーからかけ離れたところに、いくつものスタッフチームが存在しているということです。

会社での仕事をスポーツプレイに置き換えると、仕事のゴールそのものが見えないことが多く有り、ワンチームとは意識上のことです。プレイヤーは霧の中でプレイしているような状態もあるのです。それを、結果的に逆の方向に行かないように、「ワンチーム」と言う言葉を都合よく使ったのです。

会社で使われている「ワンチーム」は、プレイしている選手だけに使っていることが多く、上層部の戦略がしっかりとまとまらなければワンチームになりようがありません。まして大きな企業のゴールは雲の上にあります。その下で違う種目でいくつものチームが試合しているのです。その小さなチームの得点が、大きな会社のゴールに結びついています。それをプレイヤーに見える化していかなければ、会社全体が強いワンチームには成長しないことは明白です。

むしろ、プレイヤーの意見や不満を、ワンチームだからこそ吸い上げ解決して一塊にしていく気位を持たねばなりません。スタッフリーダーグループの考えを押しつけたり、不満を押さえつけている塊は、真のワンチームとはかけ離れたものです。また、怪我をした選手でも試合には出たがります。医者は怪我を治すため休ませることを主張します。スポーツ医療チームは、プレイヤーの負傷箇所を治療しながら、負傷したところ以外が機能低下しないようにプログラムを考えるはずです。要するに、ワンチームになることは、医療チームが方向性を整えたように、プレイヤーとスタッフリーダーの方向が同じ方向を向いていることに他なりません。

◆一つにまとまれ

「一人で事に当たるな」と戦国時代の武将宇喜多直家は言っています。また「戦いは兵が多いか少ないかで決まるのでなく、一つにまとまっているかどうかである。人数が多いからといって勝利できるものではない」と安土桃山時代から江戸時代初期にかけての武将立花宗茂が言いました。戦国の多くの武将も、現代のチームアドバイスにも通じるような格言を残しています。

さて、会社を「チーム」として考え取り組むことを前提に考えてきました。二〇一九年日本開催のラグビーワールドカップでは、色々なチームからセレクトされた一流の選手たちが、ジャパンのチームを結成して臨みました。考え方や連携やフォーメーションなど新しいまとまった一つのチームを作るためにも「ＯＮＥチーム」というスローガンはピッタリだったと推察します。

その盛り上がりで、会社の中でも、「ワンチーム」という声掛けは大きくなりました。しかし、仕事の内容やシステムの変化は見られず今まで通りです。

会社では単なるモチベーションの高揚を図っただけのように感じています。ワンチームになるべく意識改革して、実践で最高のパフォーマンスができるようチームスキル習得に努力する過程に意味があるのです。ワンチームと叫んでいれば勝てる、纏まると勘違いした会社のリーダーも少なくないかもしれません。

スポーツのチームというものは勝ちを目指して戦うために作られたものです。たくさんの責任と役割、協力、制限が要求されます。もちろん医療チーム、コンディショニングチーム、情報チーム、広報のチームが存在しています。このチームが大本のワンチームで動くには相当の意識改革と連携が必要なはずです。会社が勝つために「ワンチーム」を本気で掲げるならば、何に勝つのか、ゴールは何処なのか。役割は何か、どう連携していくのかを話し合って、共有し合ってスタートするべきです。

そこで、チームで勝つためにすべきこととして、沢山の項目と内容があります。自分の仕事と重ねて考えても、小さな基本をきちんとやって、要求される戦略にあわせて組み合わせていくことを考えなければなりません。

一つの新しい考えとミッションに、今より倍の仕事量となっている現実が評価されていないことを指摘した部下に、上司は、「ワンチームなのだから」とだけ回答した悪用例があります。海外への派遣でも危険地手当がでたり、業務の立場によっても評価や報酬も異なるはずです。よく吟味されず、「ＯＮＥ」の意味を全てが同じ条件と取り違えたりしているリーダーは、「一つになれ」とか「ワンチーム」と言う言葉を使う資格はありません。

◆切磋琢磨

良き仲間と技術を高め合いながら共に成長していくことが理想です。そのような過程を表した言葉に「切磋琢磨」があります。これは、自分自身が努力を重ねることで、学問や道徳や技術を磨くこと、友人どうしで励まし合ったり、競い合ったりしながら、互いに向上していくという意味があります。

この言葉の由来となっているのは孔子が編成したと言われる中国の詩歌集『詩経』です。この中の「衛風淇奥」という篇に「如切如磋、如琢如磨」という一節があります。「切する」とは切り刻むこと、「磋する」は研ぐこと、「琢する」は打つこと、「磨する」は磨くことです。

社内で仕事の成果を競争して士気を向上させる時代がありました。競争することで技術が切磋琢磨されることもありますが、その成果や求めるものが利益中心であれば働くことそのものに魅力が薄くなっていくこともあります。また、単に利益だけを求めた社内競争の弊害は、社内にライバルを見つけると足を引っ張ったり、口の上手な者、要領の良い者が出世するなどの様相も想定できます。

部署や役割が線引きされている時代ではなく、チームとチームが交錯して、チームを掛持ちしなければならない時代です。むしろ、自己評価をきちんと持ち理想の自分と切磋琢磨が望まれる時代なのです。「勝ち」と「負け」の価値体系を越えるものが生み出される環境が、質を高め文化を作り上げるものです。

勝ちを目指す過程をフェアプレーの中で評価し、讃えあいながら自己を高めることが大事だと考えます。わかりやすく言えば、社会全体が喜べる「勝ち」への過程を競う働き方でありたいものです。

Ⅷ 映える立ち姿と背負った責任

プレーヤーは色々な経験を積み重ね、やがて指導や監督をする立場の人のリーダーへと育っていきます。リーダーとは、進むべき方向を指し示したり、牽引したり、管理をしたり、責任を負う人のことです。その仕事の内容には、立ち入ってはいけない役員スペースエリア以外の全てを担いますが、仕事の範囲が何処から何処までと線引きできないところで働いています。

小さい集団のチーフのリーダーもいます。管理職も含む大きな集団のまとめ役のリーダーもいます。部署の上司もリーダーです。社員が少数精鋭で全員がリーダーという場合もあるかもしれません。とにかく、要の仕事です。常に全体視でき、ブレない人です。

構えが、堂々として、美しくもある立ち姿は、部下・弟子の我々には頼りになる存在感を感じさせます。強風の中でビクともせずに立っていられるリーダーの姿を追います。

◆魅力は立ち姿

学生時代、アルバイト先の大衆割烹のご主人法月氏に連れられて、未明の築地に仕入れに行ったことがあります。主人はセーターに長靴、買い物籠一つです。むしろ後ろにくっ付いて歩く私の方がそれらしい出で立ちでした。しかし、人混みを進んでいくのですが、なぜか主人の前の人混みが割れて道ができます。その後ろの私は前からくる人の肩で飛ばされてしまいます。「どこ見て歩いてんだよ」と言われてしまいました。その主人の背中や立ち姿が大きく見え魅力的でした。立ち姿は、言葉はなくともその世界で通じる名刺なのかもしれません。

会社でリーダーという名刺を持てたのは、個人の能力や業績が評価されたことです。しかし、これまでの個人として成果をあげてきたことと、これから組織を導き、結果を出すことでは求められるスキルが異なります。理論的にわかっていても、本質的に人間的な魅力がなければ、人は寄ってきません。その魅力は、人としての引き付けられる強さであり、手を差し伸べるやさしさと全てを受け入れる懐の大きさ、そして、自分への厳しさだと思います。

今までは、歯を食いしばって重い荷を持ち上げて前に進んでいたような仕事でした。しかし、これからは、重い荷を持って歩く部下の進む方向の障害物を取り除いたり、転ばぬように支えたり、ギブアップしそうなところで時には荷を一緒に持ってあげたり、荷物で先の見えない部下に、「そこを右」と指示したりする仕事です。地道に部下が動きやすいように段取りをする役です。表だって目に見えにくいことも多々あります。

指示をしなければ進まない仕事が多いので、つい、威張り、偉ぶりたいものです。自分の存在を目で見えるようにしたくなります。しかし、リーダーとして仕事を邪魔するものは、その「おごり」です。おごりのない背中こそが大きく魅力的です。姿、形は同じでも中から湧き出る魅力に人はついて行くのです。また部下はその姿を見て信頼していくものです。結果、信頼を得れば、自分の仕事の力は数倍になります。

何のために自分はここにいるのかを探しつつ、ブレずに一歩一歩進むことです。リーダーになったから自分が華やかに目立つのではなく、コツコツ努力し全体をスムーズに動かして回わりを輝かせることに徹するのです。

絵の中の文字は［心は丸く、人は大きく、己小さく］と読みます。結果として、必ず自分が輝くことになります。

◆リーダーシップのシルエット

リーダーシップを発揮してこそ真のリーダーの証です。そのリーダーシップとは、組織で定められた目標や目的を達成するために、自らが集団の中に入り込み、メンバーを導く能力を指します。リーダーシップの共通定義はビジョンと結果を有していることであり、行動や創造を中心とした役割を担うものとしています。

リーダーは、目標の実現のために必要な秩序の創造や長期的な見通しの発見と新しいことへの挑戦をします。また、人々を惹きつけて、全体を先導し、信頼される人格を有しています。当然、その信頼を得るための要素の一つとして誠実さが欠かせません。

リーダーシップには、組織・チームが、どこに向かうべきかを示すコンパスのような役割が求められます。部下やチームメンバーの信頼は自らの模範となる行動で得られやすい傾向にあります。また、規則や秩序作り、適切な人員配置、意思決定プロセスの可視化など組織全体の整備もリーダーシップに求められる役割です。

マネジメントと明確に異なる役割が権限委譲による補佐です。リーダーシップを担う人は、チームメンバーを管理、統制するのではなく、責任を明確にし、チームメンバーに権限を委譲した上で、彼らを補佐することが大切です。

チームメンバーが主体的に動ける体制を構築し、自らは補佐の役割に徹することが集団活動のパフォーマンス向上に役立ちます。自ら最前線に立ち、組織やチームを導いていく以上、リーダーシップを担う人は最後まで諦めてはいけません。仕事を進めていく上では、困難な状況や想定外のトラブルは付き物です。そんな時でも、リーダーシップを担う人がブレないことが大事で、どんな困難な状況においても、必ず達成し成功するという気位が必要です。

リーダーシップに必要なことは、人としての魅力と先見性があることです。先動力に長ける人、影響力のある人は、人間的な魅力がある人です。そのため、人間性や人柄を醸成する必要があります。その人間的な魅力が求心力となります。また、新たなビジョンや目的地を示すことができる先見性が試されます。時代の変わり目や経済の流れを汲み取り、次の需要を的確に把握できる力こそリーダーシップに必要なスキルといえるでしょう。

◆尊敬されるリーダーの横顔

真のリーダーは尊敬されています。

尊敬される人はいつでも正直で誠実です。嘘をついたりはしません。自分に不利になることでも、必要があれば正直に話します。その上で何かトラブルが起これば、解決しようと誠実に努めます。そして、いつでも穏やかで感情をコントロールできる人です。何かが上手くいかないときでも癇癪を起こして叫んだり、怒鳴ったり、物に当たったりしません。自分の間違いに気づけば、それをすぐに認めます。

自分の正しさを主張して、周囲に対して攻撃的になっているリーダーがいたとすれば、良いリーダーとは言えません。

周囲の人や状況の改善に役立つのはどんなことかに的を絞り、一番大事なことを決めます。例えば、重要な仕事があったとしても、家族に何かあればそれを差し置いてでも駆けつけるなど、基本的な人間性に関わる部分での優先順位の価値観が明確です。自分で善悪の判断ができ、周囲がどんなに誤魔化そうと、不正を見抜くことができます。大事なことを良心に基づいて決められるため、正しいことをするために全力を尽くします。保身のために不正に流される人は、尊敬を勝ち取ることは決してできません。

分野を問わず物知りで、世界中で起こっていることに敏感で、幅広い分野の知識があるのも、尊敬される人の特徴です。芸術やスポーツ、政治、宗教など、知識の幅が広ければ広いほど、アドバイスを求めてくる人は増えるはずです。それが交友関係を広げるきっかけにもなります。

誰かについての悪口や愚痴を言ったりはしません。たまにそういうことがあれば、すぐに自分の言葉について謝ることもできます。

また、重要な場面で責任をとれます。例えば自分の部下がミスをしたときに、部下には直接注意をしつつ、上司として責任を取るべきところはしっかり取れる人です。みんなが引き受けたがらないことを引き受けて、最後まで責任を持つ強いリーダーシップも、尊敬される人の特徴のひとつです。ミスがあったとしても、ポジティブなセルフイメージを崩すことはありません。まずはあなたの周りにいる尊敬できる人を思い浮かべて、この項目に当てはめてください。理解できると思います。

◆遠山の目付でマネジメント

遠山の目付とは、「リズムの狂いを見つけて助言」の項（P一一二）で説明しましたが、目を細めて、遠方の山を見るような見方をし、相手のつま先から相手の頭の上までの全体を見て取る見方の方法です。組織のリーダーも全体を俯瞰してマネジメントを行われなければ意味を成しません、そのマネジメントとは、目標や目的の達成に向けて、組織に必要な要素を適切に分析・管理を行ない、集団活動の維持や促進を担う能力を指します。

リーダーシップの定義が行動や創造を中心としている一方、マネジメントの定義は目標や目的を達成するための手段の模索や管理が中心です。具体的な内容として、組織に属するメンバーの管理、前例の模倣、短期的な見通し、損得勘定、現状の認識、規則や秩序の遵守、戦略立案などが挙げられます。

『マネジメント』（ピーター・ドラッカー著）によれば、社会と個人がより大きな相互関係を維持し発展させるものが組織であり、その組織を機能させる役割がマネジメントと定義しています。ですから当然、大企業の部長や課長などの管理職、管理者、現場を統括するマネージャーに求められる能力ということになります。

そのため、論理的な思考や現実的な視点が必要となり、現状を冷静に分析できる感情に左右されない人間性が必要とされます。しかし、論理的思考に偏りすぎて、考え方や行動を制限し集団活動を停滞させないよう注意が必要です。教育現場では、進学実績や模試の平均点、部活での全国大会出場回数のような目に見えるものは別として、人間的成長度を数値化できないことが多く、どのような方法論がいいのか論理的思考がぶつかり合います。それらの論理を否定して教育活動を停滞させないように努めなければなりません。リーダーの役目です。

しかし、会社でも同じことですが、何が正義か判定が難しい時代に、正義を貫きながら勝たねばなりません。組織が打ち出す目標は絶対に幸福感をもって勝つという設定を信じてやり遂げる覚悟でなければなりません。

マネジメントの最大の役割は、目標や目的の達成ですから、定めた目標に対して、いつ、どのように物事を進めていくかという集団活動の推進力を担います。そして、その集団活動の流れを維持させなければなりません。部下・チームメンバーの進捗や現状把握はもちろん、モチベーションや健康管理、規則・秩序の遵守の徹底など集団活動を維持する要素全てを俯瞰する必要があります。

その結果、人員不足やトラブルの発生、プロジェクトの進行遅延などが発生した際には、周囲の協力を仰ぎながら、スピード感をもって調整をしなければいけません。

より実務的な役割を求められるマネジメントにおいては、感情に支配されることなく、原理原則に従い、論理的な判断を行う心構えが大切です。そして、目標の達成、組織・集団の現状把握や維持を担う役割があります。そのため、近年、表面化しているパワーハラスメントをはじめ、人事評価が上司の感情や好き嫌いにより行なわれることは珍しくないと聞きます。マネジメントはそういった個人的な感情を抜きにして、自分自身の役割を担わなければ、組織やチームの崩壊を招いてしまいます。

このマネジメントに必要とされる代表的なスキルが管理調整能力です。現状を把握し、集団活動を維持していく任務があります。そのため、目標達成に必要なタスクの洗い出し、計画、経営資源の確保、組織能力の仕組み化、チームの最適人数の計算など論理的思考に基づいた管理調整能力が求められます。このスキルを獲得するために、企業もあらゆる手段を活用しています。

リーダーシップやマネジメントを担う人材に共通するのは自立型人材です。そのため、既に主体的にリーダーシップやマネジメントを発揮している人材の下で、人材教育のセミナーなど設定して、スキルアップを図っています。もちろん、これらのスキルは書籍でも学ぶことができますが、仕事の現場で直接学ぶことにより、実践的なスキルを身につけることが可能となります。だからこそ、上下なしのコミュニケーションは、学び合いながら新しいスキルを獲得する大事なスキルです。

魅力ある、自立した、生への哲学を持った、教えることのできる能力を備えた人材の確保や育成が急務となっています。具体的には『七つの習慣』（スティーブン・R・コヴィー著）の言う第二領域の趣味が長い目での教材と私は考えています。

しかし、働く場において、この領域（コーヴィの趣味や学びの領域）を設定し開拓するのが一番良いと思いますが、その時間に給料を払うこと、成果が目に見えないので評価ができないことの難問の為に一歩前に踏み込めないのが会社の現実です。

◆背中にリーダーと書いてある

若い頃に教師の自分が重い責任のある立場の仕事をしているなどと思いもしませんでした。周りが先輩ばかりで、只々、先輩に追いつくことだけを考えていたように思います。

仕事をしていくうちに色々な問題に直面します。私の場合、その場面毎に悩み、そして上司から教えられながらなんとか問題をクリアしました。その難題に直面することを重ねるたびに、「教師」という立場を認識し始めました。間違いのない道を指し示さなければいけない責任の重さは、年齢を重ね、経験を積むごとに大きくなりました。親は子供の夢を実現できることを信じて指導者に託しています。だからこそ責任も大きい立場なのです。私自身は教育現場という組織の中で、失敗も多く経験しながら、先輩教師のリーダーシップによって、働く大人として、また一人の人間としても段々と育てていただいたと認識しています。

そこで学んだことを今度は自分がリーダーシップを発揮して、みんなを幸せしていく時代が来るのです。夢を持たせることができます。日々感動し一緒に生きていけます。さらには、自分にはできない世界平和を実現できる人を育てることができるかもしれません。やりがいのある立場です。

しかし、様々な要因のねじれによって結果が、その逆になってしまうこともあり得ます。

教育は教えられたように教える方法論を基本的に持っていますが、コンプライアンスの時代背景で、やりすぎると自分が苦しむことになる時代になりつつあります。つまり、常にその時代にマッチした方法論を学びながら教えていかなければなりません。企業の場も同じ働く組織であり、夢を持った若者を育てるところですので、同様の事が言えるのではないでしょうか。昔の方法の良い所を前面に残し、悪い所は捨てさり、より良い方向を示すのがリーダーの役目だと思います。

リーダーの条件と仕事の要点をまとめますと次のようになります。

- リーダーが及ぼす影響力が組織の機能へ貢献し、その影響力をメンバーも自発的に承認し、行動できること。
- リーダーとメンバーの利害の一致、または行動方向の一致、または行動方向の共通性を前提とする人間関係であること。
- リーダーはメンバーの集団的感情を早く察知して適切に処理すること。
- リーダーはメンバーの個人的行動を集団的行動に貢献するように滑（なめらか）に切り換えさせること。

そのあり方に信念を持っている人の背中には、誰にも見える「リーダー」という文字が書いてあります。

◆常識

偉人の伝記などを読むと、常識にとらわれるなという意味の名言がとても多い事に気付きます。

たとえば、松下電器、今のパナソニックの創始者松下幸之助氏は、「時には常識や知識から解放され、思い付きというものを大切にしてみてはどうだろうか」と言っています。

幻想即興曲で有名な音楽家のフレデリック・ショパンは、「常識というが、これは非常に小さな要素に違いない。というのは常識が僕の頭からすべての他の考えを引き出すほど強力なものではないのだから」と言っています。

相対性理論で有名なアルベルト・アインシュタインは、「常識とは十八歳までに身につけた偏見のコレクションのことをいう」と言っています。

発明家、トーマス・エジソンは、「大事なことは君の頭の中に巣くっている常識という理性を綺麗さっぱり捨てることだ。もっともらしい考えの中に新しい問題の解決の糸口はない」と言っています。

太宰治は「常識はいいものである。これには従わなければならない。けれども常識は十年で飛躍する」と。

常識はもともと相対的な見方で、大多数の考えを常識としています。しかし、常識かそうでないかが分からない時代です。常識が分からなければ、非常識もわからないのです。偉人達の言うように、一般的な考えでは新しい光は見つけられないことは賛成です。それが、社会への反抗的な行動にならないように考えたいと思います。つまり、常識は認めたうえで、非常識の中の真実から目を離さない姿勢が大事と思います。

若い人たちは、これからいろんな世代の人と出会っていきます。だからこそ、世代を超えて一人間として理解しあう姿勢が大事と考えます。心理学者アドラーは、人生は、仕事、交友、愛の三つが順調であれば、うまくいくと言っていますが、異世代の人とは、この三つの価値基準に当然、温度差があります。だから、古き者と新しき者の縦軸、自分を取り囲む環境相互の横軸で計りながら、共通認識設定をしていくことが問われているのだろうと思うのです。

偉人たちの言う常識を超えた新しい発想に、多くの人たちがそれに賛同していけば、それもいつか常識になるのです。この共通価値観を作っていくことが、常識を持った人を育てるということです。

◆会社員の前に紳士淑女たれ

剣道の試合会場に行くと、指導者と思われる人達が集まっている輪には、横も通れない威圧的なオーラがあり、簡単には近づけないものがあります。

その指導者の在り方についての話です。競技のスキルを選手に上手に身につけさせることの他にも社会的に大きな使命があると思うのです。

世界はスポーツを媒介として平和になろうとし、理解し合おうとしていています。ですから、スポーツの指導者自身が、社会で認められ、あるいはそこに居るだけで色々な人が引き寄せられる集団へ変化していくことが大事だと考えます。まして、感染症は落ち着きを取り戻す傾向ですが、コンタクトスポーツに進んで取り組むリスクが大きく、競技人口の減少があったと聞きます。リスクを感じながらでもやりたいと思う魅力的なものでなくてはなりません。

その要素の一つは指導者の魅力的な姿だと思います。

結論から言うと、スポーツの指導者も会社のリーダーも皆が憧れる紳士・淑女であるべきと思うのです。それを社会が求めているからです。

紳士（gentleman）の概念を明確に説明することは難しいとされますが、元々紳士とは、生まれながらの良家の出身であり、古代ローマ人から美徳とされた約束を破らない人であり、逆境や苦痛にあっても表情を崩さない人のことを言いました。また、思慮にとんだ話しぶりと礼儀正しさを有する人であり、弱い者、とりわけ夫人と小児に対する顧慮があります。つまり、騎士道の中心的性格を持った人のことを言いました。

これらの源泉を離れて、紳士の理想像は長い年代を重ね展開してきたもので、おそらく、一九世紀を通じて、イギリスのパブリックスクールの中で形造られたものとされています。紳士像は発生的には、前述の通りですが、長い年月の中で、社会奉仕できる人であったり、ユーモアのセンスがある人であったりと、「生まれプラス善い行い」と変化してきています。そして現在、家柄も関係なく誰もが「紳士」になれる時代に変化しました。

十四世紀にイングランドには詩があり、誠実・慈愛・自由・勇気のうち三つを欠くものは紳士に値せぬというものでした（『紳士道と武士道』参考トレーバー・レゲット著）。

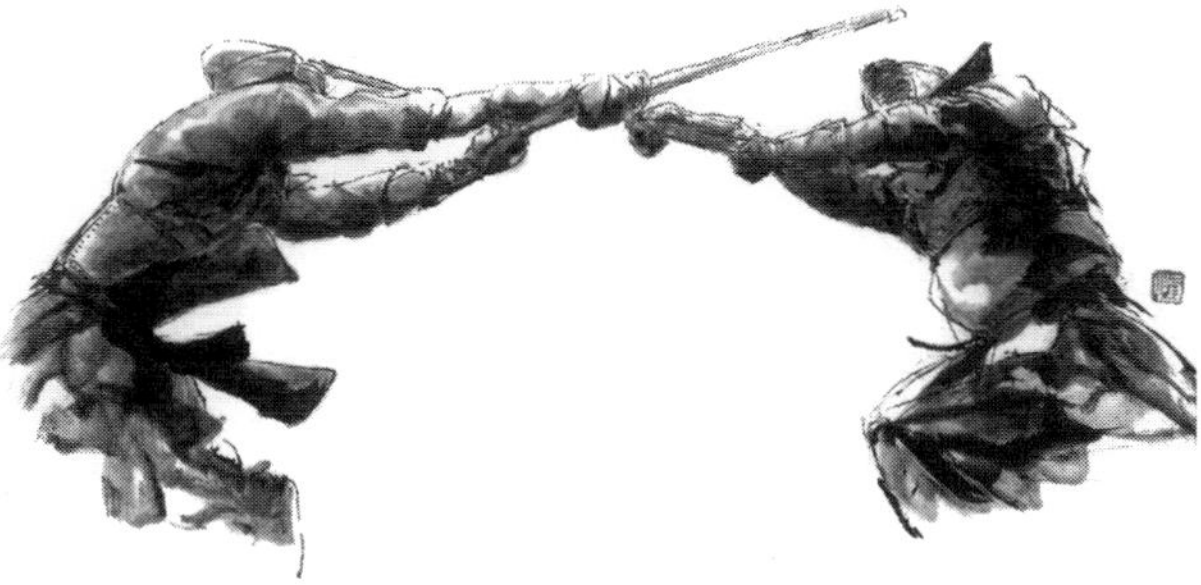

これからの時代は、今まで以上に国際社会と一体となって進まねばなりません。だからこそ、誇りある武士の心根を紳士的に伝えてほしいと願っています。特に、企業戦士は試合場を離れても社会のリーダーであり、師となるべき存在と考えています。

現実、国際剣道の発展を見たときに、現地企業の日本人によって剣道が伝えられ、国際交流の懸け橋になっている方が多くいらっしゃいます。その人たちが紳士、淑女であるから日本人全体が海外で尊敬されていることを私は知っています。

◆偏見を跳ね返した快挙の裏側

飛びぬけた能力と、また努力と耐え抜く精神力が、鋼鉄のような偏見や差別をも打ち砕いた黒人初の大リーガー選手とＮＡＳＡの管理職になった人たちの話です。

「永久欠番背番号四二」の黒人初の大リーグ選手のジャック・ルーズベルト・ロビンソン選手（一九一九～一九七二年）は、カンザスシティーモナークス、ブルックリンドジャースで活躍し多くの賞を取りました（厳密にいうとＭＬＢの体制が整備される前の一八八四年にモーゼス・フリート・ウォーカー選手が最初ということになります）。また、ＮＡＳＡを支える黒人女性は有名です。キャサリン・Ｇジョンソン氏は数学的計算能力が抜群で、計算施設に彼女の名を冠し、九七歳で大統領自由勲章を受章しています。メアリー・ジャクソン氏は全米初の黒人女性航空技師であり、ドローシー・ヴォーン氏はＮＡＳＡが誇る天才でＦＯＲＴＲＡＮ（プログラミング用語）の天才的専門家で黒人初の管理職になっています。

偏見や差別を受けたほんの一例ですが、ロビンソン選手は、遠征先のホテルやレストランを同じチームメンバーから拒否されたりしました。ジョンソン氏は違うビルの専用トイレを使わなければならない差別を乗り越えなければなりませんでした。その根強い社会の慣例までも変えたのには、信念と努力を感じずにはおられません。『ドリーム』という映画で知る限りですが、そこに至るには、個人能力のほかに、私が注目したのは、データをしっかり見て、偏見を捨てて引き上げた上司がいたことも大事な要素と思います。リーダーは大きなスパンで物事を俯瞰し、大いなる能力の人を潰してしまわないよう育てねばなりません。

◆交剣知愛

剣道の修行のあり方、求め方を表した「交剣知愛」と言う言葉があります。交剣知愛（こうけんちあい）とは、「剣を交えて、おしむを知る」と読まれ、剣道を通じて互いに理解しあい人間的な向上をはかることを教えた言葉です。愛はおしむ（惜別）、大切にして手離さないということを意味しています。あの人ともう一度稽古や試合をしてみたいという気持ちになることです。また、そうした気分になれるように稽古や試合をしなさいという教えを説いたことばです。

企業では、リピーターを増やすことの原点がこの意味に合致します。企業実績の向上の一つの方法です。クライアントが、尊敬の念をもつような仕事、面白い、豊かになれるという気になれば、もう一度お願いしたいとなるのではないでしょうか。

稽古での愛の剣道について、筑波大学剣道部初代部長の今井三郎範士は次のようなことをいつも述べられました。「ほんのちょっと上であればよい。相手が二段であれば三段で、六段であれば七段で稽古すればよい。打たせて打つ。最初は打ち、最後を打たせて終わる。本当に打たれたように打たせる。卑怯な手を使わない。縁を切らない。自分勝手にしない」です。

そうした中で交剣知愛という言葉は生まれていきます。

◆ 拘り（こだわり）

私は墨で剣道の絵を描きます。面をつけた人の後ろ姿をよく画くのですが、面垂れの垂れ下がりの角度に拘ります。半世紀前は肩が見えるくらい面垂れが跳ね上がっていました。今は肩が隠れ下に緩やかなカーブで落ちた曲線がかっこいいと思います。ですから、最初にその曲線が描けなかったら、その絵を先に進めず、新たに書き始めます。

どうしても譲れないところなのです。納得しない最初の線のまま仕上がったとしても最後はやっぱり喜べない心が残ります。続けている途中もすっきりした気持ちで進めないのです。悟りの境地のように、そのこだわりを持たないほうが良いのはわかっています。しかし、その拘りで、ブレが無く前へ進んでいけることも事実です。

この拘りという言葉は主に信念や譲れないものを指して用いられますが、本来は、考え方が一つのことに縛られてしまっていることを意味する言葉です。他の様々な考え方や選択肢がある中で、あえて一つのことしか考えないという意味の「拘泥」が語源で、本来は悪い意味で用いられていましたが、次第に良い意味で用いられるようになったとされています。拘りの類語には、一般的な意味の類語には「信念」「意地」「頑固」などが挙げられます。私の出身地の熊本県には「肥後もっこす」という頑固者を意味する言葉がありますが、私は、意地のある、こだわりのある、ブレないなど良い方のとらえ方をしています。

また、カタカナ語として一般的な「policy（ポリシー）」も近いとされますが、ポリシーには「拘り」の本来の意味のように悪い意味は含まれません。芸術家に限らず、拘りを持って仕事をしている人が多くいます。必要以上に気にするとかの意味もありますが、物事に妥協せずとことん追求するという意味もあります。

ここで言う「拘り」を分かりやすく言うと、「お昼ご飯はカレーでいいや」ではなく「○○のカレーがいい」と主体的になってほしいということを言いたいのです。

◆羞恥心

部下を指導する時、部下のプライドを傷つけない場面設定が必要であることは述べました。一般的になぜそのような配慮が必要かというと、皆、羞恥心が生じるからです。羞恥心（しゅうちしん）、恥、恥じらいとは、対人場面における何らかの失態の結果や、失態場面の想像によって生じる対人不安の一種です。

羞恥心が生じる重要な要因として、他者から期待される役割やイメージからの逸脱があります。人間には所属欲求があり、所属した社会から排斥されないために、公的な自己像からの逸脱をコントロールしようとします。羞恥心は、他者からの期待や信頼に背くなど、社会からの排斥を想像させる苦境場面に自己が置かれていると認識することによって喚起される、生得的な警告反応です。この期待と現実のギャップによっておきる反応は、逆に、他者からの期待が現実を大きく超えた賞賛などでも生じます。

罪悪感ないし羞恥心は以下の四つの尺度に分類されます。

①自己の存在が取るに足らない物と感じ、自己を否定したいと思う（全体的自己非難）。

②恥を感じる状況から逃げたい・恥を感じた記憶を消したいと思う（回避・隠蔽反応）。

③自分が周囲から孤立したと感じる（孤立感）。

④人に見られている、人に笑われていると思う（被笑感）などです。

自己意識的で否定的色彩があることなど共通する要素が多く、社会的行動に影響を与える感情として、羞恥はしばしば罪悪感と比較されます。罪悪感が自己の起こした特定の行動の相対的評価を問題視するのに対し、羞恥心は自己全体への否定的評価を問題視します。

自分が社会的なルールや常識を知らないで、ルールに違反してしまったり、自分が望むだけの成果を上げられなかったりした場合に、自分の身の置き所がなくなり、自身の内にこみ上げてくる感情・情動のことと解されています。

例えば、幼い子供であれば、トイレに行くのが間に合わず、お漏らしをしてしまったり、また思春期前後の世代では空腹時の腹鳴が周囲の人に聞こえてしまったり、スポーツの技量などで友達に力が及ばなかったり、集団の中での自己にいきなり焦点が当てられたりと言ったような場面で、この感情が出てくることがあります。この感情は、集団の中の自己を意識するようになって初めて生まれてくるものです。

◆自由感のある設定

自由という言葉は、開放的でノビノビしており子供たちが最も好む言葉です。部下やプレイヤーの閉塞感を解消していくのには、仕事の中に如何に自由度を盛り込むかが大事なことです。

日本語における今日の「自由」という概念は、西洋的なlibertyやfreedomにあたるものを指していると言えるでしょう。ではlibertyやfreedomとは何かというと、端的に言えば、どちらも制約されていないことの意味です。ですから、自由とは、それまで自分を縛っていたものから解放されることというのがオリジナルの意味であると言えます。

自由には二つの概念があります。一つは、支配・干渉を避けるというもの、もう一つは自己決定に関わるものです。この二つの自由は、本人が自分の意志で得たものでなければむしろ不自由となります。そして、常に実践にかかわるものです。単に、自由とは言っても、自分にとって何が自由であるかは自分で決めるものであり、自分で感じるものであり、その上で自分で実践するものであると思います。自分がどのような状態でいるかを自分で決められる状態です。そして、自由とは絶えざる実践の中でダイナミックに現れたり消えたりするものであり、それは常に自分の問題なのです。

さて、剣道の修行においては、自由なやり方は、自己満足の世界への片道乗車券であることを忘れてはなりません。半永久的な自由が自分を向上させる薬とは考えづらいものがあります。また、師匠と自分の稽古の価値観が違っていては、最終的に自分の感じる自由感は違ってきます。だから、ある制約を受けながら攻め入り、一つの機会に自由を求めて技を解き放つ機会と場面を師は教えてくれるのです。

つまり、仕事で上司が部下に仕事を任せる場合に、自由感を盛り込んだ内容を与えるのが良いとされますが、価値観を共有しながら、自己満足にならないようにいつも見ていなければ、企業の仕事は成立しないのです。

押しつけられる、こうあらねばならないという制約があったとしても、その中に少しでも裁量権や選択権をあたえられた仕事は、全く意欲がなくなることはないと思われます。だからこそ、任された側は責任を感じて真剣になります。最初は、心配でいつもチェックしに行く時があったり、任された側の質問が多く自分の仕事のタイムロスが生じますが、そのうち、生き生きとした仕事ぶりが見えてきます。

◆笑顔のミラーリング

笑顔についての第三弾です。リーダーとなると、なかなか笑顔になることもできない時が多いものです。笑顔になれないような苦しい時こそ無理をしてでも笑顔を作ることはとても大切なことです。

笑顔には、心身に対して様々な良い効果をもたらすパワーがあり、無理をしてでも笑顔を作ることで自然と立ち直ることができると考えられています。ミラーリングとは、好感を寄せている相手の仕草や動作を無意識の内に真似してしまう心理現象のことです。ですから、相手に対して常に笑顔を向けていれば、相手も自然と笑顔で返してくれるのです。自分が笑顔でいることにより相手を笑顔にし、その場全体を明るい雰囲気にすることができるのです。特に電話だと相手に顔が見えないので、特別に笑顔を意識しなくても良いと思いがちです。その認識は改める必要があります。実は、人の声の調子や音程は表情によって変わるので、相手に与える印象も変わってしまうものなのです。声のトーンを上げて明るい印象を与えるには、口角をあげて話すのが効果的です。そのためには笑顔を作るのが一番良いのです。笑顔で話す明るいトーンの声は、相手の緊張を和ませ安心感を与えます。そうすることで電話先の相手と良いコミュニケーションを取ることができ、仕事をスムーズに進めることができるのです。顔が見えない相手だからこそ、笑顔がとても大切なのです。

さて、集団への笑顔の効果として、笑顔が周囲に伝染する「つられ笑顔」の効果については前にも話しましたが、家庭においても同様です。子どもの笑顔は一日になんと四〇〇回にも達するということが研究で分かりました。そのように、家庭の中で絶えず笑顔でいてくれる子どもがいることで、家庭に笑顔の効果が伝染し発揮されていくのです。ですから、親である大人が笑顔で子どもを育てることで、子どもも絶えず笑顔で過ごすことができて心身ともに強く育っていきます。

積極的に笑顔を作れば、自然と気持ちもポジティブになっていくのです。リーダーの笑顔はメンバーに安心感を広げていくのです。

また、商品の売り上げと笑顔の相関について研究したグループ報告では、人は販売員のセールストークや商品知識でモノを買っているのではなく、販売員の笑顔が購入の決め手になっているとのことでした。真の笑顔は商品の売り上げに無関係ではないばかりでなく、心身の健康が幸福度に繋がる他、信頼関係を築いたり、助け合うことが円滑になります。

◆使命感での支え

学校の教師の仕事の中で特に忙しい時期は学期末、学年末でした。企業でも年末や決算期に忙しいのと同じです。どのような仕事かと言うと、まず通知表というものがあります（担任の時）。教科成績や生活のコメントが記載されたものです。私の場合、学校の担任のほかに寮生の記録（寮生の通知表）、学年通信、寮生の保護者あての通信の原稿書きなどがありました。この時期は、ちょうどスポーツ大会などの行事もあり、体育教師の私は、通知表のコメント欄に書き込みを始めるのは終業式の二日前からです。出席日数など直前まで書き込めないからです。コメントなどは前もって別ノートに整理しておきますが、当然二日間の夜の時間だけでは足りません。終業式当日の朝までかかるのは察しがつくと思います。このことを、辛いと思ったことはありませんでした。行事にかかわらない教師は実務処理に早く取り掛かっています。遅れてスタートしても、早く仕上げてみせるという自分との闘争心があったように思います。朝早く職員室に行き出来上がった寮生の記録（担任印が必要で担任から生徒に渡されることになっていた）を担任の机に一番に置く時は優越感がありました。生徒の為に仕事を仕上げるというより、教師としての責任感でした。同僚の教師（担任）の仕事が滞らないようにとの思いでした。これも仕事の一部というよりは教育に携わる者の使命感の方が強かったと思います。

このように、時間を追加してやらねばならない仕事を残業と言います。残業のないことをうたっている会社もありますが、仕事の連携行為として、普通に行われている行為です。スポーツにおける自己犠牲的な戦術を述べましたが、「自己犠牲」という言葉については、犠牲という言葉が先行して、ネットなどでは批判的な意見があ

ります が、残業は自己犠牲ですが、自己犠牲が残業ではありません。

誰も自分の時間は欲しいものです。その中で、犠牲的に仕事を務めている人は確実にいます。夜遅くまで残って仕事をしていることもあります。自発的な就業だけではありませんが、期限のある仕事への使命感です。

学校でも、学年末に限らず規則通りの勤務時間では収まりません。時間が過ぎても、職員室では問題を抱えた生徒の話を聞いている教師がいます。明日の行事の荷物チェックをしている学年の教師がいます。報告書と通信原稿を作っている学年主任がいます。皆が帰るまで待って安全確認をしようと待機している教頭がいます。このように表には表れない責任と使命感を持った人たちの努力があるのです。

命を守る病院や介護の施設などでは、時間通りに事が終わらないことばかりと推察します。組織の中では少なくとも誰かがやらないといけないことがあります。

隠れた努力をどこか誰かがしているのです。だから全体がスムーズに流れているのです。誰が教えるわけでもなく、組織はこのようなものなんだと自然と覚えてきました。大手企業ほど夜遅くまで残ったりして仕事の区切りをつけ、修羅場を何度もくぐって来ているからこそ強いと聞いたことがあります。なぜそうするかと言うと、内容の濃さ、丁寧さに欠けることを許さない責任感がそうさせるのだと思います。その思いが、組織を支えているのです。だからと言って残業を押しつける時代ではありません。生成ＡＩによって残業などなくなる時代が見えています。使命感は残しつつもバーンアウトしない、タイムマネージメントがしっかりした新しい働き方の型を作り上げなければ、この先で流れに乗り遅れることは必至です。トップリーダーは、今現在のプレーヤーたちの使命感に甘えるのではなく、むしろ高い評価を示すべきで、それが真の平等というものです。

Ⅸ わざの自得と鍛錬

「技」の中に心があること、その技を何度も繰り返して、身体で覚えることを話しました。

若き剣士の技は、勢いとスピードがあり、「えっ」と思える場面での勇気ある捨てきりに感動します。

熟練度が超えている先生たちは、その若き剣士を相手に対峙して、得意な技を出させない「わざ」で、まるでマインドコントロールしているかのように操（あやつ）って制しています。

働くという場にフォーカスしても、年代や立場や階層によってそれぞれ求められる技（スキル）の重点度が違っています。

それは、何年も鍛錬され、洗練され完成されているのです。

・・・・・・・・・・・・・・・・・・・・・・

◆リーダーの刃筋と切り口

「刃筋が通る」とか「刃筋が立っている」とは竹刀の打突が有効となる基準の最も大事な要素です。それは、刀で切ろうとする方向に刀の刃先が向かっていることを言います。竹刀であれば、弦の反対側の刃に相当する部分が打突する方向に向かっていない場合は、有効打にはなりません。刀の握り方、指の締め方、姿勢、体のさばきなどが組み合わさって「刃筋」が通ります。

宮本武蔵が柳生宗厳に面談を願い出たとき、手紙に木の枝に咲く花一輪添えました。宗厳はその枝の刃筋が通った切り口を見て武蔵の技量が分かったと言います。

枝の切り口を見て何がわかるのでしょうか。

刃の入り口から出口まで一直線であれば、何かが伝わります。先を見通して迷いがないこと、途中でブレていないこと、切り抜きの力加減に修行の後を見て取れること、勢いがあることを感じ取れるはずです。

仕事の仕方や生き方にも刃筋の通った心が現れるのではないでしょうか。しかし、社会の柵（しがらみ）の中で、勢いよく切れないものです。それでもできるから凄さと魅力があるのです。

リーダーが刃筋を通すためには、目標を達成させるために、正確に刀を振り下ろすことです。闇雲に刀を振りまわせばいいというのではありません。求められている方向に自信と信念が必要です。リーダーはその感覚を自得しなければなりません。

◆前で裁くこと

学校で、生徒の生活上の指導に携わる仕事をしました。この指導には、積極的指導と消極的の二つがあります。消極的指導とは、問題行動が起こった時に速やかに対応して指導する領域の事です。たとえば、暴力行為が発生した時、原因を明確に把握し、保護者と連絡、相談しながら当事者たちを基の路線に戻す仕事です。時には懲戒の処分が出たり、学年の担当と長期の面談をしたりします。事後処理の速さが大事です。積極的な指導は、問題を起こしそうな生徒に、話しかけをし、思いを聞いてあげて、問題行動を思い止まらせたり、回避したりする指導です。表には出ませんが、むしろ、このような積極的な指導の働きかけによって、教育は支えられています。

剣道の場面で説明してみます。剣道の稽古場で若手の名選手が相手の打突をすべて打ち返し、スピードのある裁きで稽古しています。その技はまだ甘いと言わんばかりにはじき返しています。片や熟練の先生は、相手が打とうとするところを竹刀で上から抑え、前に技を出させません。無理に打ってくる悪い打ちを出させず、真直ぐな良い打ちには打たれて見せて指導しています。技を出さない消極的に見えるのですが、相手のよい部分を引き出す前裁きの稽古です。この後者が積極的な生徒指導に似ています。

仕事の場面で考えてみます。ジョブ化の流れに乗って、外資系社員の協力、特別技能所有社員、外国人社員、社員の副業、フェムテックなど、新しい申し合わせが必要な時代だと感じます。ＡＩが進化する中、新しい価値観を持っている人達ですから、働き方改革にあった新しいルールの明確化に着手しなければならない時です。その波に溺れないように、今攻めなければいけません。それが、積極的な熟練リーダーの前裁きの仕事だと思うのです。

◆求められる三つのスキル

リーダーの必須業務は、業務の企画と遂行とその改善、部下の育成、組織に経営理念やルールを浸透させることです。

その仕事を達成させるために、テクニカルスキル、ヒューマンスキル、コンセプチュアルスキルという三つの技法を使いこなすことが必要と言われています。この三つが、マネジメントスキルと言われます。これが、「カッツ理論」です。

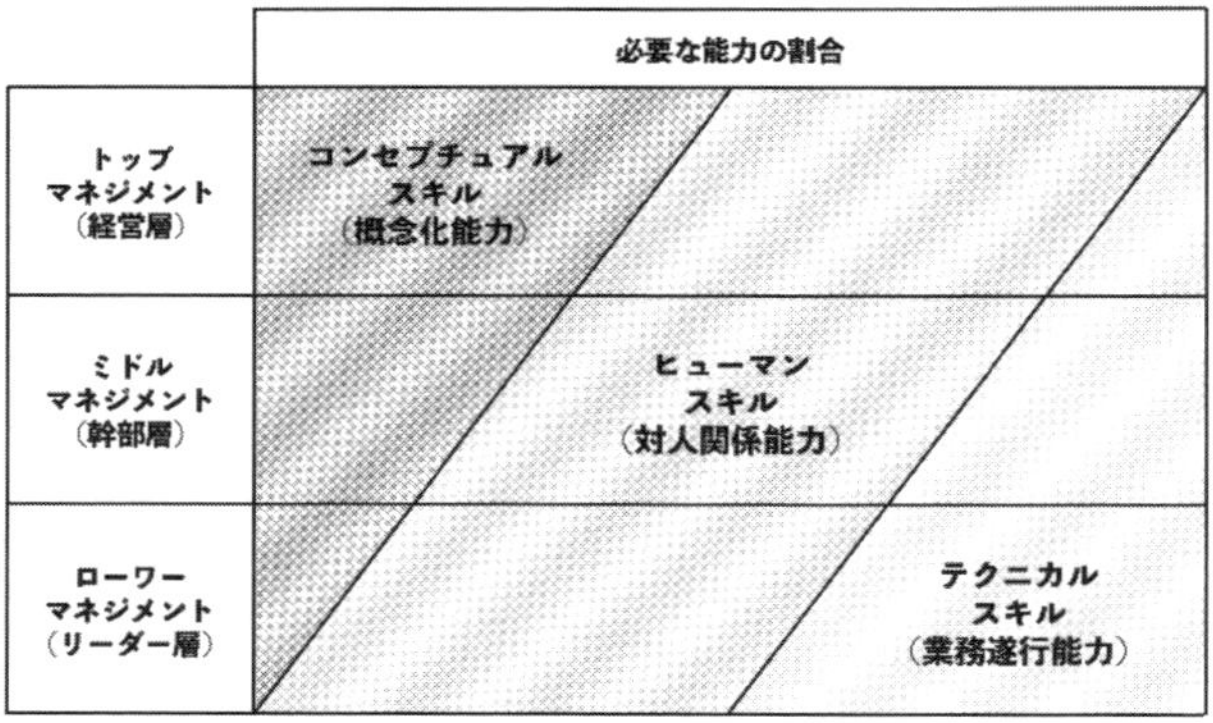

これは、一九五五年にハーバード大学のロバート・カッツ教授が発表した、管理職の人材スキルに関する理論を指します。カッツモデルでは管理職に求められるスキルを三つに分けて提唱しました。マネジメント層にフォーカスを当てていますが、人材育成全体としても同じように捉えられます。図は人材の階層ごとに必要なスキルセットの割合を表しています。

この理論では、人材が現在いる階層によって、三つのスキルのうち、どのスキルが必要かが変わってくると述べています。

しかし、会社の規模や業種によっても更に変わってきます。また、昨今日本の将来は、サービス業に転じていくべきとの話題がある中、人工知能生成ＡＩの進化も伴って、サービス業にロボットが投入されたり、テクニカルスキルエリアでの人工頭脳配備化が予測されます。現職が削られる可能性もありますが、今までできなかった分野まで手が届くようになり新しい職が増える事も予想できます。教育現場でも実務処理は人工知能生成ＡＩが行い、その分を集団一斉指導が、落ちこぼれを出さない手厚い個別指導に転ずる方向も考えられます。

企業では少数精鋭で会社運営が可能になります。つまり、カッツの三つの力の階層別の比重が変化することになると思われます。入ったばかりの新人でもコンセプチュアルスキルとテクニカルスキルが重なったスキルが必要です。そして、ヒューマンスキルのエリアがより必要な職種が拡大すると考えられるのです。

◆テキパキ熟（こな）せテクニカルスキル

テクニカルスキルは特定の業務をこなす能力のことです。目の前のことをこなせる能力と言い換えることができます。営業職であれば、見積書の作成方法に関する知識や営業を高いレベルで実施する能力などがこのテクニカルスキルのことです。文章力はプレゼン資料作成にも必要です。市場理解は周りの状況や自社の製品についての理解も必要です。後輩の基本指導のコーチング力もテクニカルスキルに昨今含まれるようになりました。

どの部署、どの領域でも使用される、汎用なスキルで、実務的処理をスムーズに行い処理できます。今後、語学力も大いに必要とされると考えます。

先に述べましたが、今まで一般社員の領域はテクニカルスキルが多く占めていましたが、人工知能生成ＡＩが取り入れられています。しかし、最終チェックは、やはり人が行わなければなりません。肌で感じる感覚の情報をＡＩに教えるのも人ですから、ＡＩという優秀な部下が増えたとしても、このテクニカルスキルは、形を変えて求められると推測します。むしろ、人工知能生成ＡＩには何が不可能かを学び、どこに人が必要なのかを考え、共存的発想を準備することが大事ではないでしょうか。

◆人を好きになれヒューマンスキル

対人関係能力を指すヒューマンスキルは、円滑に業務を遂行するうえで欠かせないものです。価値観の異なるメンバーと良好な人間関係を築くために、一人ひとりをよく観察し分析し、個々に適した働きかけを行う能力のことをいいます。具体的には、コミュニケーション力、調整能力、リーダーシップ、ファシリテーション力、プレゼンテーション力、交渉力、向上心などが主なヒューマンスキルです。

コミュニケーション力とは、単に会話がスムーズに進められることだけではありません。相手の言葉に耳を傾け、言葉にならない本音を読み取ることが含まれています。近年は対話せずにメールでやりとりも多く、文章を書く際の言葉選びや文面に隠された本心を読み取る読解力や共感力も重要です。また、調整能力は、価値観の異なるメンバー間で意見が対立した時に、折り合いをつけるうえで欠かせないスキルです。双方の意見を聞き、その本音を見極めつつ、組織にとって最善の解決手段へ導くのが基本です。また、重要な局面で的確にジャッジできる判断力も含まれます。後に述べるコンセプチュアルスキルの前段階としてのスキルの内容を含んでいます。

ファシリテーション力は、集団で行うプロジェクトや会議をスムーズに進行するうえで必要な能力です。会議であれば参加者の意見をまとめながら、最終的に全員が合意できる結論を出すための舵取りを行います。組織の活性化や問題解決のためにも、ファシリテーターとしての役割を担うことが、管理職に求められます。

プレゼンテーション力とは、自分の考えを正確に伝えられる能力です。求められるのは、会社の方針を部下に伝えるだけでなく、現場の要望を経営陣に分かりやすく伝えるプレゼンテーション力です。相手が誰であっても、分かりやすく説得力のある話ができなければなりません。

交渉力は、社内外で発揮することが求められます。顧客やメンバー間でのトラブルの対応や難しい要望に対する落としどころの見極め等、拒否を含めて自分たちに有利に進めるためには、不可欠となるスキルです。

論理的思考力は、ロジカルシンキングといわれ、協働するメンバーの個人または集団が感情的になると、正常な判断が難しくなります。そのため、複雑な状況を客観視しながら分析し単純化する力として重要なのです。

対人関係能力を指すヒューマンスキルが近年注目を集めている背景には、日本の経済状況やグローバル化の加速など、ビジネスを取り巻く環境が変化していることがあります。ビジネス環境が変化する中でも、企業は恒久的に業績を維持しなければなりません。そのためビジネス環境の変化に即応できる人材の育成が、企業の利益を確保するためにも不可欠となっているのです。また、近年はダイバーシティが声高に叫ばれ、価値観が多様化しており、個人を尊重しながら目標達成できるマネジメントが求められます。一人ひとりの部下の個性を掴み、受け入れ、信頼関係を築いていきます。その個性や強みを生かせる組織づくりをするうえで、ヒューマンスキルは欠かせないのです。叱られたことのない世代であり、スマホからの情報で育った世代、さらにコンプライアンスが広がった世代であり、ヒューマンそのものが昔と同じとは言い切れません。より工夫が必要と思われます。

昨今の社会的状況の中で起こっている最悪のニュースなどは、人間の関係を無視したものばかりです。それを耳にする私たちは、人との関係づくりにおいて、先ず疑いから始まろうとしている自分が情けなくなります。人を信じる事からはじまることをわすれてはなりません。外国に行って尊敬する人や恋人ができると早く語学が習得できるように、まずは人と付き合うことが好きになることです。ヒューマンスキルの基本です。

◆削って繋げて束にするコンセプチュアルスキル

コンセプチュアルスキルとは、持っている知識や集めた情報を体系的に組み合わせることで、複雑な事象を概念化し、物事の本質を的確にとらえる能力をいいます。

例えば、山で切り出した木の無駄な枝を切り、その木の真っ直ぐな良い部分を削り合わせてくっ付け強固な木にしたり、美しい木目を生かして繋げ大きな板にしたり、全部を束ねて柱としたりするような仕事です。リーダーはその棟梁です。会社での棟梁の仕事がコンセプチャルスキルです。その構成要素は、論理的思考力、水平思考力、批判的思考力、多面的視野、柔軟性、受容性、知的好奇心、探求心、応用力、洞察力、直感力、チャレンジ精神、俯瞰力、先見性など多岐にわたります。この力が向上することで、イノベーションを生み出す源泉となり、業務の生産性や質の向上につながり、正しく優先順位が設定できるなどさまざまなメリットがあります。

論理的思考力（ロジカルシンキング）は、ヒューマンスキルにも含まれますが、物事を理論立てて整理したり、説明できる能力のことです。水平思考力（ラテラルシンキング）は、既成概念にとらわれず、自由な発想ができる能力をいいます。批判的思考力（クリティカルシンキング）は、物事を分析的に捉えて思考できる能力です。

この「論理的思考」と「水平思考」を共存できるよう、思考回路を見直す努力が必要です。

つまり、自分の中で対立できるような能力です。前進的でポジティブでチャレンジ的な考えを前面に出しながら、いつもこれで本当にいいのかなとフィードバックして進めていくような使い方を同時に行えるような思考回路なのです。考えがブレないように信念をもって進みましょう。

◆評価する人・される人

一年に一度、京都に剣道の先生たちが集まり演武をする京都大会があります。その先生たちの試合を八段範士の先生が審判をします。先生方同士の試合は「勝ち」と「負け」の価値観を超えた気のぶつかり合いで感動します。普通はその試合の行方を観戦するのですが、八段範士の先生（剣道は初段から八段まであり、その中で範士の称号を持つトップの先生）の審判を見ることも大変勉強になります。日本のトップの先生の有効打の価値観を学ぶことができます。こんな技を求めているんだとか、こんな技は評価の対象にならないのかと学ぶことができるのです。有効打の基準を目で見て知ることができるのです。

このように、評価について、求められる働き方の評価基準を、前もって明確に示すことで、仕事の目標の重点の置き所がはっきりして、努力しやすくなります。

世界的に人材サービス事業を展開するアデコの調査で、現在の人事評価制度への満足度を聞いたところ、「満足」と「どちらかというと満足」の合計が三七・七％、「どちらかというと不満」と「不満」の合計が六二・三％となりました。勤務先の評価制度に不満を持つ人が六割以上、また不満の理由として評価基準の不明瞭さや不公平さが挙げられています。出典元『THE ADECCO GROUP』の資料によれば、六割以上が勤務先の人事評価制度に不満、約八割が評価制度を見直す必要性を感じています。

人事評価に不満を持つ人が多いのに対して、同調査では評価者の七七・八％は自分の評価は適切だと思っており、評価する側とされる側で認識の差が大きいことが指摘されてもいます。

評価制度の明確な目的や評価基準、評価の仕方などの目的を明らかにして、目標に合った評価内容を作っていくことが必要です。適切に使って、社員一人ひとりのモチベーションを高め、企業全体の成長を目指すのに役立てることができると考えられます。

どのような仕事場でも、オリエンテーションや新人研修時に目標として最初に伝えられる重要な内容です。

ここで述べる評価については、会社の規模や、企業方針、職種によって、評価の内容や比重、方法がそれぞれ異なります。よって、一般的にということを前提とします。評価制度は人事制度の一つで、従業員の能力や会社への貢献度を評価するためのものです。

その評価は、次の三つの区分により評価しています。

先ず能力評価です。剣道であれば、打つべき機会に技を出せたか、圧力をもって攻め崩して打てたかです。技と鍛錬がなければできないことです。気迫や前裁きによって技を出させないことも高い技術です。目に見えないものも含んでいます。

職場では、職務遂行にあたり必要なスキル・知識を所持しているか、という点を評価します。スキル・知識の保有だけでなく、能力を発揮した結果として表現される成果に焦点をあてて評価項目が作成されます。

次に成果評価です。結論として勝利への貢献度です。有効打「一本」をゲットできたかという点が目立ちますが、引き分けに持ち込んだり、一本負けの最小限で持ちこたえたことでチームが勝利した時などの貢献度は大いに評価されなければなりません。

仕事の場合、職務遂行の結果として、実績を評価対象の巾を単に売上と考えるかは検討しなければならないと考えます。数値を用いて目標達成の有無を客観的に判断するケースが多いようです。しかし、事務職などでは、貢献度という点では如何に数値化するかの仕組みの構築が必要とされます。

最後に情意評価です。剣道でいう立ち姿で、斌や品の部分です。基本的な社内ルールを守れているかを評価する場合など、情意評価を用います。評価の対象は、出勤などの勤務態度や仕事に対して取り組む姿勢などです。しかし、これらは全ての内容が明確な数値で示せないため、評価する人の主観が入りやすくなってしまいます。

上司一人が評価するのではなく、人事権が無い他の部署の人・同僚・先輩・部下などを加えると公正な評価ができると思います。しかし、これが給料や昇進にかかわることになれば、評価が正確とは言い切れなくなります。

部下を評価する際のポイントは、評価の基準をしっかりと把握して、公正に進めるという点です。公正性のない評価は時として社員のモチベーションを左右してしまい、それは会社にとっても好ましい状況ではありません。その区分の中で、部下の業務に向き合う態度、目標を達成するための姿勢とその取り組みの行動を評価します。代表的な行動の評価の項目は、規律性、積極性、協調性などです。積極性と協調性は、会社の成長や発展に有効な行動を果たしたかを評価し、逆に指示された業務しか実行しない姿勢や行動は、責任性で評価します。

行動の評価の項目の積極性では、会社の方針に沿ったチャレンジや改善提案があったか、自分自身やメンバーの知識や技術の向上があったか、業績向上につながる行動や姿勢はどうであったかなどを評価します。

また、業務のミスや失敗を隠さず迅速に対処したことや、その行動によって事態の収拾に努めたことなどを評価します。ミスをした場合、業務に関わる人たちへ明確に事態を報告したことや、上司に相談をして指示を仰いだことなどの一連の行動が重要です。また、責任を逃れようと言い訳をしたことや、素直に謝罪できないなど、

真摯に向き合う態度ではなかった点も評価の対象になります。

社内・社外の人と良好な人間関係をつくる能力があるかを評価します。その際の項目は、電話やメールの応対、訪問を通してクライアントとの意思疎通を図れる、クライアントとの取引を継続できるコミュニケーション能力があるかなどです。社外からの評判が悪い社員は、会社のイメージを下げてしまう可能性もあるので、注意しながら評価します。

しかし、個人的な貢献度や情意評価を数字ではっきり示せないのが現実です。そこが課題であり問題点でもあります。

終的には人が判断することになるのでできるだけ客観視できるように運ばなければなりません。

一つの方法として、一人の社員を全員で評価する三六〇度評価（多面評価）のデータをもとにして、しっかりとした面談を行うことにより、より客観度を上げて評価できることに期待できます（ジョハリの窓・P九〇参照）。

評価の妥当性や公平性、信頼性を高めることも期待できます。多面的に複数の人から評価を受けることで、納得もしやすくなります。評価する人は人事権はないので、ここで得た資料を基に人事権のある担当者が面談することです。少なくとも個人評価が集団チームのどの部分で貢献したかを何かの方法で明確に示されることが、評価する側とされる側の認識差をなくしていくことになります。

◆職場に必要な力を評価する

望まれる力は会社で必要としている力であり、全然必要としないことを評価に含めては不公平となります。だからこそリーダーは何を評価するのかを事前に明確に伝える必要があります。つまり、評価項目を再確認しておくことが重要です。

「うちの会社は、特に○○を評価する」と明言できれば評価しやすくなり、社員も、仕事で使わないスキルに時間を掛けなくてもよくなるのです。会社が望んでいる力を、これですと言い切れることから、正しい評価ができます。

プレイヤーが会社が必要とする力をつけるためには稽古と技の反復しかありません。そのねらいや重点の置きどころを明確にしながら稽古するのです。たとえば、試合を前にしたとき、一週間なり一か月なりのスパンでプログラムに添って、前向きに繰り返して取り組んでいくのがベストです。試合で使わない技を練習しても、試合実践には意味がありません。

さて、その稽古の「稽」は考えるという意味です。つまり稽古は、古（いにしえ）を考えるということです。古は遠い昔のことではなく、今打った一本を考えることです。今打った面は次の瞬間は古い過去なのです。だから、なんとなく仕事をしているのではなく、一区切りついた毎にフィードバックし、ノートに書いて記録して分析することが力をつける方法です。更に、強くなるには、質の高い実践の量であると思います。自信にもなり、本当の実力をつけることにもなります。一週間に一回の会議で上司から指摘されて「そうか」と振り返ることも稽古です。そして、自ら目標を提示し、一日あるいは一週間単位で上司から評価アドバイスをもらえたりすれば質の高い練習になるでしょう。差がつくのは明らかです。

リーダーは、部下の稽古がより効果的になるよう「師弟同行」の精神でコーチングするのです。コーチングの中では、分かりやすい言葉を選択できるテクニカルスキルの部分とコミュニケーション能力やプレゼンテーション能力を発揮して部下に伝わるようにアドバイスすれば目標により近づきます。もちろんプレーヤーが直ぐに素直に受け入れる普段のコミュニケーション力が、大を占めていることは言うまでもありません。

◆世界に一つの塊をつくる

仕事は指示を待って動き出すのでは、全体の効率は上がりません。上からの指示を受ける前に、自ら考えてスタートダッシュできるように動き出すことが重要です。その為には、この先どうなるかを想像できる力が必要です。そして、日ごろから、対応できる必要な力を創造しておかなければなりません。

その必要な能力や情意は、働く現場の中で、多くの研修をして「知」を得て、仕事をし、失敗もし経験を積みながら「智」をえて、自然と考える力がついていくことは周知のところです。昨今の働き方の中では、その必要な能力を早く身につけることが勝負の分かれ目になります。スピード感をもって、更にアジリティーが要求される仕事には、様々な場面で適格な判断力が必要とされるからです。

時間と制限があるなかで、想像力、創造力、判断力を身につけ鍛えるには、普段の生活の中で余暇を利用して本を読んだり、物作りを体験したり、書き物をして、自らが楽しみながら想像力と創造力を引き出していくように勧めます。

特に、物を作ることで得られる想像力、創造力は仕事で必要とされる力の源となります。

大事な誰かの誕生日プレゼントをお金をかけずに身の回りにあるもので作る設定です。

例えば、はさみとテープだけで段ボールの切れ端でスマホ立てを作ってみてください。自分のスマホのサイズ、立てるときの傾きや倒れないようにするために、簡単な作成図を作ったりします。このことがどこかの場面で必要となる力になるのです。出来上がったら、色を塗ったら、絵を描いたらと次の創造が働いてくれば、考えることが楽しくなります。

子供の工作教室で、板を曲線で切りたいとき、大きな鋸（ノコ）しかありませんでした。子供は、何本も縦に切り込みをいれ、斜めに切り込み、少しずつ曲線に近づけて切り出してからヤスリを入れて曲線の物を作り出しました。すばらしい発想力に感動しました。このケースのように限られた用具で、心のこもった世界で一つのものが出来上がる過程で、考える力となって身につくのです。

そして、「見る」ことが大事です。見ながらあれこれ思うことです。作り上げても、もう終わり、できたとボーと座っていては、次の発想には進めないということです。これでいいのかとじっと見ることです。ここに考える力の火種があるのです。

自分自身が、感動できれば完成です。こんな取り組みをしてください。力がついてくるはずです。創造力をもって「目に見える塊にする」ことが、ものを作ると言うことです。

創造の源は発想です。相手の笑顔を如何に想像できるかです。それが始まりです。手紙を添えても、包装紙に自分の好きな絵を描いても、世界に一つしかない塊になるのです。

大事なことは、リーダーの目線です。部下の発展途上の想像力をゴール地点から見ているのではなく、一緒に歩きながらゴールへ誘導しながら、想像力をさらに練ることです。

◆思いを文章にする

次に、「ものを書く」という行為によって、力をつけようと考えます。『学び練り伝える・活人剣』では、剣道日誌が掴みどころのない動きを具現化し、具体化することを紹介しました。

ここでは、楽しみとして自分の身の回りのことをエッセイとして文章化していくことを提案するものです。仕事を楽しく、そして自分を客観視できるようになることを目的としたいと思います。

エッセイとは、自由な形式で、通常はある一つのテーマをめぐって書かれた散文です。語源は「試み」の意であるフランス語のessaiからきています。話の筋道が、きちんとした論理にしばられず、複数の論理や断片的な思考に積極的に身を任せ、脱線したり逸脱したりや遠回しの文章になっても構わないものです（P・グロード、J‐F・ルエット著『エッセイとは何か』より）。

自分の体験や考えを書くという点では、エッセイは日記に似た部分もありますが、エッセイは人に読んでもらうことを前提とした文章です。なお、エッセイという言葉は、アメリカやヨーロッパでは「小論文」のような意味合いが強いようですが、日本では随筆（書き手の体験を元に事実や状況をまとめた文章）の方が近いようです。

エッセイは自分の体験や知り合いから聞いた話、読書から得た知識などを元にして書かれることが多いものです。自分の子どもの頃の話やユニークな子育てエピソード、知り合いから聞いた面白い話、最近あった奇妙な出来事など、自分の身に起こった体験について書き、それについてどう思ったのか、自分の感情や考えを文章にしたものがエッセイです。内容が面白かったとしても、話の内容が事実ではなく創作である場合は、エッセイではありません。

自分の心の動きを文章にするのは大変な作業です。初めて書くときは、おしゃべりをするような感覚ですらすら書くのは難しいかもしれません。まずはたくさん書いていくことです。

エッセイの書き方の基本的な流れは、①テーマを決める、②構成を考える、③本文を書く、④推敲する⑤題を考える、と進んでいくのが本来かもしれません。しかし、書き方の型にとらわれず、まずは日記風にたくさん文章を書き小題をつけます。それを、共通の関連性でグループ分けし構成を考えます。それに合うようなテーマを絞り込みます。そのテーマに添った内容で、自分の考えを本文の中に追加していきます。タイトルは読者が興味がわくようなものを最後に考えます。

たくさんの文章がたまると、一冊の本を作りたくなります。そうなれば、いろいろなものを見る目も変わってきます。本屋に立ち寄るようになります。趣味の写真を添えたくなります。そして、またどうしようと考えます。それでいいのです。この目的は、考える力をつけることですから。

まずは、テーマ決めです。自分の考えや心について深く掘り下げて必要があるため、自分が興味のある内容にするとよいと思います。自由に好きなことを書くのがエッセイですが、書いた文章は、人に読まれるということを忘れないことが大切です。

テーマを決め、いよいよ本文を書いていきます。私流ですが、構成は文章がたくさんたまってから、大テーマに添って分類して考えることも、パズルのように頭を使います。添削も読み手の第三者にわかるような文章になっているかを考えるところが、力をつけるところです。私の場合その読み手の対象を変えながら何回も読み返します。毎回文章が変わる面倒くささと面白さがあります。

本文を書き終わったら、推敲してみます。誤字や脱字、同じ話の繰り返しになっている箇所や、矛盾点がないかをしっかりチェックしましょう。

チャットGPTの方が組み立てては早いかもしれませんが、自分の味がする自分のもので考える力をつけるのです。チャットGPTが作った文を吟味するのは自分ですから。

仕事はそもそも、頭の事務処理能力と創造力と思っていますので、「自分の心を文字にする考える力」を構築する有効な手段と考えます。

◆自由自在への鍛錬

「デイ・キャッチ」というTBSラジオ番組は、一九九五年四月に始まったニュースラジオ番組です。二〇一八年四月一三日に放送六〇〇〇回を迎えましたが、二〇一九年一月二一日の放送で同年三月末をもって放送を終了することになりました。同年三月二九日（金曜日）の放送が最終回となりました。

TBSラジオ関係者は「TBSラジオの武器でありリスナーから支持されてきた報道路線の重要さには目を向けない番組です。新規リスナーの開拓は大切ですけど、それでこれまで支えてきてくれたリスナーを簡単に切り捨てるのはどうなのか、という声や、自由な報道が守れなくなるのではないかと不安視する声は社内でも起きている」と語っています。

最終回のエンディングでは、パートナーの片桐氏が聴取者からのメールを読み上げている途中で涙声になり、声を詰まらせながらもメールを読み上げた後、この番組への思い入れを語りました。続けて荒川氏が「二四年に渡ってお送りして参りましたデイ・キャッチを本日をもって終了とさせていただきます。（中略）平成という時代と共に幕を閉じることに当たりまして、その歴史の片隅にデイ・キャッチという番組の、その存在を刻み込んでもらえることが出来れば、幸いだと思います。では皆さん、長い間ありがとうございました。さようなら」と感謝の言葉で挨拶しました。

これをもって通算二四年・六二五〇回の歴史に幕を閉じました。

荒川氏は「二〇二一年朝の番組で、最初のうちは本当に苦しかったです。五〇〇〇回を超えたあたりから、自分の思い通りの番組構成ができたと話しました」と述べました。

さて、ここではこの五〇〇〇回に注目しました。

五〇〇〇回とは三六五÷七≒五二週（一年間の週）。

五二週×五日＝二六〇回（一年間の放送回数）。

二六〇日－一六日＝二四四（祭日を除く実年間放送回数）。

五〇〇〇回÷二四四≒二〇年（五〇〇〇回は二〇年かかる）。

荒川強啓さんは一九年から二〇年目に、自分の思い通りの番組ができるようになったことになります。前述の「守破離」の破や離の段階は、何事においても、やっぱり二〇年はかかるのでしょうか。

◆千日の稽古を鍛とし、萬日の稽古を練（錬）とす

「千日の稽古を鍛とし、萬日の稽古を練とす」とは、宮本武蔵の言葉です。「練とす」の練については、書家窪山墨翠先生は「練」と書き、森田文十郎先生は、著書『剣道』の中で「錬」と使用されています。

さて、鍛錬するとは何日くらいなのだろうかと考えてみました。また、そのためには、真中の面を何本くらいうつのだろうかと想像し、これを、フェルミ推定で考えてみることにしました。

私の場合、週六日・一時間半を稽古してきました。（現在は週二、三回程度）また、暮れと正月に五日間休み、夏に五日間ほど稽古できない時があります。（一日二回稽古しても一回と数えます）。

よって、三六五日（一年）÷七≒五二日（日曜日の数）。

五二日（週一のオフ日）＋一〇日（一年で稽古できない日）＝六二日（≒二か月間）。

一年に三〇〇日稽古することになります。

一〇〇〇回の稽古とは　一〇〇〇÷三〇〇＝三・三四（三年）＋（三六五日×〇・三四＝一二四日）。

私の場合、三年と四か月（一二四日）で一〇〇〇回の稽古をすることになります。

つまり、一〇〇〇〇回の稽古は、三〇年＋四〇か月（四〇÷一二≒四年）≒三四年かかることになります。

ただし、一年を休まず毎日稽古したとしても、一〇〇〇〇日÷三六五日≒二七年と半年となります。「鍛錬」とはずいぶんと長くかかるものです。

大学を出てから、一万日の稽古で、剣道の八段が受験可能な年齢となります。四六歳からです。なるほどと合点がいったところです。

私も何とか、半世紀以上稽古を続けてきましたが、武蔵先生が言う稽古の一日と私の稽古の一日の質の比較はできません。武蔵先生が今いたら、この若造が、まだまだと言うかもしれません。

やはり、どの世界でも自在になるには、最低二一～三〇年はかかるようです。私が言いたいことは、慣れてきたことと極める事を取り違えないことです。

X

信頼という阿吽の関係

「以心伝心」。

これは、無言のうちに心が通じ合うことの意味の言葉です。

諸武道に用いられてきた言葉ですが、もとは禅宗で文字や言葉によらず、心から心へ仏法の真理を伝えることをいった意味です。禅との関りを深く持つようになってから武道でも言語をもって伝え難い奥義を、師の心から弟子の心に伝えることを「以心伝心」というようになったのです。したがって本来は、修錬を積んだ高い境地に達したものだけに通じる状態であったと言えるでしょう。部下を育てると簡単に言いますが、眉毛がピクッと動いただけで、何を思っているかわかりあえる関係になればいいですね。以心伝心の境地に引き上げれれば最高です。上司と部下は、阿吽の関係で仕事をしたいものです。

◆引き合う力

力とは、物体の状態を変える相互作用とされています。

この世のすべての物理現象は、何らかの力の作用によって起きています。ボールが転がるのも、リンゴが木から落ちるのも、全部そうです。何から何まで、全ては、力のなせるワザなのです。

つまり、力とは、すべての物理現象を引き起こす原因であると言え、その力について完全に解き明かすことができれば、すべての物理的現象を説明できたとまで言えます。

ところで、力という言葉をきくと、暴力とか、権力とかのように、一方的に作用を与えるようなイメージです。

しかし、実のところ、現代物理学において、力とは、このような一方的なものではなく、二つの物体の間に働く「相互作用」だと言うことがわかっています。相互作用とは、互いに影響を与えるという意味です。

この考えに従えば、リンゴが、地球の引力に引っ張られて落ちたという言い方は適切ではありません。この表現では、地球がリンゴに対して、一方的に力（影響）を与えて、リンゴだけを動かしているように思えてしまうからです。正確には、地球とリンゴの間にお互いを引っ張り合う力が発生し、その力によって、地球とリンゴが動いた結果なのです。もちろん、その力で地球が受ける影響は、ものすごく小さいので、まるでリンゴが地球に引っ張られたように見えるというわけです。

ここが力とは何かを考える上で一番重要な点です。この相互作用の話は、重力だけではなく、現代物理学で解明されているすべての力に共通することです。

すべての力は、プラス電荷とマイナス電荷、N極とS極のように、ある物体と物体の間で発生するものであり、そして、必ず両方に影響を与えるような仕組みで働きます。つまり、力とは、本質的に、相互作用なのです。この世界に一方的に相手に働きかける力というものは、存在しないのです。

そう考えれば、顧客を動かすには、会社との相互作用がカギとなるわけです。また、上司と部下が阿吽の呼吸で仕事がうまくいっているのは、上司の魅力と部下の対応が引き合っているのかもしれません。

◆上司と部下は鞘の表と裏

『一万人のリーダーが悩んでいること』(ダイヤモンド社)によると、リーダーの悩みの一つに「部下と反りが合わない」ことが掲げられていました。

こうした問題の解決のためには、先ず、変えられる問題なのかそうでないのかを、まず整理することが大事ですが、部下と反りが合わないことは、変えられない問題として回答されていました。なかなか難しい問題であるという意味だと思います。

反りが合わないとは、本来は刀と鞘の問題です。刀の反り(カーブ)が合わず刀が鞘に収まらないことです。さて、刀以外の部分は、鍔も含めて「つくり」といって、刀を守ったり、豪華に品格を表現したり、抜きやすくしたり後から刀に合わせて作られたものです。

普段使うことのない刀は、観賞用に「つくり」を外し、白鞘と言って別の鞘に入れ替えて保存します。その鞘は刀に合わせて、木(朴木が多い)を削り、両面から挟むように合わせてくっ付けられてできています。

結論から言って反りが合わなければ、鞘を合ったカーブにするしかないということです。なんとしても鞘の反りを合わせなければ、刀は錆びてしまいます。

問題は刀が上司とは言い切れないことを心の隅に置かなければいけません。理不尽な上司の為に正当な部下が痛い目を見てはなりません。どうしようもないことで終わらせるのではなく、刀を振る一人として折衷案を考えました。

私の考えは、上司と部下は刀と本来の鞘の関係ではなく、どちらもどちらも鞘の一部で表側と裏側の両方が一体となって刀に合うよう削り合わせなければならない関係であるということです。その鞘が右（表）と左（裏）の反りが合わないという解釈です。刀は会社と考えるべきです。両方が削りあえば刀は鞘に収まることになります。

両方が半分ずつ合わさってできる鞘を、反りが合うように互いに削って合わせなければ使い物になりません。刀はいつか錆びつくのです。刀は変えられません。刀と鞘が合わない時は、反りを何としても合わせなくてはなりません。それが会社を守ることになるのです。

相互理解をするためにコミュニケーションをはかったり、目標達成するために小さなミッションを段階的にクリアできることを意識するなど、自分の働きかけによって変化を生むのは不可能なことではないのです。あなた自身が合わないままにしておくと、会社には必要ない存在となり損をするのはあなた自身です。

リーダーの問題をここに取り上げるのは、鞘の半分を持つあなたにも責任があるからです。

◆皆違うという受け入れ

目付は前に述べましたが、どこを見るか、どう見るかを総合した見方です。「俺の若い時代はね」とか「最近の若い連中は」とはじまる上司がいたりします。部下も自分と同じ背景を通って育ち、若いころの自分と同化した目付をしているからです。

こんな言葉がありました。「子供叱るな、来た道だもの、年寄笑うな、行く道だもの」。子どものいたずらなどは誰しも身に覚えがあるので叱るべきではないし、自分もいずれ年をとるので老人を笑いものにすべきではないという意味です。長い人生では、このように親心として大きくとらえることも大事と思います。

しかし、現在の若者は、社会背景も違い、教えを受けた内容も異なり、価値観も違っているのです。まずは、そのことを受け入れることが大事です。まして、これからの時代は、いろいろな考えを持った人やバックボーンの違う人が力を結集して仕事をしていく時代です。たとえ、一つハンデがあっても工夫と努力で克服し、優秀でそのハンデが表に見えない人達もたくさんいます。

情報の入り方によって大きく生活の環境や教育の在り方が変わりました。社会の在り方が変わりました。人は生き方がそれぞれ違っても、自分自身を表現しながら生きていける時代になったからです。同じ型から始まり、同じような動きをしていても、自分と他人は違うということを受け入れなければなりません。

自分と他人は全く違う事をまず認めることによって、共に生きることが可能になると思うのです。それを勘違いしたままだと、自分が考えている事は皆も考えているとか、自分がしたいことは他もしたがっていると考えたりします。あるいは、自分がずっとしてきたから同じ道を通らねばならないと自分の考えを押しつけたりします。それは間違いです。自分のやってきたことを参考例として、友の考えを受け入れながら先を指し示す立ち姿が良いと思います。部下のそれぞれの心に届くように、考えていることを掴みながら育てることです。

具体的なコーチングの方法も工夫が必要です。仕事の上で失敗した時、自分が叱られた時と同じように叱るのではなく、目付を間違わず、教えてあげる心持で叱ることです。

さて、失敗や挫折感を感じつつもそれを乗り越えた時、自我の領域を大きくし成長させます。しかし、最近、失敗をしないために物事に対峙せず、所謂冷めている人が多いそうです。そのこと自体も、皆違うものとして受け入れなければなりません。しかし、挫折感を味わうというのは、真剣に取り組んだ結果にあるものです。それは後々に力となるものですから、今は斜に構えさせないように導くことです。

自分とは違う環境の中で育った部下を、自立させ、将来幸せ感を持てるまで到達させる使命があります。ある時は、過剰に心配して先廻りをせず部下にまかせ、ある時はやってはいけないことほやらせないで、しっかりと叱るくらいの親心を持って自信をもって取りくむことです。

◆信頼できる腹心

リーダーになると、与えられた職責を果たす責任は大きくなります。それは、自分一人が努力することだけでは達成することはできません。そのため、業績をあげられる連携した組織運営が不可欠です。

それを実現するために重要なのは、自分の右腕になってくれる信頼できる部下を見出し、育てることです。会社に求められる目標と果たすべきミッションについてきちんと理解でき、それを達成するために何をすべきかを自ら考え行動でき、わからない時には立場に関係なく素直に相談できる人が、腹心たる部下の理想です。腹心とは、腹と胸のことで、また、転じて心の奥底という意味です。どんなことでも打ち明けて相談できる人という意味です。

最初からすべてを兼ね備えている人材は少なくても、仕事に真摯に取り組む部下であれば、経験や対話を通して成長を促すことはできます。そのためには、業務を行う際に口をはさみすぎず、まず自分で考えさせるというプロセスが必要です。論理的思考力がなければ、先を見越して行動したり、自分で判断することができないからです。

ただし、リーダー側は、部下の失敗をフォローし、それを成長につなげるという覚悟を持たなければなりません。それが、部下との間の信頼関係を築くことにつながっていくのです。

信頼できる部下を育てるには、まず自分が信頼されなければなりません。その信頼は腹心を取り巻く人達からも信頼を得なければいけません。えこひいきでは関係は生まれないということです。

信頼を得るには、先ず自分がブレないことです。

リーダーになれば、トップリーダーから厳しく叱責される時も有ります。また、ミッションの方向性をめぐって幹部と部下の板挟みになるケースもあります。責任感が強い人ほど、自分の仕事を批判されると人格否定されたように感じる傾向が強まりますが、それを同一視してはいけません。仕事の評価と人格の評価は、全く同じではないのです。

上司や部下、同僚は、仕事をするうえで発生した人間関係ですが、それが生涯同じ形で続くわけではありません。仕事の評価は他人が行うことで、自分の考えと違って当然なのです。風の吹く最前線に立つのですから風当たりも強いのですが、仕事ですから批判を受けても、それがあなたの人間性を損ねることにはつながらないと割り切ることが大事です。

その上からと下からの強風に立っている姿を見て腹心たちは信頼を強くするのです。立っていられるのは、信念です。

◆弟子から学ぶ心根

子供は柵（しがらみ）がないので、純粋に大人に苦言を呈したり、社会に意見を述べたりします。そのことが、「すごいな、この子」と心から思え、純粋な発想であるが故に学ぶことが多々あります。

これからの時代、年齢は関係なく社会は成立していくだろうと考えます。現実、実社会では年齢は関係なく組織化しています。

このようなことが教育の中にも導入されていくことでしょう。能力は個別にさらに伸ばされ、伸びたものから学ぶというシステムが導入されていくでしょう。そのような、時代背景の中で、弟子から学ぶこともあるという時代の認識が必要とされるでしょう。剣道の名人の中山博道先生は『中山博道剣道口述集』の中で、「私の晩年の師匠は門人であったと述べています。年齢の下側から見れば、自分が実力は超えても、師は師、先輩は先輩という心根は絶対大事とも中山博道先生は述べてもいますが、このように優れた部下から素直に学ぶ心根は、リーダーとしての立場を狂わすものではありません。

部下と言えども、自分より優れているものを必ず一つか二つ持っているものです。その部下十人から一つずつ学べば、十以上の自分になかったものを学び取ることができるのです。宮本武蔵も絵を十六歳下の先生から学んだそうです。こうした部下から学ぶ心根が、部下との阿吽の呼吸を作るのだと思います。

優れた弟子がそこにいれば、自分にないものを素直にさらに学ぼうとする心が大事ということです。「九十をもって半ばとす」という言葉があるように上限のない世界観だと感じます。

◆仕事の分配に配慮

剣道の名監督と言われる人の、日々の行動の忙しさは、途方もなくべらぼうです。朝練習、選手の指導のほか、日誌を読む、コメント付け、公務、遠征の手配、関係者とのお付き合い、自分の家庭のこと、どうしてこんなことを毎日できるのだろうか不思議です。まして、何でもないような平然とした顔つきでいるのですから、信頼も厚いのは当然です。それには時間の工夫があるのです。ダブらせたり、機能的な組織を作ったりしているのです。

そして、企業のリーダーの悩みの「仕事の偏り」が問題になったりします。逸話ですが、こんな話があります。ナポレオンが重要な仕事を副官に命じました。副官は「では直ぐに手の空いているものにやらせましょう」と言いました。しかし、ナポレオンは「いや、今一番忙しい者にやらせよう。忙しい者は時間をうまく使っているはずだから、必ず期限を守るはずだ」と言いました。

このように、ものを頼むなら忙しい人に頼めと言います。何か頼みごとをしたとき、「うん、わかった」とすぐに関係先の人に連絡を取って手配してくれる人がいます。これは、忙しいからこそ自分は動かずとも、すぐに手配できる能力が有り人脈が広いのです。

仕事はこのようにして、忙しい人に集まってきます。多くの部下を扱う皆さんも、仕事を下すとき、ミスのない人、期限を守る人を選んでいるかもしれません。意外とそれがいつも同じ人かもしれません。頼みやすくなっている部下をつい使ってしまいます。反省しなければなりません。育てる意識で仕事を均すのもリーダーワークです。どの部下に仕事が集中している状態なのか、見抜いてやることも信頼関係を構築するスキルの一つです。

◆部下の名前に親の願いがある

教師の最初の仕事は、顔写真と名前を一致させることから始めます。最初に会ったとき、「○○さん」と呼んだら、一気に距離感が近くなるのは必至です。「おい」「きみ」では上司として育てる意識がないのと同然です。

名前というのは、当人にとって、最も快い、最も大切なひびきを持っていることを忘れないことです。田中角栄氏が大臣となり大蔵省（当時）に登省するときには、官僚の名前や経歴を覚えこんでいて、名指しで仕事をして信頼を集めたことは有名です。ナポレオン三世は、大ナポレオンの甥にあたる人ですが、紹介された人の名前は全部覚えていると公言していました。

私が、学校の寮で中学生と生活していた時、誕生会を行っていました。その時、子供達には自分の名前の由来を発表させていました。名前には、親が子供の将来に幸せになってほしい、こんな生き方をしてほしいという愛情が込められているからです。自分の誇りにもなるし、生活の源泉になるからでした。

わが子のように呼び捨てできる関係には、大変時間がかかります。たとえ、そのような人間関係ができあがったとしても、仕事場ではオンとオフを区別しての方が緊張感があって甘えを許さない方が良い仕事ができるかもしれません。

最近は○○さんと男女関係なく苗字で呼ぶようになりつつあります。キラキラネームも二〇二五年から改正戸籍法で一定のルールが設けられますが、名前には親がこう生きてほしいという願いがこもっています。そのことを知ることも心を掴む方法です。

◆牽引力は学び続ける姿

> 若くして学べば、壮にして成すあり。壮にして学べば、老いて衰えず。
> 老いて学べば、死して朽ちず

福沢諭吉の『学問のすすめ』が出る前に、このようなことを言ったのは国学者の佐藤一斉氏です。「学ぶ」ということは、気付きであり、人としていつまでも続けるべき行為です。「学ぶ」という行為は教科書を覗き込むことだけではありません。「経験」をすることです。そして、その経験が自分の宝箱にしまう程輝きを持ったものであれば、きっとその後の人生に活かせる時が来ると思います。次のステップで使えるものがいっぱいあるから、老いても衰えないのです。「少しでも暇があれば、物の本を見、文字のある物を懐に入れて常に人目を忍んでみるようにせよ」と室町時代の武将、北条早雲は学ぶことを提唱しています。

南光坊天海という安土桃山時代の大僧正は、【学んで思わざればくらし、思うて学ばざればあやうし】と学ぶことを述べています。

自らが学ぶ姿に部下は信頼を寄せるには当然のことです。また、電車の中で、雑誌からこれはいいと感動したことをメモする雑記手帳は、ミーティングで大いに役立つことでしょう。学ぶものは、足元にあると思います。そして、自分の宝箱、あるいは引き出し、あるいは頭陀袋を一杯にしましょう。

◆チャンスは皆に与えよ

部員たちの一番の目標は、勝つということです。そのことで、練習のご飯が山盛りでも消化するようになります。しかし、メンバーが多くなると、まずレギュラーメンバーに入ることが、優先目標になります。

部活動の選手決定においては、選手同士の投票なども行われることもありますが、一般的に監督が決めます。その選考において信頼されていない選手が登用されると、チームはまとまりません。この選手であれば負けても仕方がないというメンバーを登用します。

色々な要素を加味しますので、今までの試合で本番で成績を残してきた者（試合経験）、教育的配慮（最後のチャンス）、選考試合リーグ戦での勝率、など選手選考基準はたくさんあります。

しかし、大事なことは、多くの選手がいる場合は特に前もって選手決定方針をルール化して明確に伝えておくことが大事です。勝率が良いのに選手から外れたりするとふてくされたりします。部内では勝率はよいのですが、本番では気が弱くいつも負けてしまう内弁慶な選手もいたりします。こうした選手はレギュラーから外されていきます。次の試合は、内部リーグで選手を決定すると前もって伝えておき、勝率がよかったので登用したとき、選手外であきらめていた選手も頑張りだすことに繋がったりします。

決定に不満な選手がいると、最高のチーム力を発揮することはできません。だからこそ、なぜそうなったかをメンバーに伝えるようにすることも大事です。

「武士は三日見ざれば、刮目してみるべし」という三国志の言葉があります。選手はちょっと見ない間に成長が著しいものだから、目を凝らしてみていなくてはいけないという教えです。監督はそのような目で見ていますので、成長著しく、今一歩で試合に出ていない選手を、上に繋がらない大会ではできるだけ登用します。チャンスを与えるのです。そして、その内容次第では一軍登用します。これも同様の方法で伝えますが、監督に信頼と権限があり、選手選考の決定は、部員に見えなくとも、うまく流れていきます。

ビジネスの世界でも、「ルールの見える化」は必要です。上司の決定に納得して、部下が行動に移すことが、最大のパフォーマンス成果をだすと考えているからです。

◆危険要素パワハラ

スポーツではプレー中に身体的傷害を負うことがあります。剣道ではアキレス腱を痛めたり、ラグビーでは、激しいコンタクトにより靭帯を損傷したりすることがあります。

その場合、傷害が起こったとしても、コンタクトの相手を傷害罪で訴えることは稀です。危険容認の法則があるからです。もともとそのようなことがありうることを承知同意して行うからです。しかし、普通ではありえない事が起こり責任を法の下で問われることがないわけではありません。剣道でも竹刀の保守管理を怠ったため重大事故につながったり、熱中症で死に至った事例も報告されています（二〇一七文部科学省ＨＰ）。

さて、危険要素はスポーツにおける疾病傷害だけではありません。スポーツの指導の在り方について、職場と同様のパワーハラスメントの範囲が示されるようになりました。そのため、上司が若手を早く一流に育てようと思っていても、強く言えない背景になっているようです。会社が大きく成長するに伴い、社員も増員され多様化されています。相互の関係作りも複雑になっています。だから共有感のある仕事の仕方は一層望まれるのですが、強い指摘や仕事の量の押しつけは、ハラスメントに触れてしまうからです。

そのパワハラになりうる事例を、スポーツ界におけるコンプライアンス強化ガイドライン不祥事対応事例集で紹介しています（二〇一八・三）。身体的な攻撃（暴行、傷害）、精神的な攻撃（脅迫、名誉棄損、侮辱、ひどい暴言）、人間関係の切り離し、過大な要求（競技上明らかに不要なことや遂行不可能なことの強制）、過小な要求（競技上合理性がなく能力とかけ離れた程度の低い練習を命じることや練習をさせない事）、個の侵害（私的なことに過度に立ち入る事）としています。苦痛を与えたり、威圧感を与えたりするリーダーの指導は現代は許されませんが、あまりにも腫れ物に触らないように仕事していたのでは、目標が小さいものになっていくものです。どのように伝えるかを再確認が必要かもしれません。特に人格を否定する用語にならないよう言葉の使い方もさらに勉強しておくことが必要です。日ごろからの信頼心が共有されていることは前提のうえですが、一宿一飯の恩義が通用する時代ではありません。信頼し合っているとの思い込みも注意したいところです。

プレーヤー自身も、高度のものを身につけようと思えば思うほど楽し

いだけでは乗り越えられない場面がある事は忘れないでほしいと思います。安全保守管理をしっかりやったうえで、その上で、強くなるために少々の厳しさを容認する姿勢もレベルアップのために必要であると私は思っています。指導者の言外の意味も理解しながら、厳しい状況の中でもプレーしたり、仕事してほしいと願っています。リーダーはその思いを理解してもらえるよう段階をおって少しずつ伝えていくことが大事なのかもしれません。

二〇二三年度から中学校の部活動が働き方改革により、地域社会に移行することになりました。このことで付随した色々なことが変わっていくことが予想されます。

仕事上でも同じですが、会社が合併したり、移転したり、大幅に社員が増えたり、外国人社員が入社したり、環境が変わる時、予想できないことも予想しておくことも大事かもしれません。

◆休むことで一歩リード

多田道太郎は『怠惰の思想』の中で、「怠けることとは、強制された労働をサボタジュすることであり、休むとは、自分のやりだす可能性を保留しておくことである。休んでいる間に自由に何かをすることでこれが遊びである」と言っています。

ひと昔前、元旦だけは練習を休み、後は一年中練習するというスポーツ指導がありました。現代は、何もしない日を作り、休息することが「超回復」と言ってパフォーマンスを向上させるという研究データが出ています。陸上選手の場合は休んだ後に記録が伸びた例も少なくありません。積み上げてきた技術や体力は一日の休養で落ちてしまうことはなく、疲労だけを落とし、最高の状態を呼び込んでいます。これが超回復です。

柔道やレスリングの日本代表チームは、オリンピックや世界選手権の前に、一〇〇日合宿を組んだりしますが、ところどころに何もしない日を設け、超回復を活かしリフレッシュして取り組んでいるそうです。

勝つということに執着しすぎてしまうと、休むことが怖くなったりします。休むことが、ライバルより後退してしまうと思っていた時代があったのです。現代は、データ的にも、休むことが結果としてリードする時代です。休むということが、パフォーマンス向上の確実な方法かもしれません。

責任感の強いリーダーの方たちには、休めない習性がだんだん育ってくるものです。自信をもって休む技を開拓してください。仕事と休日をしっかり区別して割り切るためには、コヴィーの言う第二領域（スポーツや映画鑑賞、など、習い事や趣味などの緊急でない重要な領域）が充実していることも大事なポイントです。帰宅後や休日に仕事上の悩みを引きずっていると、疲れをとることができません。このプライベートが充実していないと、超回復の状態にもならず、魅力的な人へも近づきません。仕事のＯＮとＯＦＦを切り替えて、自分が楽しめる時間を持つよう意識して過すことです。

また、心もゆっくり休ませることです。本音を話せる相談相手を見つけることが大事です。あなたが気持ちを吐き出せる場を持つことで、心理的に追い詰められにくくなるというメリットがあります。

XI 差が出る指導力

鉄棒で「逆上がり」をなぜ失敗するかは、二つの事が出来ていないからです。お臍と鉄棒が離れていること、もう一つは蹴り上げの足が頭の方向に向かっていないことです。遠心力で体を回すわけですから、軽い助走からジャンプを意識した蹴り上げだけできれば逆上がりができるようになります、

指導者が、こう教えればこうなると知っていることです。そして、もしうまくいかない場合でも、修正できることが指導力です。そのことを知っていることが指導力です。肘を曲げて鉄棒とおなかがくっつくようにアドバイスしたり、自分の膝を貸して踏み台にさせ、片方の足を高く振り上げさせてやる補助をするだけです。

指導者の手の内とは、戦術や戦略、技の極意などのレシピ本が詰まった引き出しの事です。指導する時に場面毎にピッタリ合ったレシピ本を使い分けるのです。その引き出しの中のレシピ本の数が指導力に差をつけていくのです。もちろん、その引き出しの中には、指導方法の本だけでなく、魅力の本もあり、相互理解や迫力や褒め方や笑顔の本までぎっしり詰まっています。

もし、この手がだめなら、あの手、奥の手があります。それを、部下のために少しずつ使い分けて示すことで、指導力の冴えとなっているのです。

◆部下の心に火をつける

指導とは、伝授するのでなく開眼させることです。指導の概念的思考はこの一言です。何をどう指導するかや、開眼させるための方法は、指導を受ける側の状況によってそれぞれ違います。十人十通りあると考えねばなりま

せん。より具体的な指導項目を検討して取り組まなければ、成果は出ないと考えます。弟子が成長しないのは上司の指導の工夫がなく、上司ができないのは役員の指導ができていないからです。その項目ごとの指導方法が実践されていないのです。

とにかく、部下たちへの指導の為に、よく見て、よく聞いて、燃えさせるのが良き指導者です。見抜いて、燃えやすい所に火をつけないと燃え上がりません。

特に、働くという場面でも自分の与えられた仕事はちゃんとこなしているように見えますが、優先順位の低いものは手も付けず、丁寧さがないなど感じられたりします。更によく見ていると、細かいものは見えないだろうと、業務評価が出ないものはおろそかにしている傾向が見て取れることもあります。これは、今までの上司の指導が悪いのです。上司その人が自分の弟子の一部分しか見ていないから、火がつかないのです。

自分の質問の答えには敏感ですが、他人の質問には関知していない、それを通して学ぼうとしていません。どこのポジションでも役割を果たせる戦術を得ようと意欲的になってほしいと思います。

アメリカ教育者ウイリアム・アーサー・ウォードの言葉があります。そう難しくありません。燃えやすい木にまず火をつけ、炎を広がらせていきます。徐々にやっていけば炎は大きくなります。部下の家族も巻き込めば油を注いだのと同じです。炎を消そうとする水もあっという間に蒸発します。部下を燃えさせてください。

平凡な教師は良くしゃべる。良い教師は説明する。
優秀な教師はやって見せる。最高の教師は子供に火をつける

「教師」という言葉を「指導者」や「リーダー」という言葉に置き換えてみてください。

◆自分の型を伝える

部下の育て方の一つとして、リーダー（自分）の型を打たせる（演ずる・行動する）ことが近道です。型を模倣から始めることは、無駄のない洗練された着実な指導方法だからです。

「かた」と言う言葉には辞書によると、象、形、容、態、型、式、跡、質などの漢字があてられます。非常に広い領域と種類にわたって用いられています。剣道の「かた」という場合には、形や型が当てられます。

形（かたち）は「かた」と「ち」から成り立ち、「ち」は、ちから（力）や（血）などの「ち」とつながり生命の根源的エネルギーを意味するという説があります。一方、型には、もとになる形、手本、ひな型、模様、芸能などの一定のしぐさ、武芸などの一定の動作、しきたり、慣例、タイプなどの意味があります。型には鋳型や型木などの語が示すように、他のものに等質的に移し、写される性格をもちます。そして、これは時間的に過去のものを現在に移す時にも用いられ、武芸や芸能の達人が残した型を後世の人が学んで、外型によってとらえようとする場合がそれにあたるのです。

型は、天才的名人や達人が弟子達に自分のたてた流派の法則や精髄を伝承する手段として、最も抵抗なく、しかも無駄なく確実に、速く理解できるものとして生まれ、かつ尊重されてきました。武道を修行する上での型は、無駄な枝葉を切り捨て省略して、最も適切で効果のあるようにするために必要なエキスを無駄なく圧縮した様式になっています。これは先人の武道修行における信念と主張の精髄が込められた結晶と言えます。

今日、残っている諸芸の型というものは、何百年の間、何代にもわたって改良を加え、洗練されながら伝えられてきたものであることを考えると、日本人というのは、文化の伝承という点でなんと見事な継承システムを作ったものでしょうか。

イベントの運営マニュアルも一つの型と捉えることができます。上司が部下に伝え、部下は、また後輩に無駄を省き伝えることができます。何回も演ずるうちに磨きがかかり、得意なところを入れ込んだりして独自の型を作ります。さらに型の中に（ち＝生命）がふきこまれ生きた企画書が作り上げられるのです。

つまり、型を学ぶことが、一〇〇年企業の一歩です。

◆仕事は型と型の組み合わせ

剣道に限らず日本文化の技の伝承は、理論ではなく師匠の型を身体で覚える教習法で進んできました。それがのびのびとした技の習得に効果があるからです。技は理論でわかるだけでは意味をなさず、実践で使えて初めて技（わざ）として成立するものです。

ですから、先ず反復して練習し自分の独自の技を体得すれば何処より秀でた未来があると思います。普段は使える技なのに場面設定が変わると使えないことがあります。身体で覚えていなかったからです。

ここで考える大事なことは、会社や自分の型はこうですと言い切れることです。人との対応マニュアル、段取り企画書なのか、働きかた、社訓なのか、さらに自分自身の仕事の流儀なのかを考えると、すべての事を型と考えることができます。そして、その組み合わせが、また大きな型となった仕事となっています。

憧れのリーダーのようになりたいと思えば思うほど、リーダーの「型」を寸分違わず打てる（演ずる・行動する）ようになり仕事の仕上がりも最短です。型はロスのない洗練された確実な方法であることを理解し、それを整理することが、今後のスピード感にも影響することは明白です。

「自分の型」、「マニュアル」と言うと、重く感じたり、ちょっと難しく感じて引いてしまいがちです。単に型とかマニュアルと言う言葉に拒否反応を示しているだけです。たとえば、「ＭＪＳマイジョブスタイル」ではどうでしょうか。何か新しいことでまとめてみたくありませんか。忙しく働いているリーダーは、今は必要ない、時間の無駄と思って、手を付けないでいるかもしれません。

先ずは、今やっていることを、十項目ぐらいに箇条書きにすることから始めたらいいと思います。近い将来、自分の型の作成ソフトが登場するかもしれません。新人を毎年多く迎え入れる会社になったり、自分が昇進して、今やってきたことを部下に引き継いでもらうことになるかもしれません。ゆっくりやっている時代ではないので、手順書が必要になるのです。整理しているうちに自分の型が見えてきます。

チャットＧＰＴにはわからない、自分だけの経験から得られたものが大事なのです。

例えば、外販部門で顧客に話しかけるとき、

①「何かお気に入りものがありますか」より、「セーターをお求めですか」の方が食いつきがいい。

②「はい、いいえ」で答えられる質問から入り、疑問形で終わる言葉の投げかけをするとよい。

これが箇条書きの最初の例です。こうして、いくつものパターンの自分の実践書を作れば、自分の型ができるはずです。

◆身体で覚える「守破離」

身体運動により技を何回も繰り返して練習して身につけることを「体で覚える」と言います。これは身体で自覚するという事であり、当然、技と心が一体となって「自己のものとなった」ことを示すものです。その時、心はどこにもとらわれず、意図せずに技は発揮されます。身体で覚えた技は完全に自己と一体になっているのです。

分かりやすい例を挙げてみます。子供が自転車に乗ることを覚える時、何回も転んでまた練習する場面があります。しかし、ある日突然、直感的に、まさに偶然と思える一種のコツによって自転車に乗れるようになるのです。この瞬間が体で覚えた時なのです。そして自由自在に道路を走れるのです。

身体で覚えるには、先ずこのように自己を投げ入れることにより、自我を否定し夢中になることであり、無心になることです。そして、単純に見えることを繰り返す過程において、身心一体として自己を自覚していくものだと考えられます。

まずここでいう身体というのは肉体ではなく心も含んだもので、自己の確立とか自己の実現という場合の自己と同じ概念です。自己という実体から身体を外すことはできません。そして、その自己の身体と言うものは、主体でもあり客体でもあります。主体的に働きかけるものであり働きかけられるものでもあります。また、その行為というものは、理性的に能動的であるとともに、感性的に受動的でもあります。

物事を習得する段階を三つにわけた「守破離」という言葉があります。もともとは千利休が歌に詠みましたが、江戸時代に川上不白が著した『不白筆記』で、茶道の修行段階の教えとして紹介されました。以後、諸武芸の修行段階の説明にも使われています。

まずは師匠に最初に教えられたことを忠実に実践すること、すなわち型を「守る」ところから修行が始まります。窮屈な型を繰り返し行っているときは、いわば客観的契機であり、自己は物化していると言えます。

その後、その型を自分と照らし合わせて研究することにより、自分に合った、より良いと思われる工夫をして、自分なりに師匠の技を使える段階です。これが、型を「破る」という段階です。そして、技と技の理を体得し、自由で個性的な技を身につけたとき、自己は主体的、能動的になったと言えます。抑制されていた自我が前進したことになるのです。

最終的には師匠の型、そして自分自身が造り出した型の上に立脚し、自由自在に師匠の技を使いこなせる「離れる」段階になります。さらに修行し工夫して最初の型から独立した独自の型となるのです。

厳密に言うと、「破る」とは自分なりに師匠の型を使いこなせる段階の事です。「離れる」とは、それを自由自在に臨機応変に使いこなせる時の段階です。師匠の型から別物を作り出すことではありません。

助言を喜んで受け入れて修行していくことで、将来、「離」の段階まで到達できるのです。この段階に至れば、独自の自己をいっそう高めていくことができるのです。思い通りにならない時は、また「守」「破」に戻り、自己を振り返り、自己の滞りを修正することができます。

分かり易く言うと、守破離は技を習得していく段階を分離して表しています。決して、役職階層を、上等兵、大佐、少佐などと言っているわけではありません。

基本の面、小手、胴打ちを練習する時、最初は大きくまっすぐに振りかぶって練習します。守の段階です。しかし、体形が違い、歩幅も違います。最初は、距離感など計算して体をピッタリ移動させることは、脳のコンピューターデータでもできません。先生のように竹刀を速く振れません。

何回も繰り返す中で、身体が計算してできるようになる時があります。ここが「破」の段階です。そして、相手が前に出てくる時も、後ろに下がるときも自在に打てるようになっていきます。ここが「離」の段階です。

小手打ちの技も最初はまた「守」から始まるのです。基本が出来上がって総合練習では、型と型が何重にも組み合わさり複雑な型が必要です。ここも「守」から始まるのです。

「修行は守しかない。破も離もその中にある。自分自身が自分の力でできるのは、守だけだ」という先生も居られることは納得のいくことです。

◆誰でも出来る仕事の配列

武道や芸道において、いやおうなしにやらせられるという窮屈さの中で何度も繰り返して行うことで、その結果として内面的に精神化の方向へ鍛練されていきます。そして、それが型の根本原理や筋道を自然に会得することになります。

技を習得するということは、自己の身体的実践によって身体で覚えることであり、それは、当然内面的な心の世界を自覚したことになるからなのです。

これは、大変大事なことです。しかし、教育の場や、企業の新人の立場では、時間が制限されています。どれくらいの時間を要するかわからない武道や芸道に、一生を投じて学ぼうとするのとは違います。スポーツ技術の習得においては、易しいものから難しいものへ、単純なものから複雑なものへと順序だて、学ぶ者の興味や欲求に即して合理的に教習させ、その技術を発展させようとしています。時間的制約の中で無駄を省いて、合理的に発展させようとしているのです。

知識や技能を習得する教育の場や学校において、教材や教授法もさることながら、教育される人間が、知識や技能を自己の中に取り入れる最も良い状態を作り出し、心身の状態を整えてやることの方が大事なことです。学びたいという気持ちがあること、楽しいと感じながら自然と技が習得されていく方法が望まれます。

武道学会で模擬授業を行いました。竹刀を初めて持つ生徒に三十分で竹刀での面の打ち込みができる教え方と言うテーマでした。足さばきのステップ運動と手刀の振り下ろし運動をリズム運動のように組み合わせ、そして竹刀を持ち打ちこむ方法でした。手順や習得スキルの配列を工夫すれば時間的短縮も可能ということです。

働くという場において、リーダーが自分の仕事を型として整理ができたなら、次に誰がやってもできるように、やさしいものから難しいものへ並べ替えてレシピを作る必要があるということです。部下は「できた」から、「次もできた」と進みながら、最短でリーダーの型に似たもの演ずることができようになるのです。

もちろん、身体で覚えること、何度も反復し本物にしていくことを否定するものではありません。むしろそうあらねばなりません。生涯スポーツという長いスパンで考えれば、基本の段階に時間をかけることは最も大事と思います。しかし、昔の芸道と違って、中高生の部活動には時間の制約があり、昔のように「見て覚えろ」だけではあまりにも無駄な時間を費やすことになります。細かく指導する内容を分類して段階ごとに組み合わせ、易しいものから難しいものへレシピを作る必要があります。このことは指導力をつけていく大事な要素であると思うのです。

例えば、「構え＝A」「移動＝B」「竹刀の振り方、打ち止め方＝C」が先ず初心者の基本スキルです。Aができたら B、Bができたら Cと進みます。全部できたらA＋B、B＋C、最後にA＋B＋Cと基本を配列し指導するのです。それを基本として、礼の作法や残心の示し方を加えたり、BやCのバリエーションを増やしたりするのです。つまり、前に述べた「守破離」の守の段階での基本スキルの配列を考えて提示し、学ばせることが、指導力に差をつける一歩です。

◆勘と感

部下の動きと、そのちょっとしたしぐさから部下が何を感じているかわかれば、本物のリーダーです。そのしぐさと自分の今までの経験を重ねて合わせて考えると、こんな動きや態度をとるときは、確かこういう思いをしているなと見えるものがあるはずです。その経験を活かし、勘を働かせて、良きアドバイスをするのがリーダーです。よく観て、感じ取ることが大事です。スポーツの指導者も、まず観ることが指導のはじまりです。普段の動きと違うことを見抜きます。

その勘がどのようにして身に付くかは、実践経験（稽古）での自分の感覚と相手の反応ズレを体感しつつ相対的に分類しながらさらに実践を強化していくと、身体が反射として感じるようになるものです。兆候が感じ取れるようになるのです。

その「かん」の漢字は「勘」のほかに「感」もよく使われます。それぞれの「かん」の意味を知れば、指導方法が更に明確になります。感の意味は「かんじる」です。つまり感の意味は心が動くことであり、心に響くことです。自分の意志と関係なく、自然と認識されることです。香りを感じる、怒りを感じるなども、自分の意志と関係なく伝わってくるものです。

勘の意味は物事を直感的に感じ取る能力のことです。ちょっと字は違いますが「第六感」という言葉です。これが勘です。何かピンとくるものがあるとか、あの顔は怪しいなどで言い当てることがありますが、その勘です。この第六感という意味ですが、基本的に人には五感があります。その五感を超える能力という意味で、理屈では説明できないものなどを指します。だから勘＝第六感なのです。

真理を観じたり、道理を悟るともあります。例えば、「価値カン」の場合、価値観、価値感がどちらも実際に使われている言葉です。価値観の方は、自分が見るもの対して、過去の経験を材料に自分自身が分別して判断できます。つまり、自分から外部に対して能動的に働きかけられるものです。対して価値感は、あくまで外部からの働きかけに対して、受動的で感覚的に感じたもののみとなります。

観は、何かを見通したり、判断したりすることです。感は、心で感じることです。人生観は、人生を見通した上での考え方です。安心感は、安心した状態を心が感じていることです。つまり、観は自分からそのものに対して働きかけることが出来るものであり、感はそのものから自分へと働きかけられるものだと思います。主体が違うのです。理性と感情の違いとも言えるかもしれません。

いつも見たり聞いたり、確認したりして、正確な情報を脳のコンピューターにインプットしておくと、大事なところで勘としてその情報の貯蔵庫から引き出されるのだと思います。

大リーグの二刀流の大谷翔平選手が、ブルペンで一球毎にタブレットで、急速やボールの回転数などチェックしながら練習しています。自分の勘とパフォーマンスの感のズレを体感しているのではないでしょうか。

◆問題解決能力

トラブルが起きたとき、それを解決できずに立ち止まっている部下を見たとき、その解決への方向を示し、手で腰を押してあげることができるのがリーダーです。こうしたことの積み重ねが信頼を生み、阿吽の関係や以心伝心の関係が出来上がるのです。

トラブルを解決していこうとするとき、問題と課題の関係を明確に区別してとらえる必要があります。

行動する時には、目標があります。目標とは、どうならなければいけないか、つまり、あるべき姿、期待される結果、ありたい姿などです。それに対して、物事には、現状があります。現状とは、今はどうなっているか、つまり実際の姿、予想される状態、予期せぬ結果などです。

この目標と現状の二つには当然ギャップがあります。このギャップを問題というのです。目標と現状の差、解決すべき事柄のことです。なお、問題点というのは、問題全体の中の一部であり、改善可能なこと、手を打つことが出来ることを洗い出したものです。

そして、課題とは、目標と現状の差を埋めるために、やるべきこと、やると決めたことです。つまり、課題とは、そのネガティブな事柄を解決するために行うことであり、ポジティブな表現で自分達の意志が入ったものなのです。問題解決能力は、問題を認識する力、課題の解決策を考える力、解決策を実行する力がそろって初めて、問題解決能力があるというのが一般的な定義と言えます。

■どこに問題があるか見つける

問題が起きているのはどこなのかを正しく認識することです。問題解決のレベルが、目標と実体のずれがまだ表面化されていない場合、問題として認識するのが難しいことがあります。問題を見落とす可能性や、違う部分を問題として認識してしまう可能性もあるので、問題がどこにあるかをきちんと探すことが重要です。ここを取り違えると誤った対応策になったり、特に人対人の問題は不公平感の新たな問題を作ることになります。

問題にはその状態を生じさせている原因が必ず存在するので、問題が既に起きている場合は、その問題を起こした原因は何かということをしっかり分析し、突き止めていくことが大切です。いずれ問題になると予測される場合は、問題に繋がりそうな原因は何かということを現状の観察と分析によって、把握しておくことが重要です。

■ 原因を基に効果的な改善策を発案

問題を認識したり、問題が起きてしまったり、もしくは問題が起こるだろうと予測できた場合、改善策を立てる必要があります。問題が起きる原因を取り除いたり、原因が起きる可能性を低くしたり、そもそも原因が発生しないようにするなど、改善策の内容は原因によって異なりますから、原因が存在している現状とその内容をしっかり理解しながら策を練ります。また、解決策が必ず成功するとは限らないので、複数の改善策を考えておきます。原因の究明や改善策の立案は、経験量によって確実性があることは明らかです。こうした経験の積み重ねによって、解決時間も迅速となります。ビジネスでもプライベートでも、既に起きている問題に対応するだけでなく、突発的に起きた問題を解決しなければならない機会はあるものです。どんな形で問題が起きたとしても、問題解決能力があれば、悪影響を最小限に抑えながら解決していけます。

■ 自分の意思や考えを論理的に説明できること

問題が起きると、混乱して焦るあまり、問題の本質を理解しないまま感情的に対応してしまうことは少なくありません。しかし問題解決能力がついてくると、現状を冷静に観察した上でどう対応するのがもっとも効果的かを正しく分析できるようになります。そして自分の意見を論理的に展開できるようになり、説得力も向上していくのです。経緯（どう対応したかの振り返り手順）を記録しておくのは、最も力をつける方法です。

■ 問題解決能力を身につける方法

問題解決能力は、持って生まれた才能ではありません。

問題が起きた時や問題が起きそうだと予測できる時にすぐ対応できるようになるためには、日常的に物事に対して疑問を持ち、意味を考える癖をつけることが重要です。なぜこうなったのか、どうしてこの解決法が良かったのか、などと、問題の種類や原因と解決策の繋がりを分析する練習を重ねることで、いざという時に問題を見つけやすくなり、効果的な解決策を見出す力が向上します。

問題解決能力が高い人には問題解決方法の型やパターンがあります。それを問題、原因、処理方法と文章化し、表化、図式化しまとめておき、真似ることで力が付きます。紙に書き出して分析結果を見える化すると、頭の整理ができてより深く思考できるだけでなく、周囲にも情報を共有できて解決スピードが早まることになります。人間間の問題は、人の心の中にあるものが表に出ないと、事実が明確につかめません。心の中の事実を吐露してくれる信頼関係も問題解決の能力の一つです。

◆部下との会話に数字を入れる

数字には抽象的な説明よりわかりやすい説得力があります。

部下との会話に数字を入れ込むと明確に情報が伝わると言われます。さて、ビジネスマンはよくも悪くも文系と理系とカテゴライズするそうです。しかし、それが許されるのは学生時代までと言われます。優秀な会計士もみんな理系とは限らないことでも明らかです。リーダーが苦手意識がなく、淡々と数字を盛り込んだ会話ができるように考えてみます。「二五％の三〇％は何％？」という問題を私もサクッとできたらと思います。私の場合小数点の掛け算にイマイチ、ストレスがあります。さて、そのストレスを取り除くのが分数です。その解き方ですが、二五%は四分の一、三〇%は一〇分の三です。(1/4)×(3/10)=(3/4)×(1/10)=七五%(四分の三)÷一〇=七・五%と考えるのです。このような、ざっと見の計算が数字の苦手意識を取り除き、仕事の効率を上げるのではないでしょうか。

仕事をうまく進めるためには、ちょっとだけ数字が使えればよいのです。ビジネスパーソンが仕事で使う数字はたった二種類しかないのだそうです。一つは、実数と呼ばれるもので、もう一つは、二つの実数を比較することによってつくられる割合(%)です。実数という言葉は聴きなれないかもしれませんが、たとえば一〇円、三人、九分といったようなものです。いってみれば、実態そのものを表現するリアルな数字です。

これに対する割合(%)とは、下のようなもので、前年比、(前年に比べてどのくらいの割合か)、顧客満足度(顧客のうちどのくらいが満足と評価しているか)といったものです。

よいと悪い、すごいとすごくないといった質を表現する際に、割合(%)を使うということです。そんなときには、割合という数字がとても重要な役割を担うというわけです。実際、昨日どこかで目にした数字や口から発した数字を思い出してみると、おそらくこのどちらかにあてはまるそうです。

◆ちょっとだけ上にいる指導

子供の頃、水泳を覚える時、五メートル先の先生から「ここまで泳いでおいで」と言われ、泳ぎ始めました。先生の姿が先に見え始めてから必死で手をかくのですが、先生にタッチできません。もうだめだとギブアップして立ち上がると、先生が「後ろを見てごらん。十メートルも泳いだよ」と言いました。嬉しかったものです。先生はあとちょっとのところで後退りしていたのです。

筑波大学剣道部初代総監督の今井三郎先生は、いつも小手を打たせて稽古を終えました。本当に私が打ったように場面設定をして、私を喜ばせて稽古を終了しました。交剣知愛の事です。いつも、手の届かない雲の上の先生ではなく、直ぐそこの上にいるのです。指が触れるところに居られるのです。

このように、ビジョンはまだ遠くに描かれているのですが、ほんの少しずつ手を引いて、それに向かって一緒に歩いてくれるのが指導なのです。

未来にこうありたいと夢を共有し、だから今こういう技を磨けと語っていくことです。

リーダーや上司が雲の上の存在であっても意味がありません。手の届きそうで遠い指導者であれば、部下は今まで以上に頑張るものです。

ワザを一緒に作り出す努力をしていくと同時に、弟子や部下のビジョンを共有できるよう一緒に進むのが良いと考えます。

技の中に心があると話しました。師の技に近付くごとに、心は師のように自然と大きく成長するものです。

◆やる気喪失の原因

やる気のない、向上心を持たない、「学び」を高めようとしないといった他人事のような人材が増えていると聞きます。上司の視点では、正しいと確信していることを、なんとか伝える努力をしても、部下の方が指導を受け取ろうとしない限り、効果は全く出ず、結局は辞職に至るケースもあるそうです。

反面、そう言う者が辞職すると浄化され、雰囲気がよくなり、会社の業績が上がるのですが、上司としての心境は複雑なようです。このようなケースの状況を考えると、最初からやる気のない、向上心のない、学びを高めようとしない人材を会社が採用したとは思い難いものがあります。採用時は期待していたはずです。つまり、その人には本来、やる気もあり向上心もあったのに何かの原因でそれがなくなってしまったという事です。このような場合、何らかの理由でその原因は組織にもあると考えた方が今後の為に得策ではないでしょうか。

その理由の多くは、単に仕事が面白くない、押しつけが多く残業も多くライフサイクルが築けないとか、大学で研究をしてみたい、個人で副業として起業したいなどの夢の実現からかけ離れているなど、会社のビジョンとズレが生じている場合があるのです。また、新人の部署が適材適所でないとか、むしろ会社が考えているビジョンの方が将来性がないなどの声も聞きます。「去る者を追わず」という言葉がありますが、会社にとって辞職が、win - winであればそれは後には仕方がないことでもあり、むしろ辞職することよりも、イヤイヤでもやめない事の方が損失かもしれません。同じ部署から多くの社員が辞職しているのに、よくヒヤリングもせず改善できないのはまさにトップリーダーの責任ではないでしょうか。

◆押しつけ

時間の制約の中で、何とか開眼させようと思い、また早く目的に達してほしいと願って、「この方法でやれ」と自分のスキルを押し付けしまうことがあります。よろしくないですが、しかし絶対的に身につけなければならない仕事の方法や手順は、指導し育てる意味において、また、時間的制限の為、時には押しつけも必要なこともあると考えます。

上司としては、しなくてはいけない事は、押し付けてもやってもらわなければなりません。これは、本人の為だし、約束事です。指導を受ける側の気持ち次第ですが、学ぼうと意欲的なものには少々押しつけも有効な時がありまます。逆に、それを受け付けようとしていない者には意味がありません。

企業の中で使われている仕事の「押しつけ」という言葉は二つのケースが考えられます。自分に決められた期限と量を逆算し不可能と思える分量を、仕事を部下に回し、チームとして目的を達成する場合があります。しかし、もう一つは、あまり感心しませんが、チームで請け負った仕事を後輩にどんどん放り投げるケースです。優先順位、期限も知らされず押しつけて自分は楽をする先輩です。大事なことは、部下が押し付けられたという感覚を残さないように運ぶことです。後者の場合、これがスポーツのリーグ戦であればすぐに負けるでしょう。次の試合、また次の試合の事を考えていない最悪のチームです。そして、押しつけられた感を拭い去ることはできません。

◆生きたコーチング

コーチ（coach）と言う言葉は、ハンガリーの町「kocs」に由来し、四輪馬車がこの町で初めて作られkocsiと呼ばれてcoachとなりました。ですから、プレーヤーが目的とする場所に送り届ける人という意味になります（島田真梨子氏談・TISとちぎスポーツ医学センター長）。

コーチングは、相手に行動を促し続けることが目的です。まずは自分に信頼感を抱いてもらうことが大事です。交剣知愛で話しましたが、もう一度お願いしたいと思わせて終わるような指導をすることです。

コーチングの定義は、自分が質問を投げかけることによって相手に気付きを促し、あらかじめ設定された目標を達成するよう、相手に行動を促すことです。

今まで述べてきた、共感して聞く、心に響く自分の言葉で話す、疑問符で終わる話し方で話を続ける、ほめる、リクエストする、ほんのちょっとの前に餌を置く、目的地を確認して給油してあげることがコーチング力です。

剣道の攻めの問題と同じで、一歩前にでることは攻めの「カタ」ですが、血（熱意のチ）が入った「カタチ」にならなければ、本当の攻めになりません。同様に、ただ聞いて、質問して、成長を促す承認をして、リクエストすることだけがコーチングとだけとらえてはいけません。育てようという熱を持ってコーチングに臨まねばな

りません。そうすることで部下の仕事がだんだんとカタチになってきます。その「カタチ」の「チ（血・生命力）」のある生きたコーチングが絶対です。そこが指導力の差となります。

スキルの悪化は連動しているため、末端部を手当てしても全体は少しずつ改善されますが、その悪化の大元を修正することが最善です。

剣道も一連の動作姿勢が連動しています。ですから沢山の課題の中から一つに絞って、例えば、顎を引くだけを注意して稽古した時に、骨盤が縦になり全体の姿勢が良くなったり、連動して悩んでいたことが少しずつ解決したりします。たくさんの課題を全部処理修正しようと思わないで、一つの課題に集中して取り組むと、リズムが戻ってくるものです。

◆ザイアンスの法則

ザイアンスの法則は、もともとは「単純接触効果」という名前で発表された理論です。これが世界的に有名になってザイアンスの法則と呼ばれています。学者によって正式な研究がなされた心理学理論の一種です。人の心理の特徴をよく押さえた理論で、いろいろな解釈がされています。ザイアンスの法則がより効果的に働くのは、相手に愛着を持ちやすい人と接するときです。物がなかなか捨てられない人、お付き合いに発展すると長続きするなどのタイプの人に、有効な心理学テクニックです。

相手と親しくなりたいなら接触頻度をあげることです。ただし、一人よがりなコミュニケーションは逆効果に

なるため気をつけましょう。ザイアンスの法則を活用する大前提になるのが、相手への気遣いです。

ザイアンスの法則は、ビジネスシーンでも役立ちます。たとえば、自社商品の訪問販売をするケースです。はじめてチャイムを押した瞬間は、相手が警戒しています。門前払いにあい、話を聞いてもらうことすらできません。何回か訪問して相手の警戒度が薄れると、玄関にあげてもらえます。何回か対話を繰り返して関係が深まったタイミングが、商品を売るチャンスなのだそうです。優秀なビジネスマンは、世間話から会話を始めるとも言われます。たわいない話で相手との信頼関係を築いた後に、商品を買ってもらう戦略です。人間的な部分を見せて、好感度をあげる試みもします。たとえば、田舎の両親の話をして相手の気をひくという具合です。部下と上司が仕事帰りに、一杯やることを重ねるうちに、だんだんと理解し合える関係になるのもこの効果と考えられます。この中でも、「交剣知愛」（P一八七参照）の精神で、またお願いしたいという気持ちを残して終わることです。

二人で行うものです。稽古をお願いすると単純接触となります。一度目は「初めまして」の社交辞令かもしれませんが、二度目、三度目からは端的な指導がもらえるはずです。如何に先生でも一度の稽古では、答えはたくさんあると思われますので、二、三回目からはぴったりした答えが期待できるはずです。何回も接触してみましょう。

◆ 五役変

信頼していればこそパートナーは心を開いて悩みを打ち明けてくれたり、本音で教えてくれたりします。

『学び練り伝える・活人剣』では指導するのに「五者則」、つまり、学者、医者、役者、芸者、易者、の場面ごとに変化させて演じ指導することを述べました。ここでは、私自身の言葉の「五役変」での接し方を紹介します。対人指導にあっては、師、親、兄弟、先輩、友人などになりきり、場面で心を開きやすい相手になって聞き指導した方が良いという意味です。五つ以上の役に変身しながら対応するという私独自の言葉です。

大先生という一人役ばかりでは、弟子は委縮して遠慮したりして自分の事は言い出せないこともあります。だから、当然自分の一言を全て聞き入れてくれると思い込んで接するのは間違いであると思うのです。ある時は、大先生から友に転ずることによって受け入れられるときがあります。ある時は、兄の役を演じたときがいいかもしれません。相手が一番心を開く役に変身して接することで、弟子たちの考えをポジティブに引き出すことができるものです。

相手が構えすぎてしまう（固まる）、引いてしまうようなものを取り除いたうえで指導することが大事です。

部下にどう関わっていくか、どう成長させるか悩んでいる上司がいたならば、まずは、いろいろな技を駆使し、考えを聞き、部下を掴まえることです。そして、会社での生き様を示すことです。それができるようになれば、最後は上司としての素顔の役が似合うと思います。

どうかかわらせるかが大事で、そこに導くまでのあの手この手の方法が「五役変」です。

XII
壁を破る力

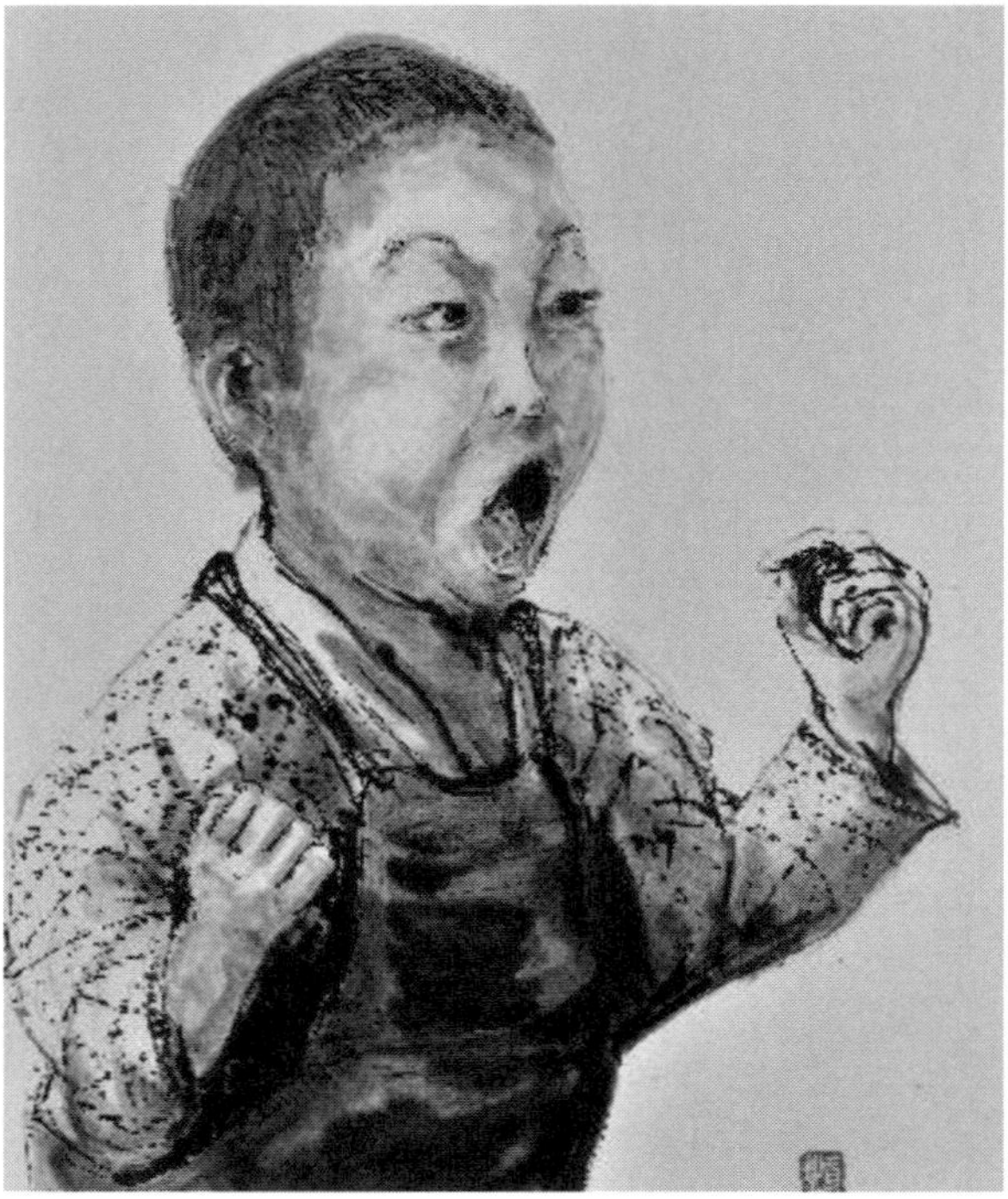

壁と言っても、人それぞれ違った壁を持っています。一〇〇メートルを九秒台で走ること、寒稽古を皆勤すること、昇段審査に合格すること、禁煙すること、朝のウォーキングのため早く起きること、等等あるものです。その壁は他の人には簡単に破れても、自分にとっては分厚くどうしても破れない壁だったりもします。その壁は、目に見えない圧迫であったり、解決できない心の悩みであったりもします。ですから一言で壁を破る方法はこうだと言い難いものです。

そもそも、どうしてもその壁を砕かなければ前に進めないのかと考えます。ちょっと遠回りした方が結果は早く解決したりします。

どうしてもそれを突き破るしか方法がなければ、やるしかありません。分析と戦略、必要な力を強い気持ちをもって砕かなければなりません。絶対に破れると自分を信じる気持ちがあれば半分は破れたと同じです。同じような壁を破った人たちの経験を聞いて、その壁は、どこが弱いのか、どれくらいの力が必要なのかの情報を得ることです。

二倍の力が必要なら手を貸してくれる人を探すのが先です。いなければ自分が力を倍にすることを考えなければなりません。スキル不足や語学力など時間をかけて努力しパワーアップすれば解決できるものは、コツコツと積み重ねる忍耐力との戦いです。この壁を崩したい、絶対に崩してやると思い続けることができるかが勝負です。

◆心が折れかかったとき

体力とは、身体的要素と精神的要素に分類し、それぞれ行動体力、防衛体力に分けて分類されています。これは、人が生活していくための基本的な要素であり、身体を動かすことや健康を保つことへの意欲、気力といった精神的ストレスへの抵抗力などです。つまり、体力には身体面・精神面の両方が含まれます。

「心が折れそうなとき」という表現は、精神的ストレスに対する抵抗力が負けてしまった状態と考えられます。その状態を放置すれば、もちろん身体的行動体力の機能も低下する場合もあります。私の経験では、すべてにやる気がしなかったり、身体が動かなかったことも経験があります。まずはそこから逃げず、しっかり向き合って、そのストレスをひとつ一つ取り除き軽減することです。原因を分析すること（解決できる問題か、そうでないか）、現実を受け入れること、次のやるべきことに早く取り掛かり最初の問題から身を遠くにおいてみること（逃げるということではなく）が大事で、少しの次の意欲を発見したらそれを大きくすることです。

日ごろから小さなトラブルの時でも、問題解決手順を確認し訓練しておくことです。身体的にも精神的にも、かかっているストレスの力を外部から取り除くか、内部のストレスに対する反発力を鍛錬するしかありません。折れた心には外科的な手術は必要かもしれません。また、完治まで時間は少々かかるかもしれませんが、逃げなければ必ず完治します。

原因を探すのですが、原因が見えない問題でも、まずは、失敗の原因として考えられる可能性のあるものを洗い出し分析しなければなりません。次のやるべきことを早くやる事です。引きずって何もしないのが一番立ち直りは遅いものです。先輩や専門家に相談することはやぶさかではありません。折れてしまった時でも、一流プレイヤーは、心の切り替えが早いのです。折れることも想定内の通過点と思っているからです。辛いけどやり直せばいいからです。それができるから一流なのです。

二〇二二年冬、東北地方は例年よりも大雪でした。大きな木が今にも雪で折れそうに首を垂らしたような映像のニュースが出ていました。そのような折れそうな木は補強が必要です。私たちの心も急に頑丈に太くはなりません。補強です。それは、一番仲のいい友達に吐き出してしまうことです。苦しみは半分になります。

■ ボブという猫

最近見た映画の話です。

さあこれから再出発して聖地に行こうと決意した三人の若者がいました。三人とも二つの袋を抱えています。若者たちは、未来への希望と過去の喜びや幸せを袋に詰めました。もう一つの袋に過去の不幸や悲しみを一杯詰め込みました。

最初の若者は、不幸の袋を前に抱え、背中に喜びの袋を背負いました。目の前の不幸の袋が目に入ると立ち止まり、ついに歩けなくなりました。二番目の若者は、未来の袋を抱え、背中に悲しみの袋を背負いました。背中の袋が重すぎて座り込んでしまいました。

最後の若者は、二番目の若者と同じように、希望の袋を前に抱え、不幸の思い出の袋を背中に担ぎました。ただ違っていたのは背中の袋に穴をあけたのです。歩き出すうちに、背中の袋からポトリポトリと嫌な思い出が消えていきました。この若者だけが、目的の聖地にたどり着いたそうです。

現実を受け入れられない不幸は、いっぺんに捨てることはできないものです。少しずつ不幸の重さを減らしていけるように工夫しなければ、前に進めません。じっと考えていては、袋の重さは変わりません。マインドフルネスやセルコントロールを強化したりして、袋に穴をあけるのです。これは映画『ボブという猫2』で教えてくれました。人は忘れられない悔しさと憤りを引きずるものです。心が折れそうな時も一回はあるかもしれません。前に進むために、時間をかけて不幸の思い出を捨てさるしかありません。

◆手抜きでは壁は破れない

コーチや監督はプレーヤーが前向きに努力する勇気と決意を持てるようになることを一番期待して指導しています。このことをプレーヤーは自覚することが大事です。

ロサンゼルスオリンピックのメダリスト、柔道の野瀬清喜先生は「日本一の苦労をする覚悟のない者に、日本一を目指す資格がない」と言います。自分が本気で勝ちたいと思っているのかに気付くことが大事です。信念をもって努力を続けていける、苦しさから逃げない覚悟がある、勝利はこうした揺るがない心の上に技術を積み重ねで掴むことができると自覚することが大事なのです。

ビギナーズプレーヤーが最初から充実した仕事をすることは難しいわけです。上司は一定の型を教え、その出来栄えをみて、リズムをチェックし、時には厳しく手取り足取りして指導してやらねばなりません。そして、初めて自主性に任せられる日が来るのです。そうした中で、努力とは、本気になること、研究すること、継続すること、欲を持つこと、ある時は我慢することであることを学んでいくのです。

最初から強い人間はいないわけで、それに耐えられる力を持てるように前向きにさせることがリーダーの役目です。ともに汗を流してやり、叱咤激励し勝つために何をしなければならないかを体当たりで伝えてくれる上司にならなければなりません。

選手たちが強くなりたい、勝ちたいと思わせるのが指導です。そうなれば、少々ハードな練習も乗り越えることができます。逆に自分の心に迷いができても、選手たちの強い信念と勇気に助けられるはずです。

◆予測の力

卓球のプレーではスピードは最大の武器です。回転、スピンというのはこれまた強力な武器ですが、適切なラケット角度さえ出せばどんな強い回転でも返球することはできるそうです。ところが、スピードへの対応は、人間の反応速度を越えれば手も足も出ないのです。

一流の卓球選手のスマッシュの速さは、一九七八年当時、時速一二六キロメートルという研究結果が報告されています。しかし、最近の用具の発達、また研究結果ではトップレベルの選手だと時速一九〇キロメートルに達すると言われています。台の長さは二七四センチメートル、もし対戦する両者が台から一メートル離れて打ち合ったとしたら、スマッシュは約〇・二秒ほどで相手のラケットから自分のところまで飛んでくることになります。卓球選手が全身で反応するのは〇・三秒前後と言われているので、スマッシュを取るのは至難の技です。しかも、自分の待っているところに来るボールならいざ知らず、少しでも体から離れているところに打たれたら、対応できません。それが、どうして返すことができるのでしょうか。ある実験で、卓球台の半分を暗くし、その半分から出てくるボールを打ち返すことは、世界選手権選手でもできませんでした。しかし、試合においては、一流と言われる卓球選手達は、そのスピードボールを返すのです。数字の上では不可能でも、人間の予測能力で可能にするのです。まず、相手の体の動き、ラケットの角度でどの辺にリターンされるかを判断し、相手が打つ前に瞬時に飛んでくるコース、飛行曲線をイメージし、そこにわずかに動き、ボールを待っているのです。また、自分の打ったボールの回転の種類、打った方向とエリアで返ってくる無限のボールを、練習の繰り返しの中で限定予測していくのだと思われます。

剣道の審判、柔道の審判、相撲の行司など勝負を判定する人にも、予測の力が必要です。この態勢からは、この技は不可能という技が自然と削除されています。柔道の寝技から次に起こり得る技はAかBしかないと限定してみているから審判判定できるのです。剣道においては、動作の起こり、後の残像、音からも含んで一瞬に判定します。自分が第三者の目をもって自分を見つめ稽古しているから予測できるものです。

では、予想は想うことで見当をつけることですが、ビジネスの売上などの数値分析はなぜ、予測というのでしょうか。それは、文字通り、測ることで見当をつけるからです。そして、測るために使うのは、数字で表現できる規則性です。行動も予測できるようになりたいものです。これまで考えてきたことから逆に考えれば、相手の予想や予測を覆すことが出来れば効果的な攻めや戦術が可能になるということです。

◆求められるのは的確な判断と行動の素早さ

「アジリティ」という言葉に接する機会が増えたのは、ビジネスの分野だけではありません。最近はスポーツ、特にサッカーやバスケットボールなどの人気競技でよく使われるようになりました。問題解決に対しても、動かない身体を引きずっても、早く動き出すことが大事です。

スポーツには、「速さ」というものを三種類に分けて考えるＳＡＱと呼ばれる概念があります。「Ｓ」は純粋なスピード（speed）のことで、短距離走におけるトップスピードの速さがこれに当たります。「Ｑ」はクイックネス（quickness）です。完全に止まった状態からの反応の速さと三歩目ぐらいまでの瞬発的な速さのことです。そして、「Ａ」がアジリティで、いわゆる敏捷性や機敏性、急な減速や方向転換を伴う加速を正確に行える能力を言います。平たくいうと、すばしっこさがしっくりくる表現かもしれません。あくまでスポーツにおける定義ですが、企業経営や組織のアジリティをイメージする上で、この考え方は参考になります。

ビジネスはスピードが命と言われて久しくなりましたが、いま、組織や個人にとって本当に求められる速さとはどのようなものなのでしょうか。

経営コンサルタントで、ローランド・ベルガー日本法人会長の遠藤功氏は、「必要なのは俊敏性ではなく、敏しょう性」だと述べています。俊敏性とは、先述のクイックネスです。［Ａ］という場所から［Ｂ］という場所への移動が速いということで、［Ｂ］へ進むことが決まっていて、そこを目指すときの速さです。一方の敏しょう性は、［Ａ］からどこへ行くか決まっていない、［Ｂ、Ｃ、Ｄ］などの複数の選択肢がある中でどこへ進むべきかを自分で判断しなくてはならない、という状況での速さを言います。これが、すなわちアジリティです。敏しょう性＝アジリティは「判断の的確性×行動の速さ」であり、行動の速さだけを意味する俊敏性（＝クイックネス）とは大きく異なると言われています。ただやみくもに動き回るのではなく、組織や個人として、アジリティという的確な判断を伴った行動の速さを実践するためには、判断や行動の軸となるミッションが明確でなければなりません。ミッションを達成するために今、何をすべきかと、現場の一人ひとりがたえず考え、刻々と変化する環境に適応しながら判断し、実行することが、アジリティの高い組織を実現するためのキーポイントと言えます。

◆仕事のスピード感と丁寧さ

細口の瓶から水を早く出す方法を知っていますか?

逆さにした瓶の口を時計の針が回る反対方向、左回りに回すとよいのです。水を渦巻状態にして出すので、渦の中心から空気が入り、水が出やすくなるのです。左に回すのは、地球の自転により北半球では左回りになるからでさらに加速されるからです。そのスピードは重心の移動や、加速度などを利用してさらにスピードを上げることも可能です（松本健太郎編著『知的雑学』）。

瓶から早く出すことは理解できましたが、その水をこぼさないようにコップに注ぎこむためには、丁寧さが必要です。仕事では、スピードだけを重視しても丁寧さが欠ければ、仕事の出来上がりは質の低いものになります。

仕事とは、スピードスケートに例えれば、トラック競技ではなく、チームパシュート（団体追い抜き）競技のように、細心のテクニックを丁寧に使いながら、スピードを争うようなものではないでしょうか。

朝の打ち合わせ会議で、早く済ませることだけを考え、伝えなければならないことを読み上げるだけではだめなのです。しっかり伝わるように確認し時間通りに終わらせなければならないのです。

丁重さを重視しながらのスピードアップは、時としてリズム（生活も含めた）を狂わせます。リーダーは、そのリズムをよく見て、スピードアップ可能なところと丁重に時間をかけるところを指摘することが大事です。

ミーティングで決め事の後に「すぐやる」を目標にしている組織も多くあります。すぐ取り掛かることです。つまり、全てにおいてスピードを要求されていますが、力の入れどころを間違えないことです。

剣道の競技の場合でもスピードは勝負の明暗を分ける要素です。しかし、科学的な動作分析で技がどこから動作が始まっているかの解釈でスピード感は違ってきます。打ち間（竹刀が一歩で届く距離のところ）まで攻め入る時のスピードは速い場合もあるし、腰から重くゆっくりの方が良い場合もあります。つまり、技の初めから終わりまでの中で、時間的スピードが速ければよいとは言えないのです。どこからスピードアップするかがポイントです。

◆アジリティ

仕事のスピード感に触れてきました。特にアジリティについて、もう少し説明を加えます。アジリティ（Agility）には機敏、敏しょう性、軽快さといった意味があります。

情報化社会が進む今、企業を取り巻く状況はめまぐるしいスピードで変化しています。コロナウイルスの感染拡大に伴うリモートワークへの移行など、戦争や大地震により経済状況の変化に即時対応できる機敏性であるアジリティは、これからの時代の企業に強く求められるものです。

企業におけるアジリティの具体例としては、意思決定のスピードの速さや、社員のフレキシブルな働き方などが挙げられます。日々発生する問題に対し、社員それぞれが自身の裁量で判断できる組織は、アジリティが高い組織です。

ＳＡＱ（Ｐ二六七参照）は、速さという概念をより細分化したもので、三つの意味はそれぞれ異なります。スピードは速度の速さというそのままの意味ですが、クイックネスは物事に反応して動き出す速さを指します。そしてアジリティは、状況に対してどれだけ素早い判断ができるかという意味を持ちます。つまり、スピードやクイックネスの能力があっても、アジリティの能力がなければ、正確な判断が下せないということになります。

アジリティの高い組織には、共通する大きな四つの特徴があります。①組織のビジョンが明確であること、②組織の置かれている現状を把握する能力が高いということ、③柔軟な発想力と応用力があること、④リーダーシップを持つメンバーが多いということです。

さて、東京パラリンピックの車いすバスケットボールやパリパラリンピックの車イスラグビーを見て感動しましたが、前述の内容とそのまま当てはまります。先ず、ゴールが見えていること、得点差、時間によってチームはどのようなアタック、あるいはディフェンスしなければいけないのか共有されていること、シューターにどのようにボールを渡すかの発想力があるうえに、自らも得点力があるということです。

この先、時流の変化はますますスピードを増していきます。

歴史が古く、規模が大きい企業ほど、なかなかすぐに社内の仕組みや体制を変えることは難しいことが多いと思います。アジリティが高い組織に短期的にしようとせず、長期的な取り組みが必要です。

たとえば、紙で申請している承認ステップに時間がかかるというようなことを、ＩＴに置き換えるだけでも大きくアジリティは向上します。時代の変化に敏感に対応できるようにしていくことが、組織のアジリティを高める第一歩となります。

組織として機敏に対応していくには、個人レベルでの俊敏性が高いことが前提となります。個人の裁量で仕事を進められる範囲が狭いと、仕事を進めるスピードは遅くなってしまいます。いつも上司にお伺いを立ててからでは遅くなります。シュートチャンスを逸してしまうのです。これでは、変化する時代の早さについていくことはできません。アジリティの高い企業は、方向性だけを社員に示し、実際の行動は社員の判断に任せているところが多くあります。

しかし、経験と能力が伴っていないのに、自己の裁量に任せた判断をさせてしまうことは危険です。

企業は自社の経営理念や行動指針、業務に必要な知識を明確にし、全ての社員に浸透させることが大切です。

進むべき指針と、必要な情報、スキルが公開されていれば、社員はそれをもとに行動を決定します。

組織の機敏性を高めるためには、情報の一元化と共有が欠かせません。最近では社内での情報共有のため、ビジネス向けのチャットツールを導入する企業も増えています。チャットツール自体は古くから存在するテクノロジーですが、ビジネス向けのチャットツールが会話だけでなく業務に関する様々なやり取りを一つのツールで行う事が可能となりました。

長期的な取り組みによって組織の変革の洗い出しが必要な事と思われます。仕事の早さや、反応の速さ、経験が多くなっていけば行くほど鍛えられていきます。

アジリティの高い社員を育てるには、第一に、絶対にブレない大きな指針を掲げなければなりません。企業全体を貫くビジョンを全社員に示すこと、達成すべきミッションが明確であること、全ての社員に必要な情報と知識が公開されていることがポイントとなります。ゆるぎない軸と確かな知識があれば、社員は常に正しい判断を素早く下すことができるのです。こうしてアジリティは育成されます。

◆勝ち破るための直前ルーティーン

勝ったという結果は素晴らしいことです。しかし、大事なことは、勝つためにどう努力したかということです。今まで述べてきた必要なルーティーンは次のようなことです。

試合に臨むチームの項（P一五五参照）で話しましたように、先ず、自分を知ることです。自分の得意技は何か、逆に弱さはどこにあるのかを、自分の試合のビデオを見たり、練習における現在の状態を、日記や監督とのアドバイスの中で把握することです。

次に、相手を知ることです。自分の対戦する相手の得意技と弱点を知ることです。ほかの相手と試合しているビデオや直接試合を見て探ることです。企業でいう市場調査や情報収集のことです。もちろん、その分析力が最も大事です。ここで、選手と相手選手の両方を見抜いている監督（リーダー）の力量が試されます。知らない相手の場合、情報をくれる味方してくる友人が多くいることも捨て置けません。

情報が集まったところで、勝つ試合の作戦会議です。監督やコーチのコンセプチュアルスキルが力を発揮します。技をどう使うか、自分の弱点を少なくして、どう長所を生かせるかのテクニカルスキルの確認です。ポジショニングが大事ですが、これは分析力の結果です。

試合当日の練習を見て、作戦を確認したり、会場をチェックしたり、一日の行動がトラブルなく進むように準備確認するのも監督・コーチ・マネージャーの仕事です。リズムの修正を試合途中のアドバイスによって行ったり、モチベーションを維持するよう見守ったりするのは監督やコーチです、雰囲気を作ったりするのは、メンバー全員で取り組みます。これは、チームワークですが普段から練り上げていなければ、付け焼刃ではできません。当日の事をシミュレーションして、用具、水分、栄養補充物までしっかり準備して整えておきます。後は、監督・リーダー・プレーヤー同士が信じ合うだけなのです。これが、今やってきたことと合わせて自信となるのです。絶対に勝つという気持ちがそうさせるのです。

◆セルフイメージの強化

常勝チームは少々戦力不足でも、対戦相手のほうが気後れしてくれたり、自分たちは勝って当たり前という自信によって普段のリズムを崩さないため、良い結果が出たりします。逆に上位を経験したことのないチームは力がありながら修羅場をしのぐことができない壁があります。それは、選手のスキルだけでなく伝統からなるオーラに欠ける壁です。

その壁を破るためには、本当の強さが必要です。戦いに勝つためのテクニックを学ぶだけではなく、相手の心、自分の心に負けないことを練習の段階で会得しなければなりません。つまり、剣道の場合、相手が面が得意な選手であればその面に負けないスピードとパワーの面を練習し、小手で来るならば小手で負けない気位を持ち、技は正々堂々と中心を割っていく練習（相手の一番強い中心を打ち破っていく強い気位の練習）がむしろ必要なのです。最終的にはそれが人としての生き方にもつながっていくものです。

茨城県の僧侶で剣道でインターハイで優勝した選手がいます。彼は私との稽古では面しか打ってきませんでした。元気のいい学生との彼の稽古を見ていると、動きに負けず、多彩な技を繰り出しで負けていませんでした。相手の得意なところを避けて勝負はしません。その技に打ち勝って力をつけているようでした。相手が一番得意な技に自分の同じ技をぶつけて稽古する姿に感服しました。挑む心、そうした強い心も同時に鍛えているのです。そのような気位が日本一にさせたのでしょう。

マラソンで相手を抜くときは、デッドヒートで競り勝つのでなく、「これでは追いつけない」と思わせるように一気に抜き去るのだそうです。まさにその時が目に見える壁です。その壁を打ち破るときは、気力が半分以上必要なのです。

このような強い気力をつけるためには、セルフイメージを強化していくことも一つの方法です。

例えば、テニスであなたはラリーを大体どれくらい続けられますかと聞くと、四回とか五回、せいぜい六回までですとはっきりとした回答をする人が多いのです。自己能力の規定の悪例です。うまいゴルファーでも、二連続バーディーにたじろぐことはないのですが、六連続バーディーとなるとパニック状態に近くなります。私はこんなことができたためしがない、できないタイプだ、きっとできないとセルフイメージが、七連続バーディーへの挑戦を拒否しているのです。

このセルフイメージを忘れさせることです。個人差もありますが、長い間、確固として持ち続けてきたセルフイメージは、強力な破壊力を持った何かでぶち壊す必要があるかもしれません。

そうした意味でも、インターハイチャンピオンの稽古は、セルフイメージを強くしている訓練法なのかもしれません。

◆パワーとエネルギー

「この人はパワー（実行力）がある」とか、「あの人はエネルギー（活気）が満ち溢れている」、あるいは、「今後のエネルギー問題を考えるとパワーを抑制していかなければいけない」などと使われます。

高校生の物理の授業で習ったエネルギー＝力×高さの式や、パワー＝力×高さ÷掛かった時間の式をうっすらと思い出しますが、自分で自分に分かりやすく説明できません。そこで剣道仲間でもあり、産業技術総合研究所で資源エネルギーを研究していた中西正和博士にご教示願いました。全く初心者級の私に教えていただいた話をまとめると、次のような事でした。物体に外から力（フォース）が働いていない場合、もしくは力が釣り合っている場合は、物は静止し続けます。また、運動している物体は、運動を続けようとする性質があります。これを慣性と言います。慣性の法則として詳しく説明したのが、イギリスのアイザック・ニュートンです。

その力とは、物体の状態を変化させる原因となる作用の事です。物体が変形したり、動く速度が変わったりするのも、正にこの力がはたらいているからです。

その力をゆっくり徐々に出したり、強く急に出したりする物理量をパワーと言うのです。スピードはその力や

パワーによって出現した、動きの起点から終点までの速さにフォーカスした言葉です。エネルギーとは仕事をする能力の事で、力を貯蔵しておく保管庫みたいなものと考えると分かりやすいでしょう。弱めに徐々に力を出していくより、強く一気に力を出すと、エネルギーの貯蔵庫が空になるのは早くなるのです。つまり、エネルギーとはパワーの元になるもので、エネルギーを何時間で使い切るかによってパワーは大きくなったり、小さくなったりするというわけです。

中西博士の話を聞き、剣道の練習で肩の力を抜きなさいと指導を受けたりすることが理解できたり、無駄な力でむしろスピードを遅くさせているかもしれないと考えることができました。

もちろん、使える筋力を強化して、更にパワーアップのトレーニングをして、瞬発力をつけることも大事ですが（瞬発力とパワーを同じとして述べていますが）、今持っている力をどのように発揮するかを考える必要があると学びました。

剣道では勢いが、強さの表現の一つと感じてきました。それは、今まで述べてきたパワーやスピードによるものが主であると感じてきました。このことについて中西博士は次のようにアドバイスしてくれました。

同じスピードのボールをミットでキャッチする時、寸前でミットを引きながら受けるとさほど衝撃を感じませんが、ミットを前に出しながらキャッチすると、バシンとボールの強い衝撃を感じます。剣道も少し後ろに引く場面より、前に出ようとするところを一瞬で打突する技は、打たれる側が、相手の勢いを感じるはずです（微妙な距離の違いはあっても）とのことでした。

なるほど、先生方の技の冴えやゆっくりした竹刀の起動でも、勢いを感じるのは、自分の距離感まで攻め入る

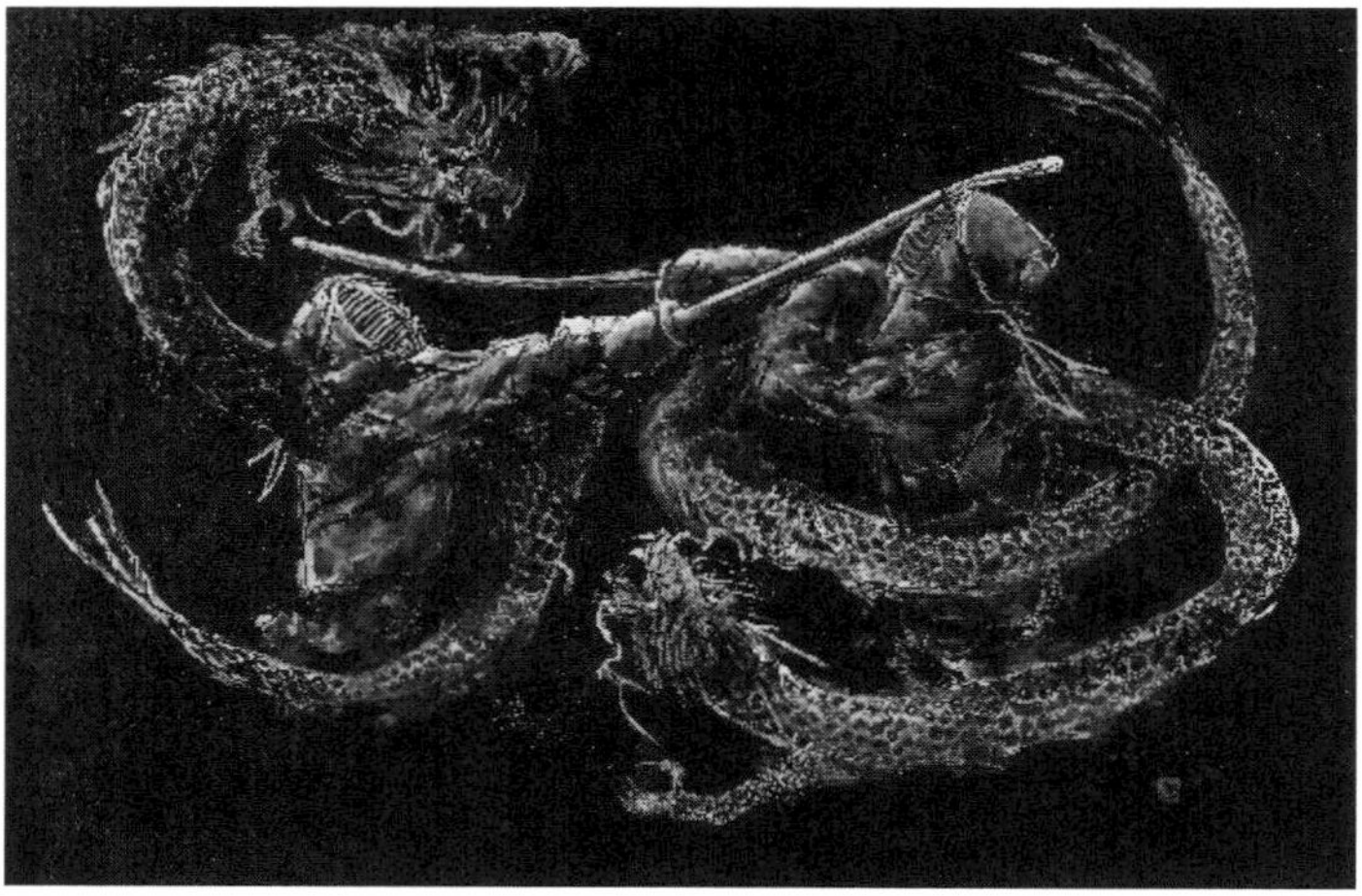

ことと、技が放たれる相手が前に出る一瞬の機会にあるのだと理解した次第です。ずっと極意はここだと指導されてきたことですが、物理学的にも納得したことです。

仕事でのスピード感やパワーは、大事なワードとして使われています。

あえて仕事と結びつけるとすれば、（情報を瞬時に判断し対応すること）×（素早く）＝（瞬発力）になるという事です。部下から幹部を経てトップまで届かせなければならない負荷の軽い情報（一日遅れても差し支えのない程度）でも、機会を逃さずに処理することが、会社のパワーアップトレーニングに直結すると考えます。

市場の分析や意見書を添付したりする重い情報は筋力肥大トレーニング（会議・読書・ネット解析・情報交換等）と考え、パワーアップのトレーニングを同時に使えば、会社の瞬発力が向上するものと思われます。

休息をとりエネルギーを補給し、軽い負荷は前日よりも二倍の速度でやりこなす努力によって、会社の瞬発力が向上するものと思われます。

◆火事場の馬鹿力の原理

締め切り前はいつも火事場の馬鹿力で乗り切っているとか、部長のプレゼンの資料に誤りが見つかったが修正が間に合わないので、ここは部署全員で火事場の馬鹿力で何とかしようなどと使うことがあります。

火事場の馬鹿力って本当にあるのでしょうか。

火事場の馬鹿力とは、切迫した状況における、普段は想像できないような力という意味です。普段は出せないような力を無意識に出すことという意味で用いられます。実際に自分の家が火事になった際に、普段は持てないような家具を抱えて避難した、という話に由来する表現とされています。火事場というのはあくまでも例えなので、緊迫した状況下におけるいつも以上の力・能力という意味で幅広く使用することができます。例えば、実際に力を必要とする場面でなくても、切羽詰まった状況下でいつも以上に頭脳をフル回転させ、顧客対応力を発揮するという場合にも火事場の馬鹿力と表現することが可能です。

火事場の馬鹿力はあくまでもたとえであり、そんなパワーは実在しないのではという意見も多いかもしれませんが、火事場の馬鹿力には人間の脳や身体の作りを根拠とした説があります。

通常、人間は自らの身体への損傷を防ぐための安全装置として、発揮できるパワーに制限がかかっていると言われています。しかし、緊急時にはこの安全装置がはずれ、限界を超えて潜在的なパワーが解放されるようになるというのが火事場の馬鹿力のメカニズムとされている理論です。

ただし、この安全装置は身体的な損傷を防ぐためのものなので、実際にパワーではなく頭脳で乗りきるような場面でさらなる能力解放が期待できるかどうかは定かではありません（『TRANS.Biz』より編集）。

●さて、真実か確認できませんが、火事場の馬鹿力として有名な実例としてWEBに公開されている記事があります。「アメリカ・ジョージア州で、『トニー』という青年が車のタイヤ交換をしていたところ、何かの拍子で車体を持ち上げていたジャッキが外れ、車に挟まれ意識を失ってしまいました。

それをたまたま見ていた近所の子供からの知らせで駆けつけた母「アンジェラ」は、息子が車に挟まれて意識を失っているのを見て、とっさにその車を一人で持ち上げ、助けが来るまでの五分間の間、ずっとそれを支え続けたのです。なんと、その車の重量は三五〇キログラムあったそうです」（WEBマガジン『モチラボ』）。

●他の例として、「昔、九州で、マンションで留守番をさせていた子どもがベランダから転落する事故がありました。たまたま母親が買い物の帰りに子供がベランダにいるのを発見し、地面に激突する寸前でキャッチしました、これはすごいことです。まず加速度を計算すると、落下地点では子供の負荷はなんと一四五キログラムになるのです。しかも、子供を見つけてからキャッチするまでの距離を測ると、一〇〇メートルを十一秒台で走ったことになります。しかもサンダル履きです」という記事がありました。

記事が事実ならば、一体、人のどこにそんな力があるのか不思議に思います。

もうできないと思う精神的限界が先に訪れ、生理的限界に近い所でギブアップしていることがほとんどです。実際はギブアップして後、電気ショックを与えた時、更に筋肉が動く証明実験などでも理解できると思います。

運動の限界に近づくと、限界だ、ストップと脳が筋肉に信号を送るのです。その限界を超えて、トレーニングを積み重ねると無意識化現象が起こります。このことを限界を超えたというのです。この無意識化がストップと

いう脳の指令を無視して動いてしまうのです。これによって、火事場の馬鹿力もうまれてくるのだと推察されています（『トレーニングジャーナル』石井直方東大教授談参考）。

剣道の練習の最後に、追い込み練習やかかり稽古をします。もうだめだと思いながらも仲間の応援の声で体が動きます。頭が真っ白になるころ終了の合図の太鼓が鳴ります。少し限界を超えて終わる指導法の伝統なのでしょう。

壁を破るには、先ず、開かずの扉を押す気迫が必要です。限界をちょっと超える練習を積み重ね、その力を腹式呼吸をして丹田に溜める練習をして、絶対破れると信じて火事場の馬鹿力を一気に爆発させることです。我慢して耐えて、逃げずに脳の限界ですよという指令を無視して押し続ければ破れると信じます。

XIII

武士道に学ぶ「生」への指標

お城の壁や書物に、有名な武将たちの言葉が残されています。その言葉には、組織の在り方やリーダーとしての心得や人のあり方など、現代社会にもパワーフレーズとなるような強い信念に裏打ちされた言葉が多く見られます。父の祖父、またその曽祖父の時代からの変わらずずっと引き継がれてきた日本人としての在り方の源流が、その中に表されていると感じるものがあります。

現在人工知能がどんどん進化しています。その為、それを使いこなす人そのものがどうあらねばならないのかが問われています。

ここでは武将たちが残したものを我々の現在の生活に当てはめて考え、人としてどうあらねばならないのかという答えを武士道の中から探り出そうと思います。

資料作成にあたり、『武士道論考』(古賀斌著)、『武道論考』(中林信二著)、『日本の武道』(日本武道館)、『日本の武道・日本武道館編』(武士道から武道へ・菅野寛明編著)、『宮本武蔵のわざと道』(寺山旦中著)、『剣道の文化誌』(長尾進著)、『武士道』(新渡戸稲造著)、『日本史見るだけブック』(福田智弘著)を参考にし、独自に構成、編集させていただきました。

◆武士と武士道のはじまり

武士の源流をたどれば、それはすでに、奈良朝廷(七一〇~七九四年)以前のころからの、「ますらお」「もののふ」などの名称で存在していました。そこには、戦闘から逃れられない武業の勇猛さが発達しました。

そして、貴族が、政治や文化の中心だった平安時代ころから、武士は徐々に力をつけてきました。

武芸を専門としていた人々、武士は、平安中期には、都で貴族に仕え、警護や警察の仕事をしたり、また、地方で領土を守るため武装化もしたりしていました。租税と徴兵に苦しむ農民たちは、やがて公民の身分を捨てて、貴族や富豪の私田を持つ土豪の下に身を寄せました。そこでは、弓馬の技を修練する兵を徴兵として差し出される以外は、自衛のために武芸専業として養われました。これが、武士の始まりと考えられます。この時代、兵として命令に従うのみだったので、彼らのうちに生じた武勇は、後代の倫理的な武士道とは程遠いものでした。

平安朝の十世紀前半ころから、公地公民原則が崩れ去っていくとともに、地方の有力豪族は、農耕土地を開拓して私有化する者が増えていきました。そうした東国の在地領主が武力を蓄えて、各自の軍団を構成するようになったときに、兵は民を守る立場の人間として誇りを持ち、民から尊敬を受けるようになりました。この、兵(つわもの)の道が徐々に形成されていったと考えられます。

平将門もその一人で、国府と対立して平将門の乱が起こります。同じころ地方官僚として働いていた藤原純友が海賊となって太宰府まで攻め落とす事件が起こりました。これら二つの乱を総称して承平・天慶の乱と言います。日本の東と西で同時に起こった武士の反乱事件に、多くの貴族が慌てふためきました。結局、平将門は藤原秀郷と平貞盛によって、藤原純友は小野好吉と源経基によって鎮圧されました。反乱を起こしたのも武士であり、鎮圧したのも武士でした。この頃は、武勇に背くものは恥とされ、優れた武人は敵の軍兵の多寡にかかわらず、勇猛に戦うことを一義としました。武士の、素朴な死を恐れぬ勇は、名を愛しむ羞恥心と結びつき、利害打算から離れる誠忠へと進み、「もののふの道」は形成されていくのです。これが、実体的な武士と武士道の発生です。

◆武士の戦いと社会的地位の向上

その後、白河上皇は上皇の警備の為に源氏や平氏を登用しました。これが後に武士が力をつける要因になりました。その後、平安時代末期に皇族や側近の内乱、保元の乱と平治の乱がおこり結果として平清盛率いる平一族が躍進し平清盛は異例の躍進をました。そして、我が物顔で政治を行う平氏一門に対し、全国の源氏が兵をあげ源平合戦が始まります。この戦いを制した源頼朝は、征夷大将軍となり鎌倉幕府を作りました。日本の本格的な武家政治の始まりです。

その後も、歴史的背景の中で、領土の奪い合いの合戦や権力争いは続きましたが、その中での武士道は、粗野な勇武と名を愛しむ、節義など以上に、主従関係の誠忠や仁愛、清廉、礼節などの徳目が強調されるようになりました。そうして、政治指導者層としての武士教育に、武と文が習練される士道の倫理性の萌芽が生じてくるのです。

この時代は、多くの仏教宗派ができています。鎌倉仏教は庶民にも広がりました。また、精神性が気風にあって、禅宗は武士に受け入れられ幕府の保護を受けて発展しました。細かな部材を組み合わせた寄木作りの技法の金剛力士像や、その他絵画でも傑作が生まれています。武士の時代らしく日本刀なども武具の制作も活発になりました。

その後、蒙古襲来、鎌倉幕府の滅亡、建武の新政、南北朝時代、室町時代と続きます。室町幕府の黄金時代を作り出したのが足利義満です。守護大名を抑え、皇族や貴族を凌駕するほどの権威を身につけ「日本国王」として振る舞いました。

しかし、農民は惣村という組織を作り一揆という反乱をくり返し、世は混とんとしました。この時、多くの武将が東西に分かれて、一四六七年に応仁の乱が勃発し十一年もの長い間続きました。そのため京の町は荒れ果てて、幕府の権威は地に落ちました。主君を殺害したり、追放したりして領土を手に入れる下剋上の風潮も目立ちました。その結果、各地に実力で領国を支配する戦国大名が現れます。戦国大名とは一国以上を支配する武将の事です。この戦国大名たちの覇権を争い合う戦国時代が始まるのです。

書物やお城の壁に残された武将の言葉には、勇猛の精神のほかに組織の動かし方の格言も多く見られます。「兵法」の読み方で、「ひょうほう」は個人的なスキルの意味合いが強く、「へいほう」は軍の動かし方などの戦略的な意味合いが強いようです。この戦乱の世の武将の戦いを簡単には言いつくせませんが、この時代を抜け出したのが、織田信長であり、信長を暗殺したのが明智光秀です。明智光秀を抑えたのが豊臣秀吉です。その後豊臣秀吉の死により、天下取りにおいて、石田三成と徳川家康が対立し関ケ原の戦いで、徳川家康が石田三成に勝って世を統一平定ししました。

家康は、頼朝の鎌倉幕府にならって、江戸幕府の制度を強化するため、公武法度の法律を取り決め、政治は幕府が委任代行することを認めさせ、封建領国支配の全国大名を傘下に収め、武家の中央集権を実現しました、所謂幕藩体制です。

武士は、戦場で生死を超えるはげしい戦闘の中で、武勇を振るい、主君に対する忠義や、朋友仲間との情誼と相互援助や、部下との共同団結の信頼と恩愛を軸として、家門の誉れと勲功の名誉心などを背負って立ちました。しかし、やがて犠牲的精神の克己などの実際的武業習練を体得して、戦場での武士らしい生きざまをすることを名誉ある武士の道であると心得るようになりました。そこには、忠孝、廉恥を重んじ名利をはなれて義勇を励む、強豪をくじいて弧弱を助け、自己の責任を完全に全うするなどの積極的な武士道精神が発達し伝統となって行きました。それが後に士道として成立するのです。徳川幕府は最初小さな乱はいくつかありましたが、戦いのない時代に変化しました。そのためこの時代に、武士たちは、自身の在り方を、精神的な内面へと掘り下げ求めていきました。この時代から「武士道」と言う言葉（同じ意味で違う言葉は続いてきましたが）が使われています。

◆武士道という名称

武士道とは、戦闘者である武士たちが、戦いの現場の中から発見し、身につけていった、生き方・価値観・道徳の総体をあらわす言葉です。

江戸時代には、剣道、柔道など今日でいうところの武道は、武士が身につけるべき戦いの技術を示す武芸、兵法（ひょうほう）と呼ばれていました。また、武士の生き方をあらわす時には、武士道、武道という言葉が使われていました。

武士道という言葉が使われるようになったのは、ほぼ江戸時代初期以降の事です。それ以前には、戦闘者の生き方や、流儀をあらわすものとして、兵（つわもの）の道、弓矢の習（ならい）、弓馬（きゅうば）の道等といった言葉が使われていました。中世の武士道は本来戦う者の生きざまを意味していました。しかし、平和が長く続いた江戸時代半ばごろから、その意味が少しずつ変わり、やがて、武士道といえば、支配者の自覚を促す高質な道徳であると考えるようになっていきました。儒教の影響を受けた支配者の道徳としての武士道は、特に上級武士の士道と呼ばれたこともあります。

一般に知られる武士道は、近代になってキリスト教の影響を受けつつ基本的道徳を見直して再構築された新渡戸の『武士道』に描かれた武士の理想像かもしれません。

文献を古いものから並べると次のようになります。［名称『文献』（時代）］とします。

［**ますらを**『古事記』］・［**もののふ**『万葉集』］・［**勇士の道**『万葉集』『士気古城再興伝来記』］・［**兵の道**『今昔物語』『宇治拾遺物語』『水鏡』『保元物語』］・［**弓箭の道**『十訓抄』『竹崎五郎絵詞』『紳書』『岩淵夜話』『小早川式部物語』『豊薩軍記』『松隣夜話』『豊内記』］・［**弓矢の道**『太平記』、『平家物語』『源平盛衰記』『塩尻』『明徳記』『鎌倉大草紙』『応仁略記』『小早川式部物語』］・［**弓馬の道**『吾妻鏡』『北条早雲二十一ヶ条』『武家諸法度』］・［**武者道**『信長公記』（主として戦国時代）］・［**武辺道**『葉隠』『中江藤樹翁問答』（徳川時代）］・［**侍道**『可笑記』『浮世物語』（徳川時代）］・［**当道**『義貞記』］・［**武道**『甲陽軍鑑』『後太平記』『平治物語』『戸田氏鉄訓』『武辺咄聞書』『北条五代記』『明良洪範』『肝要工夫録』『退食間話』『武人訓』『武備小学』『明訓一班抄』『告志編』『集義外書』『信長記』『武道初心集』］・［**武教又は武治**『武治提要』］・［**武の道**『飛騨国治乱記』］・［**士之道**『山鹿語類』『明良洪範』『資治答要』『武教小学』『武人訓』『細川勝元記』（主として徳川時代）］・［**士道**『山鹿語

類』『武治答要』『兵要録』『武人訓』『士道要論』『告志編』（主として徳川時代）〕・〔**武士の道**『風雅集』『今川記』『常山紀談』『岩淵夜話』『備前老人物語』『虚名家記』『菊池伝記』『武訓』『飛騨国治乱記』『松のさかえ』『武士訓』『武学哲蒙』『武教講教』〕・〔**武士道**『加藤清正七ヶ条』『甲陽軍鑑』『武功雑記』『明良洪範』『備前老人物語』『太平策』『鳥居元忠遺書』『板倉重矩遺書』『松のさかえ』『葉隠』『武道初心集』『武学哲蒙』『尚武論』『士道要論』『明訓一班抄』『武教講教』〕

武士道という名称は、比較的新しいものと分かります。戦闘者の生き方や価値観そのものはずっと引き継がれて述べられてきたことに気づきます。

どんな時代でも、師から弟子へ、親から子へ脈々と縦に繋がった日本人としての精神的な絆の中で、精一杯どう生きなければならないかを世に問いただした証と感じます。

◆武士道における時代ごとの重視された徳目

どの時代の武士にも、人間として求めた共通の徳目がありました。次の通りです。

「原初的な武道」は、粗野な勇武、名をおしむ、節義、誠忠、仁愛、清廉、礼節を強調しています。

「安定期の武士道」は、武勇、主君への忠義、信頼、恩愛、名誉心、忠孝、戦場での武士らしい生き様を大事としています。

「江戸武士道」は、忠孝、仁義、勇気、名誉、廉恥、正直、文武習練を強調しています。

「山鹿素行の武士道」は、忠、孝、仁、義、勇、礼、智、信を強調しています。
「新渡戸稲造の武士道」は、仁、義、礼、勇、誠、名誉、忠義を徳目としてまとめました。
「どの時代にも共通した武士道」は、勇、礼、仁、義、安定期から名誉、信＝信頼＝正直＝誠、忠が徳目です。まとめの通り、共通の徳目は仁、礼、義、智、信であり、誇りと忠であったことがわかります。時代や述べる人によって、武士道の考え方は、強調されるものが違ったりしますが、武士道に影響を与えた古儒学の徳目「仁義礼信」はどの時代も変わりません。

戦いがなく安定した時代に文武鍛錬を強調したために、智が加わりました。

嘘をつかないこととしてまとめると、信、信頼、正直、誠などは同意義の徳目です。そして、「忠」です。つまり、社会はいろいろ変化してきたが、「仁義礼信」は人の生き方として大事な欠かせないものと捉えることができます。では、その徳目を具体的に説明します。

■勇

兵士であるからこそ、勇気が求められるのは必然かもしれません。孔子が「義を見てせざるは勇無きなり」と言っているように、自らの正義のために行動できないのは、勇気と忍耐がないからだと言っているものです。逆に、正義のない勇気は、無謀とも言えるもので、義と勇は常に一緒にいる双子のようなものです。この勇気を鍛えるには、常に平静であるように心がけることとしました。意外な事のように感じますが、勇の精神は穏やかで落ち着いた心から生まれるもので、武士は座禅や断食で自己鍛錬していました。

現在にあてはめると、セルフコントロールできる人でしょう。自己肯定感があり、規則正しい行動をとって、例えば朝のルーティーンを守ったり、鏡の自分に話しかけるなどして、自己鍛錬していくことです。

■仁

最高の徳とされ、慈悲・寛容・譲れることの三つからなります。仁は字で示すように、二人以上の人の約束事の事で、思いやりの事です。思いやりとは、人の為にちょっとした負担と手間を軽減してやることだと思います。そして、相手の人の視点になることです。

そう難しいことではありません。その人が前に進むための障害物をちょっとずらしてあげたり、手が届かないなと思っている人に手を貸してあげたり、汗をかいて仕事を終えた人に冷たい水をさっと出してあげたりすることです。一日の生活を振り返ると意外とできていないかもしれません。

孔子の教えの「仁」の中に、「仁に当たりては、師にも譲らず」という有名な言葉があります。つまり、仁を行う場合はたとえ先生であっても遠慮はいらないと言う意味です。仁は本当に大事なものであると言っています。

また、愛を広げていくこととも言い切っています。仁愛を提唱していました。仁とは、人間が守るべき理想の姿です。自分の生きている役割を理解し、自分を愛すること、そして身近な人間を愛し、ひいては広く人を愛することです。義、礼、智、信それぞれの徳を守り、真心と思いやりを持ち誠実に人と接することが、仁を実践する生き方です。

■礼

もともと神への祭りごとを意味しましたが、心の鍛錬を意味します。礼は心から感謝することです。それを決め事の形にしたのが礼儀なのです。この心の鍛錬は人の品格をも作っていきます。

戦う者の世界とは、常に戦う相手を意識しなければならないという世界です。自分が自分を磨いているということは、一方他者もまた、優れた武士となるために自己を磨いていることが当然予想されることです。他者を侮る者は、必ず他者に追い抜かれるものです。他者を侮ることは、自己の研鑽を怠ること、つまり、油断に他なりません。

だから優れた武士というものは、当然他者もまた自分以上に努力する者として敬意を払うのです。他者への敬意は、自分もまた尊敬されるに足る人物となるための修行と裏表の関係にあります。

『甲陽軍鑑』という武士道書には、「敵をそしるは、必ず、弓矢と弱き家にての作法なり」（敵の悪口をいうのは、武道の弱体な家のやり方だ）という言葉があります。他者に敬意を払わないのは、己を磨かぬ、実力の足りない者のやり方だという意味です。

互いに自らを高め合う者として尊敬しあう精神は、武士達の「礼」にはっきりと表れています。敵や敗者、さらにはあらゆる人に礼をもって接するという武士道の流儀は、いうまでもなく、今日の武道においても根本的な精神となっています。

前述した元横綱の日馬富士さんが相手がいたから相撲が強くなれたと述べたことは、まさにこのことです。食事をするとき、食材を取り寄せ、運んで作っている人がどこかにいるのです。会社に行くとき電車を動かしている人がいるのです。お金を払っているから当然ということを超えてありがたいと思えることが原点です。

■義

中国思想の概念では、義は宜（よろしき）なりというのが伝統的な定義です。真っすぐで正しいことで、その場にあてはまって都合がよいことを言います。

しかし、人によって、それぞれの正しさの基準点は違うものです。義を貫いたと言いますが、それは、本当に正しかったのか難しいところもあります。相手にとって一〇の満点の義を尽くすことです。自分にとって一〇点の正しいことでも相手にとっては、五・一の程度の義かもしれません。四・九以下の不義にならぬように生きることが私の思う義の在り方です。

つまり、自分の世界だけの義が、相手の心も貫いていく普遍のものを義と言うのです。

本当に人を愛し思いやる生き方は、正義を貫いてこそ成り立つのです。

孔子はこの仁愛を提唱しましたが、そこから墨子派は兼愛を、楊朱派は自愛を強調していました。子思に直接学んだ孟子は、「仁と義をあわせもつ仁義が必要である」と説いて、孔子の教えの復活を語りぬきました。仁義について、「仁は人の心なり　義は人の路なり」（『孟子』告子章句上）という言葉ですが、義は状況に適した振る舞いで、すでに決まっていることですが、仁は他人への思いやりの感情なので決まりごとではありません。しかし、仁と義がセットになると一個の人間が他人への思いやり（感情）を行為によって他人に示すことになります。行為というのはもちろん相手に、それが仁から発せられたものと分かるような行為です。これが仁義です。

経営についても義が多く論議されてきました。商売の世界では「利は本にあり」といって、仕入れの巧拙が利益を左右する意味の格言があります。しかし、本来の古典の言葉は、「義は利の本なり、利は義の和なり」です。『春秋左氏伝』には、「義は利の本なり」とあり、『易経』には「利は義の和なり」とあるといわれています。

つまり、利を求めるにあたって、義が邪魔になることはないのです。また、義を求めていけば利が得られないということでもないのです。この二つは矛盾し、反発しあうものではないと言うことです。それどころか、そもそも義は利の本になるものであって、利は義の和として生み出されてくるものだと言います。「どうすれば人の役に立つか、人を喜ばせることができるか」という一つの答えを見つけ出して、それに徹することが肝心なのです。

元文元年（一七三六年）に「先義後利」いう言葉が使われています。元は呉服屋から始まった百貨店大丸の創業者下村彦右衛門によって、義を先にして利を後にする者は栄えるということを、事業の根本理念として定めました。この言葉は中国の儒学の祖の一人、荀子の『栄辱編』の中にある「先義而後利者栄」から引用したものです（ウエブサイト大丸：歴史より）。一八三七年、大塩平八郎の乱の時、「大丸は義商なり」として焼き討ちをさされなかったことから、先義後利が特に大事にとされてきました。

三菱本社四代目社長の岩崎小弥太は三菱財閥解体の折、「第一義は社会、国家のために任務を遂行する。第二義は需要供給の関係と時と場所を善用して正当な利益を得る。第二義のために第一義を犠牲とすることを断じて許さない。これは義を基とするものである」と通達しています。経営にあっても義は大切にされてきた歴史です。

■ 智

文武両道が奨励された江戸時代に付け加えられた徳目が智です。佐佐木杜太郎著『武士道は生きている』では次のように述べています。

「学問は昔から現代にいたるまでの歴史上の出来事や、その時代に活躍した人々の業績を知ることと思ってはいけません。知識の積み重ねが学問の目的と考えるのは間違いです。知識をえて人生の正しい道を明らかにし、そのよいところの理を知って現在に活かす工夫を凝らすためです。学ぶことにより判断力をつけることだと思います。なにから学ぶのかは、学校の教科書を言っているのではなく、人そのものから、そして自分自身の行動の経験から学ぶことです」と。

つまり、智は、人や物事の善悪を正しく判断し、現在を生き抜く知恵なのです。さまざまな経験を積むうちに培った知識はやがて変容をとげ、智となって正しい判断を支えます。より智を高めるには、偏りのない考え方や、物事との接し方に基づいた知識を蓄えることが必要です。

■信

心と言葉、行いが一致し、嘘がないことで得られる信頼です。嘘のために一度損なわれた信頼を、取り戻すのは難しいことです。たとえ、仁なる生き方を実践していても、人に信頼されないことには社会で生きていけません。信頼は、全ての徳を支えるほどに大切なのです。

◆江戸武士の士道が求めたもの

江戸幕府を開いて戦いを終息させた徳川家康は、国家社会の平和的武家社会を確立し永続するために武士と町人・農民との身分制度を厳正にしました。そして、秩序順応に都合の良い名分論の儒学（朱子学）を奨励して、支配的上級に位置する武士階級に、文武両道を奨励するようにしました。

高等な知育を錬成するための学校教育は、武士階級のみに許しました。庶民には徳目教育ばかりの、寺子屋での手習い教育での文教政策でした。

「政道批判は法度たるべし」という江戸幕府の庶民支配の政策は図に当たって、徳川二六〇年の治平はまっとうされ、階層制は確立されたのです。

武士は、国家社会的に最高の知識階級として、一般庶民が仰ぎ尊ぶ身分の者とされ、自他ともに疑いませんでした。このような地位を与えられたと自負する武士は、その誇りと対面のためにきびしい実践倫理が要望され、百姓町人とは相違する君主に対する奉公人の自覚が道徳律として定着してきました。

はじめは、武士はその仕える主人から領地俸禄をもらっているのだから、その恩顧に報いるために、いざ鎌倉という場合には、身命を賭して奉公するのが恩義であるとし、また人として親に孝をつくすのは、当然であり、忠孝の大本は武士の第一義的務めであるという心構えが武士道として発達しました。

素朴な誠実さは、忠孝、仁義、勇気、名誉、廉恥、正直などの実際の行動として一般武士の手本とされました。それは、つねに生死を覚悟しなければならない戦場で、最も華々しく発揮されましたが、平常時においても、文武習練の心構えのうちに伝えられました。

この太平となった江戸初期には、武士の身分は安定しました。そして、徳川家に仕えていたものは高禄、高地位になり、世襲制によって貧富の差は動かぬものになりました。しかし不運にして士官の道を閉ざされた武士は全国数十万と言われます。刀を捨てて農民になるのは良いが、誇りを捨てきれずに生きる浪人の生活は悲惨で恵まれなかったのです。こうした武士たちの生涯に矛盾があったことは事実です。

江戸初期には、武士が戦場で体験してきた粗野で荒々しく純粋で豪放な「武士道」が巾を聞かせていました。

武士が恥辱を被った時、理非を問わず刃傷沙汰になっても立派な行為でした。義のための決闘の助太刀も武士の道として正当化されました。

幕府は、そのような戦場の生き残りの武士の荒々しい道義を、平和な武家支配の政治に順応させるように転換を図りました。一六三二年、諸番頭、諸奉行に下された法度の第一条の「武士の道、怠慢なく軍役等心委ねるべし」とあるのに加味して、儒教の朱子学を取り入れた名分論的倫理道徳を奨励しました。

武は伝統的なもので、その確固たる義勇の精神は武士道の根幹であるが、それと共に、重忠、誠実の基本的な大本論理を、道義的に順守しなければならない文武不岐のものとしました。この時にあたって、儒教の士大夫の倫理性と武士の実践道徳を融合して、新しい武士道を具体的に構成したのが山鹿素行です。

素行は、新時代の「武士道」は、必ず忠、孝、仁、義、勇、礼、知、信などの徳目を持っていなければならないと説きました。そのために、幕府奨励の朱子学の高遠な名分的理論はふさわしくないとして、実行を主目的とする、孔孟の儒教古学によって、「士道」のセオリーをうち立てました。

士道は、日用生活に即した人倫道徳を解いたもので、その構成は、それまでの武士道の精神を述べた他書にはない論理的なものになっています。それは、ことごとく武士の日用の覚悟と生活の心構えを組織的な拙論をもって述べています。

つまり、歴史的な発達をした武士道という名が、絶対な誠実さとしての倫理道徳にまで昇華された要因は、人としての尊厳性にあったと推察されます。具体的には、君父への恩情を体認することに基づく忠孝の道でした。

また、義についても、不義を恥じることも、支配者の立場の上に立ってはいますが、こうして近世「武士道」がさせられたのです。

■ 誠

誠の意味は、礼を誠実に行う心のことです。新渡戸稲造は正直さ、誠実さがなければ、礼はしないのと同じと言っています。誠は言を成すと書きます。武士に二言はないという正直の意味があります。新選組の近藤勇は誠の言葉を大事にしました。「至誠天に通ず」という言葉です。これは当たり前のことであるとしています。

これは、古儒学でいう信や戦国武将が大事にした正直を包括したものです。

■ 名誉

昔から武士が大事にしてきた徳目です。究極は対人や周りの人が判断することです。むしろ「誇り」が自分の生き方としてわかりやすい徳目と思います。

生きる資格のある人が、生きている間に学び実践してきたことです。

新渡戸稲造の『武士道』では、名誉とは、一生懸命に生きた人間だけが、死ぬ瞬間に得られる「徳」であると言っています。死ぬまでに得られる徳ではありません。死ぬ瞬間に得られる徳です。ですから、死ぬときにいい人だった言われるように、死を意識していたのです。

葉隠でも、武士道とは死ぬことと見つけたりという有名な言葉がありますが、直の死ぬことの意味ではなく、どう人として生きるかということです。武士は名誉を得るために生き、名誉ある死をいつも考えていました。どうかっこよく死ねるか、あっぱれであった、立派な人だったと言われたいと思っていたのです。

義、勇、仁、礼を誠やり遂げることができたものが名誉ある死が得られると考えていたからです。

■ 忠義

封建社会における個人の服従です。個人は国家の分子であるとしています。武士が生きた時代の「忠孝」なるものは、現代社会では説明しがたいものですが、私は自分自身へまた自分の良心への忠実さを「忠孝」の意味と捉えたいと思います。

新渡戸は武士は使命によって生きることを自覚し、自分の使命を模索していたと言います。吉田松陰は外国に目を向けなければならないとし、ペリーの船に乗船しようとしとらえられますが、その時の歌が、「かくすれば、かくなるともしりながら、やむにやまれぬ、大和魂」と詠んでいます。

現代、国家に対する忠義や、使命感は私達一般人には直接的に考えにくい言葉です。しかし、自分自身に誠実に忠義を示すことは大事な事であり、自己愛に繋がっていくものと思うのです。

■ 自立

菅野覚明氏は『日本の武道・武士道から武道へ』（日本武道館編）中で、戦いの世界を生きる武士にとって、最も大切なものは、「自立」ということであると言っています。

もともと武士は、人の助けを当てにできない乱世の中で、自分の土地や家族を自力で支える生活の中から生まれてきた階級です。誰の支配も受けず、誰の力も当てにしない自立こそが、武士の生き方の根本であり、また彼らの誇りでもありました。

この自立を支えるのが、自分の実力、すなわち強さです。すべてを自分の力でということは、言い換えれば、武士は、どんなことでも人の力を借りず自分でできなくてはいけないということでもあります。戦闘技術はもちろんのこと、領地を治める行政能力、領民の治安を守る司法警察の機能、さらには他の武士と交渉する外交手腕から、子弟の教育まで、武士には様々な事がらに通じたゼネラリストであることが要求されたのです。

自立とは、要するに自分の始末は自分でつけるということです。それは、必ずしも、政治や外交といった大きな事とは限りません。たとえば、武士は日常の心がけとして、洗濯や武具の手入れは人まかせにせず、自分の手で行いました。武士道書には、常備薬の補充とか、庭に梅の木を植える（戦闘用非常食を自分で用意しておくこと）といった、ごく細かいことが多く記されています。稽古着や道具の手入れといったことが今日の武道の基本とされるのは、武士道の自立の精神と確かにつながっているのです。

自立は、自分で自分を律する自律にも通じます。優れた人格などと言われると、何やら分かりにくいものかもしれませんが、それは、要するにきちんと責任がとれることを表します。武士は過ちを他人から指摘され、罰せられるのを恥と考えました。他人からあれこれ指図されるのは、自立の精神に反するからです。だから、武士は、過ちを自分から認め自分で自分を罰することを良しとしました。切腹が武士にとっての名誉とされたのも、自分の身の始末は自分でつけるという自立の精神の一つの現れです。自己の行いを自分でチェックし、他から言われるまでもなく己に恥じて自らを改めるのです。自分の精神に支えられた人格とは、そのようなものなのです。

■ 自己尊厳

戦う者の思想である武士道は、当然のことながら武勇を重んじます。古代ギリシャでは、道徳の四つの根本（四元徳）として知恵、勇気、強制、正義が掲げられていました。中国では、三つの基本道徳として、習、仁、勇が説かれました。このように古代人類の普遍的道徳として、武勇は常に欠かせないものと考えられてきました。

武道は、一面では武の技を磨き、極めていく道です。しかし、武道は専門技術を向上させる方法論にとどまるものではありません。大切なのは、武によって何が実現されるかということにあります。武道を実現する主体としての自己こそが、武道の本当の目的なのです。より良い自己が実現されるときに身につくもの、それが道徳です。武勇が古来道徳の一つとして重視されてきたのは、武勇もまた何らかの形で、よりよい自己の実現にかかわるものとして考えられてきたからです。

武勇が実現する自己とは、それは何よりも自分の力で昂然として立つ、主体的な自己です。何物にも頼らず、己の力で立つ、大丈夫としての我です。武道のめざす人格とは、自己の尊厳を自ら保つ、誇りに満ちた主体のことに他なりません。武道は自己の尊厳を知り、そのことを通じて、他者もまた尊厳を持つ存在であることを知る道なのです。人間の尊厳こそが、武士道・武道がともにめざす究極の目標といえるのです。

■ 新渡戸稲造の武士道

武士道が、何百年もかけて日本人の心の中に発展してきたことは、認めざるを得ません。農工商の民衆を監視する役目となった武士は、誇りを大切にし、互いを律し、名誉を傷つけないよう武士同士が監視するようになりました。それゆえに、常に自分を見つめなおすようになりました。

武士は、仏教から、生に執着せず死を常に意識することを学び、神道から、万物に神が宿ることを学び、物を大切にするようになりました。結果、経典というものがなく、教えを自己の肉体と精神に刻んでいったのです。このことを、武士道は日本人の生き方そのものだと新渡戸は言っています（Japanese way of life）。

新渡戸が言う武士道精神を構成する徳目は、義、勇、仁、礼、誠、名誉、忠義としています。この徳目が、明

文化されてあったのではなく、新渡戸が包括するようにまとめたものと推察します。山鹿素行はもっと多くのものを細かく指摘していることからもうかがえます。新渡戸『武士道』には様々な評価もありますが、それでも同書には汲めど尽きない海外の人も共感する普遍的な価値があると考えます。

コロナ禍において、職をなくし、どう生きてよいかわからない人が多かったと聞きます。武士道の考えの中に「生きる」という指標を見いだせることは意義深いと感じます。

◆『五輪書』に学ぶ

ここまで、武士が生きた時代の心の在り方を考えてきました。今度は、実践論で有名で、現代企業でもその考え方に注目されている宮本武蔵の『五輪書』で働き方や生き方を考えます。

余談になりますが、私は、『五輪書』が書かれたという熊本の霊巌洞のある金峰山のふもとにある中学校の出身です。寒稽古の締めとして、この霊巌洞で素振りをしたことを思い出します。数ある武士の教訓の中から『五輪書』を取り上げた理由です。

宮本武蔵（一五八二～一六四五年）は、諸国武者修行を行い、六十余度の剣術勝負で一度も負けたことがないという剣豪です。生涯にわたって剣術を磨き上げ、己れの生き方を見つめ、武士としての兵法の道を探求し続けました。その集大成となった著作が『五輪書』です。これは、単に剣術や兵法の書に止まりません。武蔵自身が[何れの道においても人にまけざる所をしりて、身をたすけ、名をたすくる所、是兵法の道なり]と書いている通り、その極意は、社会のあらゆる道にも通じるものであるといいます。

一六四三年に霊巌洞において筆を起こしたと記されています。寅の刻（朝の四時）に事を始めたとあります。しかし、『五輪書』の原本は今だに発見されていません。武蔵自筆のそれはないのです。その一方で、『五輪書』の写本はかなりの数が現存します。筑前系八～十二本、肥後系十一本の異本があるそうです。『五輪書』が書き上げられたのは、武蔵が亡くなる直前の正保二年（一六四五年）のことです。大坂の陣以来、全国規模の合戦がなくなっておよそ三〇年が経ち、人々は泰平の世に慣れていました。しかし、島原の乱を経験し、またいつ戦が起こるかわからないと考えていた武蔵は、実戦では通用しないような道場だけの流派剣術が横行していることに大きな危機感をもっていました。たとえどんな状況になったとしても、武士としての覚悟を持ち続けなければならないわけです。武蔵は、若い世代に、そして後世に、生涯を通じて鍛錬してきた兵法のまことの道を何とか書き残しておきたいと思って、筆を執ったのです。『五輪書』が、現実の中で生き抜き、時代の課題を真正面から引き受け、自らの経験に基づいて書かれた本ならではの説得力があります。その実戦性、合理性から、現実に即した徹底性は普遍性を持つのです。

■ 地之巻

『地之巻』では、戦場における様々な武器の長所短所、物事の拍子（リズム、機）を知ることの重要性、道を学ぶ者が知るべき九ヶ条の心得など、他の分野にも通じるような兵法の基本を論じています。そこには、剣術だけでなく、坐禅や書画に通じ、農・工・商の生活にも詳しかった武蔵ならではの洞察があります。

［人をみわけて、其はか行きて、手際よきもの也］。

この言葉は、兵法の道における大将と士卒の役割と心得を、棟梁と大工の関係において説明しています。士卒たるものは大工と同じで、大工はいろいろな道具を棟梁の言うことをよく聞いて、自分で工夫して作ることが大切です。特に技術の熟練を強調しています。武蔵がどれくらいの熟練度だったかを知る逸話があります。武蔵が小姓の前髪の結目に、一粒の米粒をつけておいて、これを真二つに切り割ったと言われます。金工などの品を作り上げ残した武蔵が、熟練とはどういうものか察しができます。

さらに、大将は大工の棟梁と同じで、天下の原則をわきまえ、物でも人でも適材を適所に当てて組み立てることが肝要と説いています。それにはそれには物なり人なり、生かして使うことで、そうすれば見栄えもいいし能率も上がります。

昔から事業などを成功させた人に、ここに配慮のなかった人はいません。スポーツのチームでの監督によるポジション決めも、選手の能力、自分たちの戦術・戦略、相手チームの戦略の読みを考え適材適所に配備するのと同じです。このことは、企業経験者のみでなく、社会対個人の関係においても同じことが言えます。武蔵が、戦国時代に勝ちえた武道を、平和期に諸芸に生かしたこと、十六歳も年下の細川絵所の矢野吉重の弟子に名を連ねたこと、自分が鍛えた刀の切れ味を試そうと切りかかった河内守源永国を細川藩に推挙したことなど、すべてを活かしていくという武蔵の兵法が窺えます。

■ 水之巻

入れる器に従って変化し、一滴にもなり大海ともなるのが「水」です。そのイメージによって「兵法の道」の核となる剣術の基礎を説いたのが「水之巻」です。

隙のない自然体で、どんな状況下でも、緊張することなく、心を静かにゆるがせ一瞬も滞らせず、状況全体と細部を「観・見」二つの目で偏りなく見ることを大事と言っています。実戦の戦い方を徹底して分析し、様々な打ち方、攻め方を具体的に指南するのです。そして、昨日より今日、今日より明日とよりよくなるように工夫して、それを千日、万日と継続していく鍛錬こそが重要だと説いています。水之巻では、自己鍛錬の方法や専門の道を極める方法が学べます。

話は横道に反れますが、ハリウッド映画『燃えよドラゴン』のブルース・リーは、自分の武術（カンフー）の極意は、「Be Water　水になれ」と言っています。水は岩をも砕き、型にはまらず、どんな形にもなれることが、術の極意が合致していることが、武蔵とリーが重なって見えた次第です。

■ 火之巻

最初は小さな火でもたちまちのうちに大きく燃え広がる「火」です。そのイメージによって、一個人の剣術勝負の極意が、大勢の合戦の場面にもそのまま通じることを解き明かしたのが『火之巻』です。

戦う場の特性を常に自分に有利にもっていく場の勝ち、戦いの主導権を握るための三つの先、さらに敵が打ち出す前に抑える枕のおさえを説いています。敵をよく知った上で、敵の構えを動かし、敵をゆさぶるための心理戦も駆使して、敵が崩れる一瞬を逃さずに勝つことです。

武蔵は、剣術勝負だけではなく、大勢が戦う合戦においても、確実に勝利に結び付けていく勝利の方程式を徹底的に追求したのです。戦い方の根本を説く火之巻から、現代のビジネスやスポーツ等の分野にも応用できる状況を見極め、活路をひらいていく方法が学べる点です。

［いづれも先の事、兵法の智力をもって、必ず勝ち事を得る心、能能鍛錬あるべし］。

この先には、自分からかかる懸の先、敵が掛かってきた時の待の先、同時にかかる体体の先があります。吉岡又七郎を切った後、武蔵は田のあぜ道に走って、大勢の敵を一列にしてしまいます。計算された先の戦略ということもできると思います。

［敵を山と思えば、海と仕掛け、海と思わば山としかくる心、兵法の道なり］。

このように武蔵は意表をついて仕掛けるのが、兵法の道と説いています。その時々によってケースバイスで、自在に変化できるよう心掛けなければならないことは、何の道でも同じであるのです。マンネリ化は、能率も上がらなければ生彩もないからです。そのためには、とにかく実力が互角の時など「四手を離す」という新しい方法で、今までのやり方をきっぱり捨てて方針の転換することだと言います。

■ 風之巻　■ 空之巻

世にある他流派の間違いを根本的に批判し、真の兵法のありようを浮かび上がらせています。

［兵法の早きと云所、実の道にあらず］。

このように、『風之巻』で他流を批判し、空之巻で真の兵法の追求の仕方と究極の境地を明かしています。とりわけ『空之巻』では、地水火風の四巻で兵法の具体的な心得を学んできた者に、空（くう）を示すことによって、より深く無限なものがあることを教えています。それを自分には未だ知りえない世界があることを自覚し、自らが心のひいきや目の歪みに捕らわれていないか、と思い取って修練を続けていくべきことを示す指針なのです。武蔵が、少しも曇りなく、迷いの雲の晴れたるところと表現する空のあり様を明らかにし、より大きなところから自分自身を見つめる視点や偏りや歪みから解き放たれた、自在なありようがどんなものかが学ぶべきところです。無とは真空のように何もない、居眠りでもしているようなところを想像してしまいますが、さすがに、生死の間を実際に潜り抜けてきた人間の無とは違うと考えられます。生きるか死ぬかの瀬戸際においては、首がいくつあっても足りないからです。

ここでいう武蔵の空（くう）は、はたらきのない虚無の空ではなく、生きた空なのです。ものを知らないとか、武士道をわきまえないなどという空無の頑空ではなく、なんでも知りわきまえていながら、それにとらわれないという空なのです。

書画を書く時などもその外ではありません。郭然無聖の世界とは充実の極みなのです。それはあたかも駒がフル回転して、泊まっているがごとき状態でなければなりません。その時はすべての環境が目に入っていながら、気にならないのです。そういう状態でなければ生きた書はかけないのです。武蔵はその境地を、兵法の道理として次のように言っています。

「少しも曇りなく、迷いの雲の晴れたるところこそ、実の空と知るべき也」。

まっすぐな心が、無であり、空であり、道としています。

◆現代に生かす『五輪書』

［物毎に勝つといふ事、道理なくしては勝つ事あたはず］。

これは、『空之巻』で、（戦いに勝つということは、正しい道理なしには勝つことは出来ません。本来戦いに負けたのに正しいことはあり得えません。勝利する方法が正しい道理となるのです）と言っています。

また、『火之巻』で［剣術実の道になつて、敵とたたかひ勝つ事、此法聊か替る事有るべからず］と言っています。これは（剣術の正しい道は、敵と戦って勝つことであり、これは絶対に変わらないのです。正しい方法で負けるのと、間違った方法で勝つことでは、後者の方がいいに決まっていますが、世間的には前者を良しとしがちです）と述べています。大目的の勝つということから、ブレないことを言っているのです。

これらの言葉は、生死のぎりぎりの戦いであるがゆえにある言葉です。生きるため、死なないためなのです。だからといって、ただ勝てばよいと言う考えでは、現代はかえって生き残れません。現代は、刀は使いませんので、実際の死はありません。ですから、勝つことは大前提ですが、卑怯な手で勝っても、現代は勝ちではないのです。win - winの勝ちを求めなければリピーターも増えず、人格を否定されて終わりです。だから、どう勝つかをよく吟味して臨まなければなりません。

次に、［ある所をしりてなき所をしる、是則ち空也］と『空之巻』で述べています。ものが有る所を知って初めて、無い所を知ることが出来るものです。これがすなわち空です。知識のことで考えると分かりやすく、知識は増えれば増えるほど、自分が多くを知らないことを知ることができるものと言う意味です。自分にはまだまだ知らないことがあり、求めよう、学ぼうとし続ける姿勢が必要なのですと言っているのです。

真の無を求めた言葉です。武蔵が追求した真理というのはすべての道に通じるものです。そのことを、「いづれも人間において、我が道我が道をよくみがく事、肝要也」と武蔵は表現しています。

太刀の道と間合いついて、太刀を振るのには、その都度の構えから最も振りやすい方向と道筋があり、ちょうどよい速さ、ちょうどよい強さがあり、途切れることなくつながっていく動きの流れがあることを述べています。そのような動きで、敵を最も無理なく自然に切ることができる太刀筋が太刀の道なのです。

現代、人と向き合う時にも通じることです。刀を実際に振ったときの感覚でつかむように、人と接することを積み重ねながら感じとるしかないと思います。

出会う人、全ての人に真剣に向き合い、全力で生きることが大事と言い切っているのです。

XIV

未知への踏み込み

覆面の剣士Xとか惑星Xとか謎めいたものです。

数学でもわからない解をXとして式を書いたりします。

Xに踏み込むことは、不安もあり、自己に決意と自信、勇気が必要です。

未知の世界へ自分を信じて踏み込んでいかなければ、未来の扉は開きません。今は目には見えないものを、必ずや将来、見える形にするという信念を引き継がねばなりません。

◆ブレッドシュナイダー

私たちの目の前で、体操の鉄棒の上から塚原選手がムーンサルトで着地しました。一九七五年エリザベス女王来日の際の国技披露の時でした。それから十年ほどして（一九八五年）、東京オリンッピク体操競技候補選手であった石川義彦氏と話をしていた時、「鉄棒で回転しながら手を放し鉄棒を飛び越してまた回転に戻るなんてことできたら面白いですね」と私が質問しました。笑いを取るつもりでしたが、答えは「そうした技はもう二〇年前から考えられているよ」でした。

そして、二〇二二東京オリンピックに出場した、内村航平選手がブレットシュナイダーというH難度の技で、鉄棒の周りをアクロバット的に手を放して回転し戻ったりしていました。今の技は、一九六五年の東京オリンピック以前から、つまり、半世紀前からの創造物なのです。何年も積み重ねられて、今現在があるということです。

そんなことはあり得ないと思っていることが、近い将来に出来上がるかもしれません。でも、夢をもって未来に向けて踏み込まなければなりません。

話は変わりますが、学生時代に将来には、個人の健康チップができそれを機械にかざして椅子に座ると、自分の体の悪いところがすぐにわかり、最善の治療方法が示されたり、薬が出てきたりする時代が来るという授業を覚えています。その時、もう研究は進んでいるとのことでした。最近製薬会社の方にこのことをお尋ねすると、チップを体に埋め込んだりすることの倫理的な問題も大きく、それに代わる方法で研究は進んでいるとのことでした。何十年もかけて人類が進化していくことを肌で感じます。

未来の世界まで勝つためには、未来を想定した技の構築が少しずつ積み重ねられなければなりません。しかし、企業のイノベーションを検討するにもそう時間はかけられないのが普通です。

確かに奇襲一発勝負の勝ちはあります。しかし、一瞬の幸せではなく、勝ち続けることが本当の強さの証明です。それにより幸せが固定化していきます。

未来の幸せの為に、夢を語りながら考えることが大事です。自分の会社がボタン一つでパーティー会場に変えられるようになるかもしれません。ロボットの中に自分たちが入り込む時代が来るかもしれません。

◆現代の魔法ナッジ理論

熊本市のある医療センターで、看護師のユニホームの色を日勤の人は赤、夜勤の人は紺と色分けしたそうです。そうしたら残業時間が十分の一に減ったそうです。紺の中に赤が一人いることで、赤本人が違和感を感じ「早く帰らないと」と思うそうです。医師の方も伝達を赤を遠慮し紺に伝達するように意識が変わっていったそうです。これはナッジ（nudge）理論の素晴らしい成功例です。

ナッジ理論は、アメリカで生まれた行動経済学の新しい理論です。小さなきっかけを与えて、人々の行動を変える戦略です。行動経済学で用いられる理論のひとつとして扱われます。

ナッジ理論は、二〇一七年に理論の提唱者である行動経済学者リチャード・セイラー教授がノーベル経済賞を受賞したことで、アメリカの企業を中心に世界的に広まってきていました。現在では、多くの企業のマーケティング戦略で利用されるほか、イギリスやアメリカの公共政策でも使われています。ささやかなきっかけを与えることで、人々の行動をガラッと変えてしまうことから、現代の魔法とも言われています。

■合理的でない人間の行動や判断を解明

行動経済学とは、心理学を応用し、人間は情報や感情に流されて動くという点を読み解く、新しい学問です。

行動経済学では、人間がかならずしも合理的には行動しないことに着目し、人間行動を観察することで、従来の経済学では示せなかった現象や経済行動の原理を説明しようとします。人が判断して行動を起こす際の直感と感情を重視し、さらにそのメカニズムを明らかにする学問とも言えます。心理学とも関連づけられています。

たとえば、以下のような例が挙げられます。

お財布事情の厳しいサラリーマンがうなぎ屋さんにいってメニュー表を開いたとします。そこには、松一五〇〇円、竹二五〇〇円、梅三五〇〇円のうな重メニューの記載がありました。お金がない状況なら、通常は一番安い一五〇〇円の松を食べようかなと思うかもしれません。しかし、五割以上が真ん中の二五〇〇円の竹を選ぶそうです。なぜ、人は二五〇〇円の竹を選ぶのでしょうか?

価格が分かれている場合、人は安い商品よりは、高い商品の方が品質は良いはずという思い込みが働きます。ただし最も高い商品に対しては、一番高いモノは贅沢な気がするし、失敗した場合損失が大きいかもという心理が働いて、回避する傾向にあります。一番安い商品に対しては、一番安い商品を選ぶと、貧乏やケチだと思われないかなという、世間体を気にしたり見栄の心理が働くともいわれます。そのため、選択肢が三つあった場合には、真ん中を選ぶ傾向にあるのです。

このような、あまり合理的とはいえない一連の行動や人間の判断を解明するのが行動経済学です。人の心を誘導する点から、マーケティングや広告などでも応用が効きそうです。

■ナッジ理論の日本の具体例

●放置自転車で悩んでいた雑居ビルのオーナーが「ここは自転車捨て場です。ご自由にお持ちください」という内容の張り紙を、自転車のハンドルの高さの位置に貼りました。その結果、ビル内に自転車が放置されなくなりました。少し皮肉が混じった内容ですが、「自転車を放置させない」という選択をさせるために有効なナッジ理論だったと言えます。

● 二〇一三年におこなわれたサッカーワールドカップ日本代表戦による影響で、JR渋谷駅前にサッカーファンが殺到し、スクランブル交差点が大混雑しました。しかし、「皆さんは十二番目の選手。日本代表のようなチームワークでゆっくり進んでください」という警視庁の男性警官のユーモア溢れるスピーチによって、混雑は緩和されました。逮捕者、けが人が出ることなく、大きなトラブルは起きませんでした。民衆の良心にさりげなく訴え、人々の自主性に委ねたスピーチはまさしくナッジ理論でした。

● 経費削減をしていたアムステルダムのスキポール空港は、汚物で汚れた男子トイレの床の清掃費が高く困っていました。そこで、小便器に一匹のハエを描きました。その結果、トイレの床を汚す人が少なくなり、清掃費は八割減りました。これは、人は的があると、そこに狙いを定めるという分析結果に基づいて、小便器を正確に狙わせたナッジ理論です。この話はナッジ理論の最も有名な成功例と言われています。

● シカゴの学校では、生徒たちが野菜など身体に良いものを食べないと問題視されていました。そこで、利用者が取りやすい位置に健康によい食べ物を置くことで、無意識に健康によい食べ物を取るようにする手法を実践しました。結果、健康食品を選ぶ人の割合が以前に比べて三五％増えました。サラダの存在を意識させ、健康食品を選択させる手法は、まさに行動経済学に基づいた王道のナッジ理論です。

● タバコの吸殻をアンケート投票券にしました。環境問題に取り組むイギリスのNPO団体「Hubbub」は、ロンドンのタバコのポイ捨て問題に対し、何か対策がないか考えていました。そこで考案されたのが「タバコの吸殻で投票するアンケートボックス」です。ポイ捨てが激減しました。

● イギリス政府の中で納税率の低さが問題視されていました。そこでイギリス政府は、税金滞納者に対して、あなたの住む地域のほとんどの人は期限内に納税していますという趣旨の手紙を送るようにしました。滞納者は強い社会的圧力を感じるようになり、結果として納税率は六八％から八三％に増加しました。

このように、公共政策にもナッジ理論は利用されています。その他にも、車のスピードオーバーを抑制するため、人間の目が入ったデザインのポスターを設置したら約一〇キロメートルほど速度が下がったことや、店舗のシャッターに子供や赤ちゃんの絵を描くことで軽犯罪や迷惑行為が約二割減少したなど海外では多くの事例があります（『Workship MAGAZINE編集部』参考編集）。

有用なナッジ理論は、人々や社会をより豊かで幸福な方向に導く力をもっています。小さなアイデアが大きな効果を生み出すこともあるので、文句を言ったり、批判をしているところに工夫の場所があるかもしれません。

◆フェムテック

厚生労働省が二〇二一年度に調査した日本の企業の女性の管理職比率は、十二％でした。トリドールＨＤの傘下の丸亀製麺は、従業員一万一千人の九割が非正規社員で、そのうち女性が七割を占めます。店長になるケースもあり、非正規だけで見た賃金比率は一二二％と男性を超えています。

さて、このように女性がどんどん活躍する現代、重要視されてきた言葉があります。フェムテックです。

フェムテック（Femtech）とは、「Female（女性）」と「Technology（技術）」を掛け合わせた造語で、テクノロジーの活用により性や健康に関する女性特有の問題の解決を目指す分野を指しています。「フェムテック」

という言葉の生みの親は、ドイツのスタートアップ「Clue」のCEOであるアイダ・ティン氏です。彼女が新しいビジネスカテゴリーを示すものとしてフェムテックを使い始めたことで広まり、急速に知られていったとされます。その他に、フェムテックのスタートアップには、女性の健康課題に着目したさまざまなジャンルが登場しています。

更にそのジャンルは増えつつあります。

月経周期も年代により変化していることも、この科学により解明されてきており、事前にスマホで知ることができるそうです。今まで更年期には二割が退職している事例や、どうしても行かなければならない出張など、問題の多かったビジネスを回避できるとしています（NHK特集より）。

女性の活躍が目覚ましい時代に、こうした内容を踏まえたルール作りは、優先して考えなければならない事項です。将来、職種によっては女性だけの会社とか、リーダーは全部女性という会社も多くなるかもしれません。つまり、皆が関わるステップだと思います。重く考えなくてもいいという女性リーダーもいますが、「幸せになる働き方」を大前提に話を進めてきました。誰かが必要だと望めば、配慮される時代ですし、社会全体として利益になることです。

多様性に対応できる平等なルール作りが望まれます。

◆属人化の解消

働く組織の中には、各部署に様々なエキスパートとスペシャリストが存在し、組織を支えています。

エキスパートの意味は、「ある特定の分野に関して経験を積み、高い技術をもった人」です。ある特定の部門を学んだ専門家とは違い、特定の分野に関して知識があるというだけではなく圧倒的な経験値があり、それを活かすことができる熟練者のことをいいます。熟練者とは、ある技術について熟練・熟達した人、経験と技術、ノウハウなどを十分我が物として使用することができる人です。

スペシャリストの意味は、「特定分野を専門とする人」で、ある分野の一部分にだけ詳しい人のことといいます。その人の人柄や情熱、意欲、能力によって得られたスキルでその人にしかできないことも多々あります。

組織の中で、情報が共有されない時、その人しかわからず業務にさまざまな悪影響を及ぼす可能性があります。少数精鋭の会社では、社員全員がエキスパートで、その部署のスペシャリストであることが多いので、業務の滞りは少ないと推察しますが、組織が大きくなったり、業務がより複雑化したり、経験が一か所で長くなったりすると、特定の担当者しか把握していないような状態が生まれる可能性があります。これを属人化と言います。属人化は、業務の遂行を妨げる要因になる特定の人物への依存や偏りが生まれるなど、企業にとって改善しなければならない課題です。

一般的に、属人化は悪い意味を指すことが多く、担当者が仕事を休んだときや、離職してしまったときに問題が表面化します。属人化が加速すると、社員だけでなく、企業経営にまで影響が及ぶこともあるため、属人化の改善に向けた取り組みが必要となります。

意図していないのにも関わらず、属人化が起きてしまうのは、業務の情報共有が適切に行われていないことがあげられます。担当者が多忙であり、そもそも企業内でのコミュニケーションが少ないようであれば、情報共有の機会は減少してしまいます。情報共有の機会が減ると、個人でおこなっている仕事が周囲に可視化されないため、結果として属人化の可能性が高まります。

業務の専門性がより高い場合、スペシャリストの単独となれば、属人化になることが考えられます。たとえば、エンジニアやプログラミング、マーケティングといったスキルを持つ人材が限られている分野だと、属人化が加速する可能性があります。学校の部活動の指導の例をとっても、顧問、監督が一人の場合など、専門分野の中まで、他から踏み込めないのが現実です。

担当者以外が業務の内容や、進め方について把握していない状況が放置されると、ほかの従業員が代替で取り組めなくなり業務効率が低下します。また、客観的に業務を可視化できなくなり、進捗状況のチェックも難しくなる点に注意が必要です。担当者が業務を抱えすぎることで、労働環境の悪化にもつながるため、属人化を見直さなければなりません。

しかし、このスペシャリストやエキスパートにも年齢があり、いつまでも続くわけでもありません。マネージメントに携わる地位の人が百年企業を目指すなら、後継者も育てながら経営しなければなりません。

この属人化を解消する方法の一つとして仕事のマニュアル化が考えられます。業務の経験から得た「勘」などまでマニュアル化できるとは思いませんが、端的に言うと業務の手順をまとめたもので、仕事の全体像をわかりやすく整理した上で、（対象者が）再現できるようにしておくこと、これが最終目的です。再現性を高めることで、属人的（その人にしかできない仕事）な業務を減らし、育成のスピードアップや業務の効率化につなげていくことが可能になります。

使えるマニュアルをしっかりつくることができると、チームにとって多くのメリットがあります。作業時間が削減できるマニュアルを作っておくと業務を教える側の負担は減り、業務を教わる側も少ない回数で業務を正確に理解することができます。多くのチームで発生しがちな、専門担当が忙しそうにしていたから聞けないので、自己判断で対応した結果、さらに大きなトラブルになったといったことも未然に防ぐことができます。また、マニュアルをつくることで、属人的だった業務がなくなりサービス提供のバラツキを無くすことができます。

マニュアル化は、属人化の解消の一つであって、社員一人一人が、自分の会社を作っているという意識と、全ての部署の情報を共有できることが優先される方法だと思います。

◆仕事と作業

外販関係の仕事をする熟練した人の中には、前もってやることが決まっている内容と、接客の場合などその時の対応の流れで、経験値の中から選択して取り組む場合があり、後者はマニュアル化は難しい内容を含んでいると言います。その事務作業の様にやり方が決まっていたり、どのように入力するのか、何がどこにあるのかわかっていて行うものを「業務A＝作業」と言う言葉を使い、やり方が決まっていないもので、接客方法や広告運用の様に状況に応じてやり方を変える必要がある業務のことを「業務B＝仕事」という言葉を使っています。その業務B＝仕事の部分のマニュアル化は、最低限のルールやマニュアルは作れますが、経験値やその人のやり方で行うものであり、マニュアル化は難しいと考えています。

つまり、経験値の部分の仕事を一～十までマニュアルを作ることは、逆に効率が悪くなる可能性があると現場従事者は考えているのが現状です。

しかし、やり方は決まっていないのではなく、たくさんのやり方の中から選択する裁量権があるということです。その仕事に取り掛かるときは、経験の中から手順と方法が脳にシミュレーションされて取り組んでいるはずです。それは、体に刻み込まれた自分のマニュアルを一瞬ごとに選択して進めているのです。そうでなければ、その時の単なる思いつきだけで動いていることになります。そうではないはずです。

現場で働く人達は忙しい中、今そこで働いていない人の為にマニュアルを残そうと考える人は少ないと思います。しかし、リーダーとなれば、今までの経験値や武勇伝を少しづつ整理して文章として具現化することが、この後の組織の為になると考えなければなりません。

クレーム対応でマニュアル通りやったら対応に失敗した事例があります。それを、むしろ、マニュアルがない方が失敗しなかったと考えるのではなく、対応マニュアルが完成していなかったと考えてほしいのです。どう答えればよかったのかを、マニュアルに追加して修正を加え続けることです。

経験を積んだリーダー自身の為には必要ないマニュアルも、新人や、人事異動があった時や、担当者が病気や離職した時、ある程度代わりのものが再現できるようにするものを考えていなければなりません。

『中高生のための剣道』全国学校図書選定図書（山海堂）で、私自身の授業例を紹介しました。一つの項目の教え方として、多くの方法はあります。熟練した教師には、その方法が頭の中に刻まれていて、私が提示したマニュアルの一例は特に必要ないものです。しかし、私の考えた読み手は、授業ができない専門外教師の為です。次に続く人のために、進行方向がわからない人のためにマニュアルを残すことが、未来への発展になると考えます。

自分自身でマニュアルを作ることは、「まっ、いいか」と妥協せず自分を甘えさせない方法の一つと思います。

◆教育現場で引き継がれるマニュアル

学校の中での運営や活動をスムーズに行う上でもマニュアルは必須です。例えば、研修旅行（修学旅行）という行事があります。それを立案、運営するのは主に学年担当教員です。しかし、一年前から準備が必要なので大枠の専任の担当者が設定されます。その大枠の担当者から当該学年に引き継がれるのです。そこで行われるフィールドワークは、学校の教育目標の実現の一つです。ですから、細かく引き継がれなければなりません。しかし、一般的にこのような取り組みを、担当するのは毎年違う教員なのです。ですから、全体目標がブレないようにマニュアルがどうしても必要になります。もしマニュアルがなければ計画立案の為の時間を要し、質を向上させることは不可能です。その学年の担当は、次の担当者がスムーズに企画できるように、また運営企画書・手順書を残すのです。これが次の読み手を見据えたマニュアル残しです。同様に生徒が行う文化祭でも当然マニュアルが詳細化されています。生徒は毎年変わっても伝統が引き継がれているのは、その為です。

情報が前もって共有されている場合は、マニュアルがチェックシートに変わる場合もあります。

では、教科内でのマニュアルについてみると、評価基準がマニュアル化されています（絶対評価でも）。年間を通してシラバスが作られますが、予定外の学校・学年閉鎖などで減った時間数の調整のため、内容が変更される場合もあります。マニュアルがなくても、授業の構成や年間の計画も体に刻み込んでいる教員も多いのですが、教育実習生、講師、代行教員の為にマニュアルとして残す意味も大きいと思われます。もちろん、教育現場の仕事は、人と人の関係の中で成立していくので、マニュアル化できないとのことが多いのは事実です。例えば、剣道の試合がマニュアル化できないと同じですが、逆にそれをできる限りマニュアル化できれば、強さを発揮できることは当然なことです。強い選手は、そこをできるだけ自分のマニュアルになるように進めているわけです。つまり、人間関係論も含めて、マニュアル化できないという考えは、まだ一考ありと思えてなりません。

未来のために残さなければいけないものは、将来再現できなければなりません。その為のマニュアルです。具体的な例を紹介します。佐治晴夫先生（一九九八年時・玉川大学学術研究所天文学教育センター教授）は、『MOKU Cosmology　宇宙』の中で、過去の因習や昼間は星はないと言った常識や固定観念から心を解き放つために、学生に宇宙論講義を、オルガンを弾いて聞かせ、真昼の星を見せたりしたことを紹介しています。その中で、学ぶということは、驚きが必要であり、「えっ！」というような驚きがあると、自分の能力はこれくらいだろうという思い込みを超えて、人間は成長するのですとも述べています。今の時代であればコンピューターを使い、佐治先生の信念をまた膨らませて「おおう」と驚かせる教育ができるはずです。今までの慣習を解き放ち、色々な角度から新しい考えを注入し、イノベーションの先に、驚きの歓声が上がるような学校教育を作るためにも、一歩目のマニュアル作りが大切と考えています。

転勤によって情熱のある部活動の顧問がいなくなると、直ぐにその部の全体スキルが落ちてしまうことがあります。これは、指導者がいる、いないということよりも、生徒がどのように練習していいのかわからない場合が多いのです。次の事を考えマニュアルを残すことは、指導者、リーダーの責務と思うのです。

◆美しいという感覚

「美しさ」という言葉には、文化の上に築かれた独自の美意識と重なっていて、清らか、丁寧、極めている、シンプル、正直、潔い、誇り、愚直、自然であること、きちんとしているといったイメージがします。

しかし、その範囲は更に広く、相手、道具、空間、何かが終わった後の余韻、そして次のことに向き合うという「心構え」にも美しさがあります。また、時間を積み重ねた生き方、価値観、姿勢にも美しさが存在します。

美は個物の感覚的性質であるのではなく、すべての美的対象に不変・不動な形に現れる超感覚的存在であり、均整、つり合い、節度、調和などが美の原理であるともされました。人生にとって役にたつもの、目的にかなったものが善であると同時に美であると考えられた時代もあります。ですから、現代も美しいという言葉の概念は、一人ひとり異なるもののようです。あなたにとって美しいとは何かという質問を世界中の女性に行ったそうです。その回答は、パリの女性の場合、「ただ外見が綺麗ってだけじゃ、美しいとは言えないと思うの。大切なのは態度、立ち居振る舞いの優雅さこそ美しさと呼ぶにふさわしいわ」と、美しさをエレガントであることと答えました。上海の女性は、生まれ持った自然な姿が一番美しいと回答し、そして、「みんなもともと美しいのに、自分の顔や身体を整形してしまうのは本当にもったいない。それってすごく偽物っぽいなって思っちゃうの」と加えました。バンコクの女性は、「美しさは時代によって変わると思うわ。今の時流に乗った格好をしているなら、あなたは美しいと思う」と答えました。東京に暮らす女性は、人生に美しさを見出します。「その人の人生の物語とか、背景とか、大切なものがあったとして、追求し続ける姿は美しいですよね。その儚さを美しさって呼ぶんじゃないかな」と。ベルリンの女性は「人はみんな自分の人生の主人公で、すべてのことを自分で決断しなければならない。そういうときの瞳って、本当に美しいと思うわ」と、人の瞳にこそ美しさがあると答えました。

さて、哲学研究者の八幡さくら氏が、朝日新聞『耕論』で述べています。［話題のチャットGPTに、美とは何かと質問してみると、人間にとって重要なものとの答えでした。集めたデータの中から、こんな意見があっただけではまだ、「美とは何か」の答えにはなっていません。AIも「わからない」と答えることもありますが、矛盾するデータがあって決めきれないのでしょう」と。つまり、美しいという感覚は、ある時は同じ感覚であったり、時には、世界の女性のインタビューのように、人それぞれ微妙に異なるということです。

それでも、私は「美しい」と感じたとき、少なくとも不快な感覚でイライラしたりすることはありません。落ち着き、静かな喜びとエネルギーを得たりします。スポーツでも、喜ばれない「勝ち」があったりしますが、それは、美しさが欠けているのではないでしょうか。敵であれ、美しいと感じれば、負けても拍手をおくるものです。スポーツの世界だけでなく人生においても、多くの人と共有できる美しさをたくさん感じ取りたいものです。

◆大先生

先生の上の尊敬すべき先生、「大先生」の話です。

一九五七年（昭和三二年）、全日本剣道連盟は初の十段を発行することを決定し、当時の剣道界の長老中山博道先生に授与を打診しましたが、中山先生は十段制度を拒絶しました。次に小川金之助、持田盛二、中野宗助、斎村五郎の四名の先生に打診しました。持田、斎村両先生は、先人さえ貰わなかった段位は受け取れないとして固辞しましたが、受けなければ制度が崩れると説得され、渋々受領しました。一九六二年に大麻勇次先生に十段が授与されました。合計五人だけの十段の先生です。現在は十段は廃止されています。

聞き伝えの持田先生の話ですが、十段を拝受されるにあたり弟子たちが祝賀会を開いたそうです。十段の証書を先生の席に置いていたら、先生は、証書をちょっと開いてみて「こんなものはどうでもよい。さあ飲もう」と宴会が始まったそうです。なんとスケールの大きいことでしょう。六十歳からもっと基本を重視しなさいとか、ただただ稽古をすることと指導された大先生が、懐深く物事に左右されない姿に、尊敬の念を更に強くしたと言われます。

「大」の多くの場合は大きいという意味で使われます。辞書では、ある物が広い空間・場所を占めている、量や数が多い、甚（はなは）だしい、範囲が広い心が広い、重要である、価値がある、年齢が上である、成長している、根本、優れている、尊敬して上に添える言葉、強い、重い、重んじる、尊ぶ、誇るとあります。また、偉大、甚大、尊大等に見られるように、はなはだしい、すぐれているという意味もあります。

「大王」や「大先生」はThe King of kings. The Master of masters.と英訳されるように特に突出している者のことを言います。先生についてですが、先生と言う肩書はありません。学校で自分の事を先生と言ったりする人がいますが、先生とは、中国では先に目覚めた人の意で使われたそうです。つまり、先生とか大というのも第三者がつけるものです。会社において社長という役職はあるものですが、私は大社長になりますといった社長がいるそうですが、ちょっと使い方が違う気がします。大は自分で使うものではなく、自分以外の人が超えていることを表現して使うものではないでしょうか。

◆効果音から

私は映画を見るのが好きです。見ていて不思議に思ったことがあります。古代ローマの兵士の戦いのシーンで腰に下げた刀を抜く時「ジャリン」と鉄の擦れる音がします。鞘も鉄なのかとか思ったり、日本刀の鞘からの出し入れは音を出さないようにと先生に習ったがなあと思ってしまいました。そう思って日本の時代劇の抜刀シーンではシャリーンと切れ味が鋭そうな音を出しています。鞘を納めるときチャキンと音を出していました。

また、西部劇では、銃声はズギューンとかバギューンとかしています。実際の戦争の発砲しているニュースでは、パン、パン意外とあっさりとしたものでした。ボクシングの映画では、本当にこんな大きな音がするかなと疑うほど迫力音がありました。更に音に興味を持ち、日本の映画を見ると、畳を足袋でする音とか、袴が擦れる音まで入っており、急いでいる感じまで伝わってきます。驚きです。調べると、音効さんの仕事のようです。

一言で言えば音効さんの仕事は、作品に音を付ける仕事ということになります。

もちろん、音効さんの仕事は、現実の音を収録したり、違う素材から音を作り出したり、生放送で映像を見ながらその場で音を同時に出したり、決して一言では言えない奥深さがあります。

剣道の中の音と言えば、打突音と踏み込み足の響き音は、有効打突（一本）の判定にも関係は大いにあります。確実に部位をとらえて手の内が良ければこういう音がするということが、審判の先生は百戦錬磨ですから、裏側で目で見えない位置でも有効打として認めることもあるのです。踏み込んだ足と床の音は、勢いと打突に迫力を加えます。この足の踏み鳴らしを練習する若手も少なくありません。

しかし、『中山博道剣道口述集』では、「師匠の稽古は、少しの音もなく稽古をされた。その場に目を閉じていたとすれば、師匠が稽古されていたかどうか疑うほどで、この点、全く独歩の絶妙な神技といって差し支えない」と、『薄氷の上にある如く足を運べ』の項で述べておられます。また、運足の是非如何で剣自体が非常に異なって、所謂、殺人剣と活人剣とに分かれるもとになるとも述べておられます。昔と今の踏み込み足の音の考え方も頭の隅に置いておく必要があるようです。

その足音の話ですが、昔の人は、足音で人が分かったと聞いたことがあります。確かに現在、歩き方は人それぞれどこか違っていて、指紋と同じように、防犯カメラから識別されるそうです。足の音も聴取して、犯罪解明に繋がるかもしれません。普段は何も考えず気に留めない当たり前と思っていることでも、多くの人が関わり、創造性を生かし伝えようとしていることにあらためて感じ入りました。宮本武蔵が言うように、何かの事に興味を持ち知れば知るほど、知らないことが多くあると気付くものです。

◆地球外生命体

「宇宙」と言う言葉が身近です。

二〇二三年、月の探査のための宇宙飛行士の日本人が二名が、四〇〇〇人以上の応募者から合格されました。

宇宙飛行士の星出さんが、最初に宇宙に出発されるときに、応援フラッグに一筆いれるチャンスをいただき、「宇宙人に会ったら、一緒に剣道をやろうと言っている地球人がいるよと伝えてください」と書いたのを覚えています。また、報道ステーション（二〇二三・三・一）の中で、宇宙飛行士の野口さんは、「宇宙人・地球外生命体はいると思います。でも宇宙は広いので会わないと思います」とお話しされました。夢のあるお話でした。

さて、この本の挿絵に、何点か龍を忍ばせました。もしかしたら、宇宙のどこかに龍のような生命体がほんとにいるかもしれません。

描いていく中で、西洋のドラゴンとアジアの龍は基本的に意味が違うことも知り、中国では五本の爪の龍は皇室に関わる格の高いものであることを学びました。私は私たちを守ってくれる守護神として、自分の良心を厳しく導く存在として描きました。

その龍が宇宙を飛び回る映画、『レジェンドドラゴン』を見ました。ラストシーンで、空の雲が龍に見え、海の波が龍を形どっています。そして、仙人（ジャッキー・チェン）が言うのです。「龍は見渡せばどこにでもいるのだよ。君の心にも」と。

少なくとも、この本の中に画かれた龍は、組織の中で汗水流して働く皆さんの味方です。

不滅の礎 XV

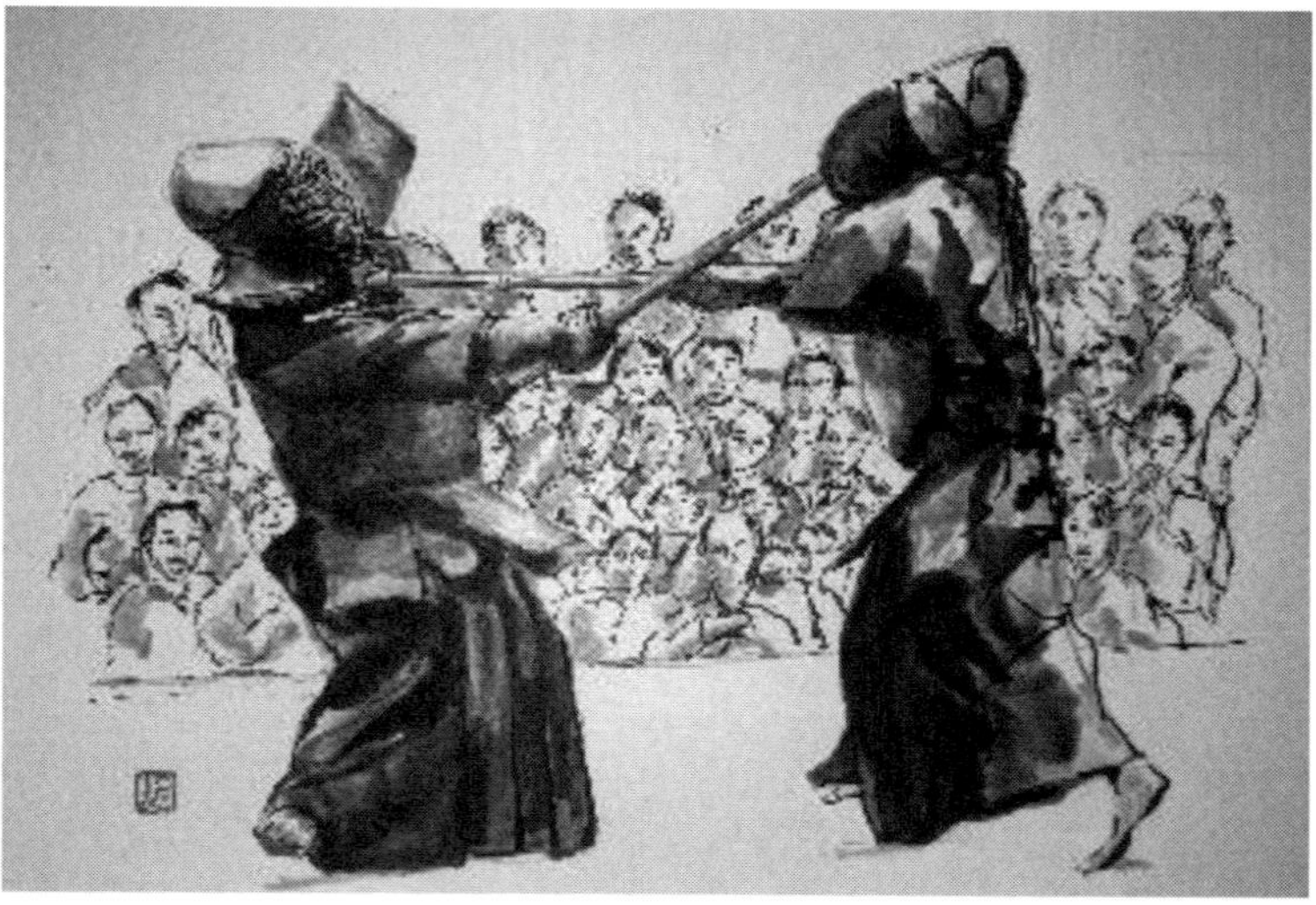

コロナ禍により、剣道は暫定的なルールが設けられました。鍔（つば）ぜり合いでは、約一呼吸で竹刀が触れない位置まで離れなければなりません。これによって、これまで多く見られた引き技が減少し、本来の立ち合いの間合いから攻め合い、そして技を繰り出す展開が多く見られるようになりました。

ルールによって、戦術スキルが変化し、全体の形が変わってくることを確認した次第です。しかし、中心を攻め、相手が技を出そうとする真ん中を打ち切る、所謂「正剣」と言われるものは、ルール変化にかかわらず、何も変わらず理想のものとして位置づいています。正剣不滅です。

今正しいと思っていることも、社会情勢で変化したりしますが、今まで述べてきたように、本当に、相思の義を貫いた働き方、生き方であれば一〇〇年後も変わらないはずです。変わってはならないものを取り上げ、「不滅の礎」として考えました。

◆誇りと名誉

誇りやプライドは自信をもって前に進んでいける自分自身の心の宝と思います。その誇りというものは、そこに所属していたこと（していること）だったり、できないことを達成したことだったり、自分が自分自身を褒めれることです。誰もが何かしらの誇りを胸に持っているのでないかと思います。しかし、自分にとっては大事な誇りでも、他人から見れば特別の事ではなく何でもないできごとであるかもしれません。

誇りは自分自身が構築してきたものの中から生み出されるものです。そして、自身の中で評価が高い状態のことを指しています。誇りというのはあくまでも自信を持つという事ですが、自慢するものではではありません。自慢をするというのは他の人に対して自分のやり方の方が勝っている、という考え方を指しています。しかし、誇りを持つ上では、自分のやり方が他の人よりも勝っている必要はありません。あくまでも自分でどのように捉えるかということが大切なのです。

名誉とは、その誇りを、自分以外の人から称賛されることです。誇りと思わないことを称えられても自分は名誉とは思わないものです。これは、私自身の考えです。だから、名誉は誰しもが持っているものではありません。「私の（あなたの）名誉のために言っておくけど」という言い回しがあります。一般の人が人に対していう場合の多くは、既にある名誉を損なわないために何かをするさまを意味する表現で用いられます。

つまり、私に対して他人がもっていた良いイメージが傷ついたり、仕事での良い功績や良い成績を上げたことを否定されたり、場合によって私個人が中傷の対象にもなりかねないので、助言という意味でいいますが・・と用いられます。誇りは、他の人から与えられるものではなく、自ら育んでいくものです。その誇りは他人から否定できるものではありません。

自分の感覚で使った言葉が、相手の誇りを否定することになったり、時には名誉を傷つけたことになります。メールでのやり取りの時代です。だからこそ言葉を選び、自分の尺度だけで考えないことです。対面であればその場で修正可能なことかもしれませんが、メールでは、相手の誇りを踏みにじることになることにならないよう注意しなければなりません。

相手の誇りを認めることが、すべての不滅の礎と思うのです。

◆認知の歪み

認知バイアスとは、人間なら誰にでもある思考の偏りです。人間は、事実と違うことでさえ思い込みをしてしまいます。人と人の関係が崩れる原因は、この「認知バイアス」です。人は自分の都合がよいように世界を見ているからです。自分の周りで起こることを、客観的に把握できているわけではありません。その認知には歪みが生じていて、間違った認識を持ってしまっていることが多いのです。不思議なことに、思い込みや勘違いには、同じ傾向があります。その傾向を科学的な研究によって導き出したのが、認知バイアスです。

認知バイアスに関する研究は、社会心理学の世界を中心に数多く行われており、さまざまな認知バイアスの存在が発表されています。有名な認知バイアスで、特に組織作りや仕事に直接関連するものを拾い上げました。

■ハロー効果

ハロー効果とは、ある対象を評価するときに対象者の目立った特徴にひっぱられてしまい、その他についての評価にバイアスがかかり歪んでしまう現象のことです。後光効果やハローエラーとも呼ばれます

コマーシャルで好感度の高い芸能人が起用されるのは、こういったハロー効果をうまく利用した合理的な宣伝手法だと言えます。ハロー効果は、さまざまな人事活動において多く見られます。一つの特徴にひきずられて全体を評価してしまう行為は、人事評価や面接時に大きく影響し、評価誤差が生じる要因となってしまいます。

過去の経歴をもとに個人を判断してしまうことで、出身大学や何らかの受賞経歴があるなど、過去の輝かしい経歴情報のイメージを強く持ってしまい、他の人材と比較して、評価を高く変動させることがあります。学歴や

過去の業績はあくまでも一つの判断材料なのですが、特徴的な一面のイメージを強くもってしまい、他の欠点に目を向けなくなってしまうのです。たとえば、語学が堪能という応募者がいた場合、勝手にグローバルで活躍できる業務遂行能力を持っていると解釈してしまうことがあります。実際には語学のスキルだけでは他の国で働くことは難しいのですが、特徴的なスキルを聞いた際にスキルを拡大解釈し、仕事につながる様々なことをポジティブに解釈してしまうのがハロー効果です。

一つのスキルを文字通り受け止めて、冷静に、客観的に評価することが必要なのです。

■ダニング・クルーガー効果

人が持つ能力と自信の関係を研究して得られた認知バイアスをダイニング・クルーガー効果といいます。ダニング・クルーガー効果とは、説を提唱した米国のコーネル大学の研究者の名前で呼ばれているメタ認知的な現象の一つで、自分が優れているという一種の思考の錯覚（認知バイアス）を指します。

コーネル大学のデイヴィッド・ダニング氏とジャスティン・クルーガー氏が、大学において学生の成績と自己評価の関係を調べた実験に端を発します。その結果、成績が悪い人ほど自分が全体の中で占める位置を過大評価していること、優秀者は自分のレベルを控えめに評価していることを示しました。彼らは「優越の錯覚を生み出す認知バイアスは、能力の高い人物の場合は外部（＝他人）に対する過小評価に起因している。能力の低い人物の場合は内部（＝自身）に対する過大評価に起因している」と述べています。自分が優れているという一種の思考の錯覚（認知バイアス）や自分の欠点を見れないことが原因による、自己の過大評価の事です。

失敗をしたときの要因は多様で複雑ですが、ある程度はきちんと掘り下げることが必要です。ダニング＝クルーガー効果に陥りがちなタイプは、外的要因に注目しがちとも言われます。外部に原因を求めても、自己改善を図ることはできません。私たちは他人の能力を見て、相対的に自分の能力を判断します。しかし物差しが偏っていた場合、自分の能力も正確に評価できません。

■ 確証バイアス

確証バイアスとは、心理効果のひとつで、あらかじめ抱いていた仮説や先入観に合致したデータだけを求める傾向のことです。ひとたび仮説を抱くと、反証となる証拠を無視したり、自分の都合のいいように一方的に解釈したりすることです。多くの人にも経験があると思います。

確証バイアスとは、有利に物事を進めたいがために、自分にとって都合の良い情報ばかりを集める作用のことです。例えば、データ収集の際、自分の考えに都合よく考える確証バイアスに支配されると自分の考えに都合が良いデータを集めます。都合の良くないデータには偏見（＝バイアス）を持ち、情報に触れないように、触れても疑ってかかるようになってしまうのです。こういった先入観は、大抵の人間にあるもので、自分の知識や経験で物事を判断してしまいがちなのです。

人は最初に感じた印象を知らず知らずのうちに追証しようとしてしまいます。確証バイアスにかかっていると、例えば、一つのことをコツコツ努力したというエピソードが、第一印象の良い候補者だと継続力があると評価され、第一印象の悪い候補者だと柔軟性がないと真逆の評価になってしまいます。起業時、成功した経営者が経営は簡単ですよと言い放つ人がいますが、うまくいったデータだけを集めている傾向にあるのかもしれません。

■ 正常性バイアス

正常性バイアスとは災害心理学等において用いられる用語で、人が危機や異常に直面した際、現実を直ちには受け止められず、半信半疑のうちに過小評価や楽観視をして、まだ大丈夫と思い込もうとする傾向のことです。本来は、人が物事に過剰に動じず平静を保つための心の働きですが、非常時にはこれが災いし、自然災害等に際して人が逃げ遅れる原因でもあり得るとされています。目の前に見えている危機を察して対応することができても、将来起こりうる可能性がある危機にはついつい鈍感になって、対応が後回しになってしまうことがあると思われます。二〇二三年トルコ・シリア大地震が二回連続して続きました。まさかの二回目で被害を拡大させました。正常性バイアスが働いたと推察されます。二〇一六年の熊本大地震も同様の事が起こりました。この正常性バイアスの大丈夫だろうという思い込みは、ひいては、コンプライアンスやリスクマネジメントの軽視につながり、企業の存続自体が危ぶまれるような大きな不祥事につながるのです。

過労などの問題の多くは「正常バイアス」が働いていると言われています。防止対策が国を挙げての重要な課題であることは、社会一般に認識されるようになっていますが、本当に倒れてしまうかどうかはわからないと思い、行為を止めることができません。しかし現実に無理し過ぎだと思える人がいたなら正常性バイアスを排し、適正な労働環境を見つけていくことが必要です。労使双方が自律的にリスクへの対処を決めることも、また大切なのです。

■ 自己奉仕バイアスについて

自己奉仕バイアスとは、物事が成功した時は自分の功績だと感じやすく、失敗した時は他人や自分以外のせいだと思いやすい心理的な事象のことです。ビジネスシーンでもプロジェクトが成功すると自分の成果だと自慢をするのに、失敗すると部下にその責任を押し付ける上司がいたりしますが、その際に働いているのが「自己奉仕バイアス」です。

人は自尊心を保つために、自分の失敗をできるだけ認めたくないという根源的な欲求があります。そのため、失敗した時には、不可抗力だったと思い込むことで、安心を得ているのです。上司と部下の関係にも自己奉仕バイアスが見られます。目標管理において、上司は失敗の原因を部下やほかに求めようとする傾向があるのに対し、部下は、顧客や同僚、上司といった自分以外の人を原因にしようとする傾向があります。

自己奉仕バイアスを防止するためには、まずバイアスという存在を自ら認識し、普段の生活から自分の主張や意見を疑う姿勢を持っておくことです。そして相手の視点に立ち、自分の主張を検証する姿勢をもつことが大切です。仕事ができる人ほど、自己奉仕バイアスとは逆に「良い結果が出たのは周囲のおかげだ」と考える傾向があると言います。バイアスを克服するためには、いかに自分を俯瞰できるか、また、バイアスさえも俯瞰できるかが問われるのです。

■自信過剰の法則

自信過剰の法則も認知バイアスとして広く知られている私たちの傾向の一つです。客観的な数値よりも、自分の評価を高く見積もってしまう傾向のことです。

例えば、大学の成績に関する自己評価の実験が有名です。学生に、自分はクラスのどのあたりの成績だと思うかという質問をしたところ、多くの人は自分を過大評価していることが分かったのです。上位二〇％に入っていると答えた人は、全体の半分、五〇%もいました。中央値よりも低いと答えた人は、全体の五%でした。また、免許所持者への運転技術の質問でも同じ結果でした。平均よりも上かなと答えた人は九〇%もいました。この実験と同じように、経営者も、自分は平均より上かなと感じています。その大半は間違っているのです。

■ 可用性ヒューリスティック

可用性ヒューリスティックというバイアスがあります。これは心理学用語で正確ではないかもしれないが、正確に近いことを導き出すという意味があります。どういう心理傾向かというと、判断や意思決定をするときに、多くの様々な情報を検討して判断や意思決定をするのではなく、最も手近情報だけをベースに判断や意思決定をしてしまう傾向のことです。取り出しやすい記憶情報を優先的に頼って判断してしまうことを指すので、意思決定を怠ける行為ともいわれています。

沢山の情報を集めて、それらの全てを精査して比較することは、とても面倒です。その手間を省こうというのです。ですから、もっとも直近で起こった出来事を重視してしまったり、探さないといけないような情報ではなく、取り出しやすい、持っている情報を重視して意思決定をしてしまいます。経営の判断や意思決定がヒューリスティックがすぎるとあまりにも限られた情報で正しい方向が見出せないかもしれませんし、自分の都合の良い情報しか選択しなくなる可能性があります。それによって判断を間違う可能性もあるので注意が必要です。ただ、この可能性ヒューリスティックバイアスや確証バイアスには、経験値からくる本能、勘の方がむしろ大事で、無視できない重要なことと唱える研究者もいることは事実です。このバイアスの報告は、多くの研究の中の一部ですが、「歪みとなる」メカニズムを把握しておけば、コントロールしやすくなると考えます。

◆無意識の手抜き

経営者がチームを作ろうとするのは、レバレッジ（てこ作用）を利かせるためでもあります。本来なら、一人でやるよりもチームでやった方が「効果を上げる」という想定をして、チームを作っていきます。

残念ながら自分に一人加えることで一＋一が二以上になることはなく、逆に二以下になることがほとんどです。これがチームを組む負の効果です。

人が増えると生産性が下がると言うのは心理学の研究で証明されています。それを「リンゲルマン効果」と言います。表は、人が持ち上げることのできる限界の重さを、人数によって測定した有名な実験結果です。

作業する人（人）	1	2	3	8
持ち上げられた重さ（kg）	63	118	160	248
一人を 100 とした割合（%）	100	93	85	49

生産性の低下傾向は人数が増えていくほど大きくなると一人当たりの平均が三一キログラムまで下がっています。もちろん心理学の実験なので、人を替えて何度もやっています。その平均が表のような結果になっています。集団の合計は、個人の合計より低くなってしまうのです。この実験からわかることは、人は集団になると手を抜くという事です。ですからこの現象は、「社会的手抜き」と呼ばれています。人は集団になった時に無意識のうちに手を抜いていて、自分一人でやっていた時の半分以下の力しか出さなくなってしまうという事です。チームビルディングが卓越していない限り、このことは残念ながら普通なのです。

チームビルディングに対するプラスイメージの幻想は強いので、こういった負のレバレッジがあることを実感するために、損益計算書（Profit and Loss Statement）を一人当たりの平均値で見ていくようにするよう進められています。

売上が増えてくると、経営者はどうしても人を増やす方に動くかもしれません。社員も同じように考えます。人が増えれば自分が楽になるという可能性が高くなるからです。もちろん増員が必要になる場合もあるので、より吟味が必要なところです。

会社のチームに起きている現象を綱引きに例えると、先頭の社長、ナンバー二あたりまでは限界まで力を出して引いていますが、その後ろは手を抜いているのです。怖いのは、社員の一人が手を抜いていることに気付いていない事なのです。

◆負の参照点

チームの基準に満たない人を、放置してはいけません。腐ったリンゴと言う厳しい表現と同じように、一人の怠け者は、全体の平均値を加速度的に低くしていくからです。これは、チームビルディングをしっかり行っていきたいという経営者にとっては伝染病のような存在です。

なぜ、基準に満たない一人の怠け者が伝染していくかと言うと参照点バイアスという力が働くからです。

参照点バイアスとは、人間の基準となる点（＝参照点）があると、それに強く影響を受けるというものです。

例えば、できなくなるまで腹筋をしてくださいと言われたとします。その際に、前回のチャレンジャーは一〇〇回だったという情報が入ると人間は自ずと一〇〇回を目標としてしまうというものです。

この参照点バイアスは、人は基準となる点（＝参照点）があると、それが高かろうが低かろうが、それに影響を及ぼすという事です。ですから、チーム内の一人が寝ていると、時間がたてば皆寝るようになってしまいます。たとえば、会社の成長過程の中で、よくおこることは、創業メンバーが参照点になります。それが高い基準の参照点になれば問題がないのですが、低い基準の参照点になることが多いのです。

創業時は明確な危機感があって頑張っていた創業メンバーも、会社が軌道に乗り始めるとぴたりと成長が止まるメンバーが出てきます。成長と同時に会社は若い社員を採用します。優秀な社員が入ってくるようになります。そうやって、新しい優秀な社員が入ってきたときに、成長が止まった創業メンバーにチームビルディングやマネジメントを任せてしまうと、若い社員の成長が止まってしまいます。なぜなら、創業メンバーが参照点になるからです。

創業メンバーで頑張ってくれた社員だけにデリケートな問題ですが、それに対応しないと、次のステップに登れないという事になります。創業メンバーが再びスキルアップして成長することは難しいのです。せっかく入社したのに、優秀なメンバーがやめてしまうことも多いのです。そんな時は、社長は断腸の思いで創業メンバーに去ってもらうことや、リーダー以外の仕事をしてもらう方法しか前に進めません。後者の場合は結局やめてしまうケースが多いようです。

◆居つき

大事なことは、居つかぬことです。

道元禅師は中国から帰国した時、「我柔軟心を得たり」と言われたそうです。柔軟であれば滞りがなくなります。病気は気の滞りであり、執着は心の滞りです。心気は水の如く停滞せずに流れるのが良いと言っています。

先に述べた宮本武蔵の『五輪書』の水の巻でも「流水腐らず」と言っていますが、これは万事に当てはまる心理です。

その居つきについて考えます。昔の日本人は連続して動いていたものがそこにとどまることを居（ゐ）ると言いました。例えば、移動の途中、ちょっと立ち寄って立ち飲みする酒屋に対して座敷のある居酒屋、動き回る厨（台所）や廊下に対して、ほっと落ち着く居間、羽ばたいていた鳥が羽を休める鳥居があります。

しかし実際、剣道に於いては、例えば立ち合いの際に剣先を付け合った状態でお互いの身体は微動だにしなくても、意識が攻防をしていれば居着いているとは言いません。つまり、正確には続いていた意識が途切れ一点に固まった瞬間が居着きというわけです。

意識や心から発生する事象であるため、上級者が自分より実力が下のものと対戦するときに油断や、悪く言えば、無意識の手抜きから居着く場合がよくあります。サッカーの元日本代表監督ザッケローニ氏が、攻守の切り替えの速度をインテンシティという聞きなれない言葉で表現しましたが、イタリア人の彼なりに今の日本代表の居着く悪い癖を見抜き、インテンシティに欠けるという独特の表現をしたのかもしれません（これは、私自身の勝手な解釈です）。

ですから、逆に居着いていない状態とは、私は意識が自分の重心をコントロールできている状態であると考えています。揺れる電車に立っていても、意識していればよろけることはないのですが、仕事帰りなどに疲れて意識が飛んでいるとあっちにこっちによろけます。これは重心のコントロールに関係があります。動いていようが止まっていようが、意識が重心をコントロールしていれば、有事の際に対応できます。これが出来ない状態こそ、居着きなのです。

相手の攻めに対して、自分も反応しますが、引き出される、反応しないという反応、攻め返す、居着くなどが考えられます。

来たら打つぞ、打つぞと思っていると、意外とその場面では体が動かなかったりします。これは「止心」といって「居つくこと」でもあります。

◆メディアリテラシー

様々な人が情報を受発信できる現在、求められるのがメディアリテラシーです。

メディアリテラシーとは、メディアから得た情報を見極めるスキル、つまり、メディアの情報をそのまま受け取るのではなく、自分で考え確認するスキルです。情報リテラシーやネットリテラシーといった言葉とほぼ同じ意味で使われています。

特に不特定多数が発信者とも、受信者ともなりうる現代では、このメディアリテラシーが十分に養われていないと間違った情報に踊らされるリスクが格段に上昇してしまいます。

新聞やテレビなどのマスメディアからの情報はもちろん、ミクロ単位で発信された情報も完全に正しいデータとは限らない点では共通です。客観性に欠けるため参考にならない、発信された情報が全データのうちのほんの一部といったケース以外にも、そもそもデータ自体が間違っていたり存在しない場合もあります。

メディアリテラシーが必要とされる理由は、真偽不明の情報が溢れているためです。何かわからないことがあったらブラウザで検索をすればたくさんの情報が得られます。しかし、出てきた情報が全て正しいとは限りません。そして、その情報が正しいかどうかを一目で判断することはなかなか難しいのが実情です。だからこそ、「真偽が分からない情報はとりあえず疑う」姿勢が求められます。どうせ真偽不明だから信じるよりも、真偽不明だからひとまず信じない方が被害は抑えられます。

専門機関や関連企業等のサイトで情報を確認したり、時間帯と内容次第では直接問い合わせたり、信頼できる情報を整理することが大事です。

情報自体が間違っていなくても、立場や視点の違いから内容が異なるケースも多々あります。たとえば、［（メディアA）＝就職率、二〇年前より□％上昇、（メディアB）＝就職率、三年連続下降］

これは、どちらも真実ではありますが、どの部分を切り取るかによって印象がかなり変わってきます。もしメディアAの情報だけを信じてしまうと、「最近は就職しやすくなっている」という誤った認識に至ってしまうかもしれません。このようにメディアリテラシーの有無によって、必要な情報を正確な形で手に入れられるかどうかは大きく左右されるのです。

インターネットやＳＮＳの普及に伴い、多くの人々が主体性をもって情報を発信し拡散することが可能になりました。その一方で、不確定な情報の拡散や個人への攻撃へのハードルも低くなっています。ですから、情報をネットの海に流す前に、少し立ち止まって「これは本当に多くの人に見せてもいい情報なのだろうか」と考えなければ、せっかくの便利さが凶器に変わってしまうかもしれません。

仕事で資料を作成するとき、例えば顧客向けにプレゼンをしなければならない時や、提案資料を作成する時といった日常的な場面でも、メディアリテラシーは求められます。メディアリテラシーの有無はビジネスマンとしての能力や成果に、当然影響を与えます。医療などの、人の命や尊厳に直結する情報はメディアリテラシーが求められる最たる例と言っても過言ではないでしょう。

正しい情報を集めたいのであれば、情報源の信頼性にも重きを置かなければなりません。また、誹謗中傷のおそれがある情報や、根拠が曖昧な批判等は鵜呑みにしないようにすることも大切です。場合によっては相手の尊厳を踏みにじり、相手の存在そのものを否定することにも繋がる危険性があります。現在はこのことも法整備されています。

情報を発信する一つ一つの言葉も慎重に選ばなければなりません。特に比喩する表現は本人より、それを見た人がいろいろな感情を持つからです。

メディアリテラシーの欠如は、間違った情報の再生産に繋がりかねません。根も葉もない噂話程度のものだったとしても、不特定多数が何の疑問も持たずに拡散してしまえば、あたかも「事実」のように語られてしまう可能性すらあります。そして、信憑性に欠ける情報が増えるにつれて、信憑性の高い情報が埋もれてしまい、結果、必要な情報が必要としている人に届きにくい環境を生み出してしまうのです。結局バイアスとなるのです。

情報を集める際の基本として、政府や専門機関が公式に発表しているものを最優先で調べることが望まれます。公的な団体が発表している資料の多くは、不特定多数の人に公開しても問題ないと判断されたものです。また、調査対象の属性や人数、調査期間等も明示されている場合が多いため、比較的信頼できる情報源と言っても差し支えはありません。上記に挙げた信憑性の高い情報源以外にも、有用な情報があるのも事実です。

いくつかの情報を組み合わせることで、全体像が見える場合もあります。情報収集の際には、できるだけ多くのところからデータを集めて比較することも大事です。情報が集まったとしても、発信する人は言葉をきちんと選択し、誰もが同じ受け取り方ができるような言葉の構成は大事なことです。使ってはいけない言葉や、自分だけの世界の言葉を多用することは、自分の気持ちが伝わらないだけでなく、逆の意味で解釈されたりもします。より慎重に発信することがより大事な時代となると考えます。

◆NG発信用語

メディアリテラシーにより発信する用語については慎重に吟味して伝えることを述べてきました。発信する人の気持ちとは裏腹に、受け取る側が疑いを持つ場合もあります。一つの例を取り上げてみます。

ネットでよく見る言葉に廃人（はいじん）があります。ネトゲ廃人やゲーム廃人など、目にしたことがある人は多いのではないでしょうか。

廃人とは、本来は病気や障害などにより、普通の生活を送れない状態の人を指す蔑称です。近年ではインターネット上で、日常生活に支障が出るほど特定のコンテンツに夢中になりすぎた人を指すスラング（卑語・俗語）としても使われることが多いのです。たとえばオンラインで多人数プレーが可能なネットゲームに没頭するあまり寝食も忘れてしまう人のことをネトゲ廃人と言います。

ネットゲームはプレーすればするだけ強くなれるシステムになっています。やればやるほど結果がついてくるという快感があり、強くなれば他のプレーヤーから頼られて承認欲求を満たすこともできるので、ついつい夢中になってのめりこんでしまい日常生活をまともに送ることができなくなっていってしまいます。

他にも四六時中、「Twitter（ツイッター）を閲覧や投稿していないと精神が不安定になってしまう人をツイッター廃人と略してツイ廃と呼びます。「Twitter（ツイッター）に挙げられる洪水ともいうべき量の情報を求め、また、フォロワーとの繋がりから一時的に孤独感を解消できるという欲求を満たすことから逃れられなくなってしまうのがツイ廃のメカニズムです。

こんな例がありました。ある人が友人の取り組みを、頑張りぬいて最後は廃人のようでしたとグループのラインで発信しました。頑張ったと讃えたつもりでしたが、蔑称用語を使ったために、まるで何もできず最後は私がやってやったように受け取られたようです。そして、そのような見方をした人から何件もの問い合わせやクレームが寄せられました。

比喩の仕方ではなく、使ってはいけない発信用語知識の欠落です。気持ちは逆ですといい分けは通じない現代です。

メディアリテラシーの中で、発信する側として、人そのものを批評することは、比喩用語も含めて信用に繋がらなければなりません。なんでも拡散する時代です。表現の仕方で、発信した人の人間性も問われてしまいます。ここに挙げた言葉はいずれも軽蔑の意が含まれますので、むやみに使わないことをお勧めします。

◆ 他人の念仏で極楽参り

他人の念仏で極楽参り、舅（しゅうと）の物で相婿（あいむこ）もてなす、他人の賽銭（さいせん）で鰐口（わにぐち）叩く、人の褌（ふんどし）で相撲を取るなど、人の私物を使って、自分が利益を得ること意味の諺があります。

人の褌で相撲を取る（ひとのふんどしですもうをとる）ということわざは、日常でもビジネスシーンでも比較的よく使われる言葉です。他人の物や力を利用したり、便乗したりして自分の目的を果たすことを意味します。

日常でもよく使われ「自分で努力せず利益を得るようなズルい行為」を指して使われることが多く、できれば人からは言われたくない言葉です。

仕事やビジネスの場面でよく見聞きするのが、他人に仕事を押し付け、自分は何もせず手柄だけは横取りする嫌な上司がいたりするそうです。まさに、人の褌で相撲を取る行為です。こんな上司は持ちたくありません。

しかし、別な意味で言えば商売のほとんどは、「人の褌で相撲を取る」ことで成り立っていることも事実です。前もって話し合いがされ、契約がされていて問題は生じませんが、より繊細な相互理解が必要な要素です。

こんな例があります。ある村で色々な仏像を彫る彫刻士がいました。その仏像は口コミで広がりよその村からも買いに来て、仏像一体を一〇〇円で売っていました。隣町からきた友人が、五倍高く売れるから、都会の市場で売店を出そうと持ち掛けました。都会で出店することは仏像が有名になるので賛成しました。まして仲のいい友人なので、言われるがままに三体を友人の商人に預けました。友人は、アルバイトの少年を雇い、宣伝のビラを配りました。売店となる貸家も借りました。三日もせずに三体の仏像は売れてしまいました。一五〇〇円が友人の商人に入りました。友人は清算をしました。少年のアルバイト代、売店の借用料、ビラ代を引くと四〇〇円のあがりでした。そこで二等分して二〇〇を分け合いました。彫刻士は、ビラ代、アルバイト代、売店の借用料の詳細は分からずのまま、二〇〇円を受け取りました。釈然としないまま、すくなくとも普段であれば仏像三体で三〇〇円実入りがあるところを、二〇〇円となりました。彫刻士は一〇〇円損をしたことになります。商人は、二〇〇円儲かったのです。共同開催であれば、仏像の原価計算がされ、同等の投資がなされ、利益の分配率を決めてから、行われるものです。友人でもあり、事前契約がされなかったことが悔やまれるところです。

現代の企業では、ＢＥＰ（損益分岐点）が計算されて、イベント費用が支出されるのではほとんどこのようなことはありませんが、まれに、このように、自分さえ痛手を食わなければいいと、前もって、詳細が検討されず、契約がされていないことを逃げ道として、義のない仕事が行われています。人を幸せにできない仕事は、私の考えでは本当の仕事ではなく、また、義のないつまらない働き方です。

◆真実を求めて

虚を攻めて、実の所が虚に変化したところを打つのですが、打たれた人で騙されたと思う人がいますが、それは間違いです。結論から言えば、打たれた側の予測能力が低かっただけなのです。あるいは、攻撃した人が状況の変化に瞬時に対応できる能力があったからです。

高いレベルになると、稽古をしながら互いの気持ちの中でルールができることがあります。小手先の勝負でなく、真ん中の面で勝負だという暗黙の約束ができる時です。こんな時に面にフェイントをかけて小手を打った若い時代がありました。そんな私に小森園範士は「ばかもの」と言われ、田原範士は「盗っ人」と評されたのを思い出します。先に攻めて相手の変化に応じて咄嗟に身体が動いたのではなく、最初の技で欺こうと意図をもって行った虚偽の技を使った結果です。今になって意味を理解しているところです。

最近残念に思うところがあります。若い剣士が、自分自身が有効打でないと思っているのに有効であるようにアピールしたり、虚偽の技を真実のように見せかけたりするのは詐欺のようなものです。試合の審判や第三者に対して示す行為ですが、「嘘」の行為は未来へ残したくないものです。

勝負の世界では、正剣不滅の精神や潔さをもって、嘘のない中で勝ちに向かって自分を高めています。相手の予測を超える変化を嘘とは言いません。むしろ真実を求めあっているのです。

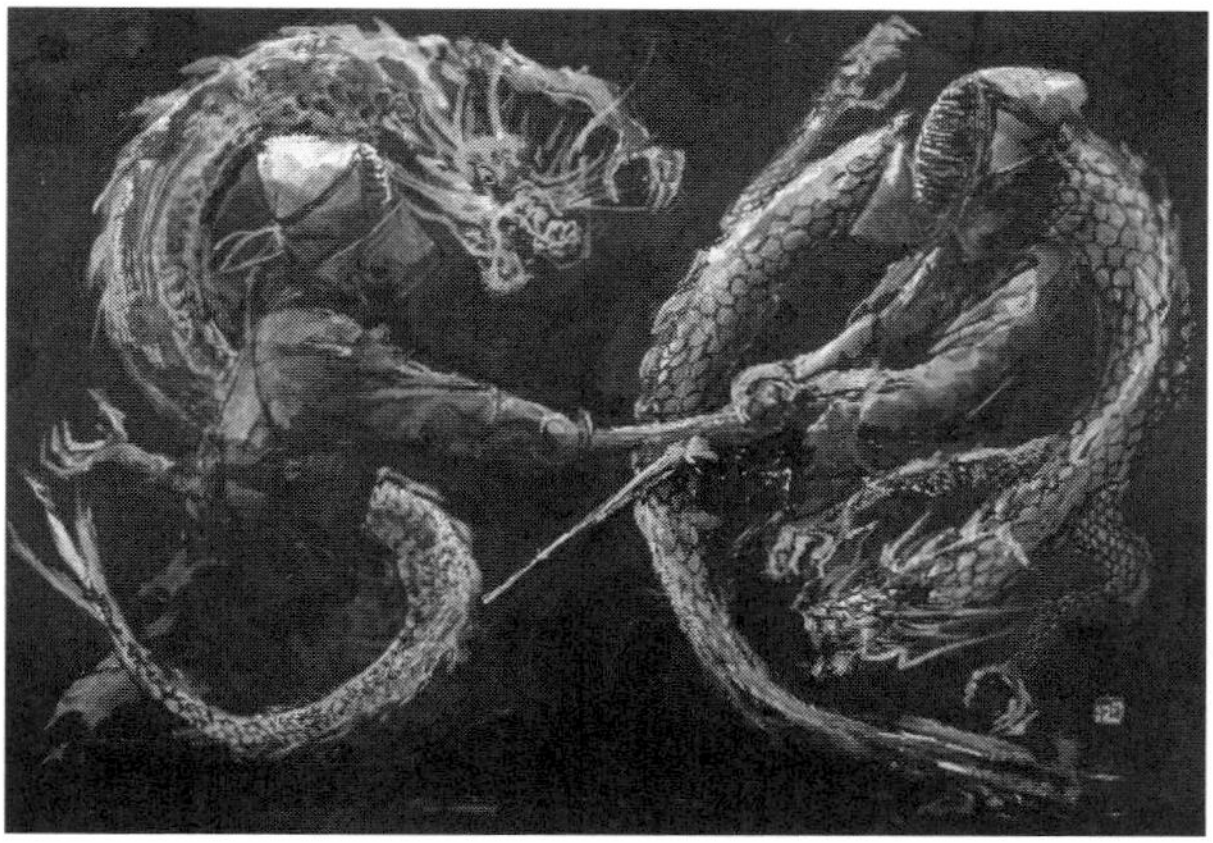

しかし、『平気でうそをつく人たち　虚偽と邪悪の心理学』（草思社文庫、M・スコット・ペック著、森英明訳）で示されているように、不安な世の中で自分の居所を確定させるために嘘をつくことが平気で行われているように思えるのです。なかったことを有ると言ったり、実際にはあったことをないと言ったりする嘘を平気でつくことに罪悪感が薄くなっていると思えて仕方ありません。

自分の都合の悪い虚偽を隠す隠ぺい、ごまかしや本物そっくりのブランド品や偽物も、人を騙すことが根底にある行為です。政治家の発言、性被害の問題、詐欺、戦争のフェイクニュース、ネットでの誹謗中傷、企業でのデータ改ざんなど、どこかに嘘が見て取れます。現代は潔く生きられない組織なのかもしれません。

だからこそ今、皆で正々堂々と真実を追求して生ききることに価値があると認識したいものです。

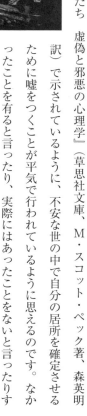

おわりに

最初に、自分の周りまで巻き込んで幸せになるために支え合いながら働き生き切る事を述べました。

しかし、現実は一生懸命生きて働いて、やっと建てた家が大雨・洪水で流されてしまったり、東日本、熊本、能登の震災で何百年も継承してきた全てをなくした人たちがそこにいます。大変辛いことです。皆が幸せになるために、今こそもっと大きな支えを必要としています。

また、老後の為に身を削って蓄えたお金を、詐欺に騙され取られた人たちがいます。これも本当に残念なことです。世界が家族であれば、悪さしているのは我が子です。我が子を立ち直らせたいし、孫の世代を守ってあげなければなりません。嘘をついたり、活かさず抹殺して勝つことは、社会全体として非合理的だし、まわりまわって自分の不利益になることに気づいていないのだと思います。その為にも、働き、生きることの前提には「信と義」が前提条件であると、次世代の子に、小さい時から教えていかなければなりません。

インターネットや人工知能の進化によって、幸い情報が速く、支え合いや善意の輪が拡散していることは素晴らしいことだと考えます。

刀は人を殺すものではなく、相手を生かし自分を向上させるためにあると同様に、将来、インターネットや人工頭脳も人を幸せにするためにあらねばなりません。決して殺すための道具になってはならないのです。

社会は更に急速に変化していくだろうと推察します。幸せを願う心と、現実の生活の歪みは更に大きくなるかもしれません。それを修正できるのは、その変化の渦巻きを作っている中心の人たちの心しかないと思うのです。また、政治や教育、そして経済が一線に並び、そこに携わり働く人達の心が同じ幸せへの方向を向いていることです。

近代化の尺度となる合理化が進む中、剣道は何百年もの間、形態を変えずに存続してきました。これは、日本人として、どんな場面でもどんな時代でも、どう生きるかではなく、どうあるべきかという生きる指標が存在しているからと思っています。

ただ自分が勝てばいいというのではなく、どう勝てば相手も幸せになるかを礎にし、『剣の声』を誰もが共通して理解し、さらに発展していってほしいと願う一人です。

小さな思いやりを世界中の人が持てば、大きな平和につながっていくものと信じています。

最後に、この本の制作に当たり、兼田仁氏に「今だから発信すべきこと」、海老原孝典氏に「夢をもって前に進むこと」、湯澤龍典氏に「生きがいのある仕事」についてご教示いただきました。またこのような思いに賛同していただき、筆題字にて花を添えていただいた久木田ヒロノブ氏と、また、後押ししていただいた小林伸郎氏に感謝申し上げます。

著者プロフィール
村嶋恒德（むらしま・つねのり）
熊本高校・東京教育大学（体育学部・武道学科）・筑波大学大学院修了（体育コーチ学）。
元茗溪学園中学校高等学校教諭、剣道教士七段。他杖道
1985・86年国際交流基金、全日本剣道連盟派遣によるメキシコ剣道指導。現在、茨城剣道連盟理事他。
著書として『中・高生のための剣道』（日本写真製版社）、『中・高生のための剣道』（山海堂）、『みんなの剣道』（学研）、『学び練り伝える活人剣』（体育とスポーツ出版社）がある。その他墨による剣道絵の作成など活動。

題筆字デザイン書　久木田ヒロノブ・(株)アドシアター
資料協力　兼田　仁・(有)ベストブレーン、海老原孝典・(株)アグリ、
湯澤龍典・マーケター

働き戦うリーダーのために
心《こころ》に響《ひび》け剣《けん》の声《こえ》

令和7年2月25日　第1版第1刷発行

著　者　村嶋恒德
発行者　手塚栄司
組　版　株式会社石山組版所
編　集　株式会社小林事務所
発行所　株式会社体育とスポーツ出版社
〒135-0016　東京都江東区東陽2-2-20 3F
TEL 03-6660-3131
FAX 03-6660-3132
http://www.taiiku-sports.co.jp
印刷所　日本ハイコム株式会社

ISBN978-4-88458-450-4　C3075 Printed in Japan